从新德里到杭州

——七十二年亚运路

吴 潮 赵晓兰 著

西泠印社 出版社

图书在版编目（CIP）数据

从新德里到杭州：七十二年亚运路 / 吴潮，赵晓兰 著. -- 杭州：西泠印社出版社，2023.6
ISBN 978-7-5508-4084-3

Ⅰ. ①从… Ⅱ. ①吴… ②赵… Ⅲ. ①亚洲运动会－历史 Ⅳ. ①G811.23

中国国家版本馆CIP数据核字（2023）第056051号

从新德里到杭州 七十二年亚运路

吴 潮　赵晓兰　著

出 品 人	江　吟	
责任编辑	吴心怡	
责任出版	冯斌强	
责任校对	曹　卓	
装帧设计	王　欣	
出版发行	西泠印社出版社	

（杭州市西湖文化广场32号5楼　邮政编码　310014）

经　　销	全国新华书店
制　　版	杭州真凯文化艺术有限公司
印　　刷	浙江海虹彩色印务有限公司
开　　本	787mm×1092mm　1/16
字　　数	400千
印　　张	19.25
印　　数	0001—1000
书　　号	ISBN 978-7-5508-4084-3
版　　次	2023年6月第1版　第1次印刷
定　　价	78.00元

版权所有　翻印必究　印制差错　负责调换

西泠印社出版社发行部联系方式：（0571）87243079

凡　例

鉴于亚运会部分参赛成员的名称发生过变化，特制定本"凡例"将相关变化说明如下（参赛成员名称变化详情见书中相关章节）。

1. 关于柬埔寨参赛名称的变化

柬埔寨国内于1970年发生军事政变，第6届和第7届亚运会的参加者为政变后上台的"柬埔寨（朗诺政权）"，其余各届的参加者为"柬埔寨"。

2. 关于越南参赛名称的变化

越南在当代曾分裂为两个国家，第2届至第7届亚运会的参加者为"越南（西贡政权）"，之后为统一后的"越南"。

3. 关于"中国台湾"与"中国台北"

以1979年10月25日国际奥林匹克委员会执委会通过《名古屋决议》为时间界限，之前使用"中国台湾"名称，之后使用"中国台北"名称。

4. 关于"香港"与"中国香港"

1997年7月1日中华人民共和国对香港恢复行使主权后，香港奥委会更名为中华人民共和国香港特别行政区奥委会，以此为时间界限，之前使用"香港"名称，之后使用"中国香港"名称。

5. 关于"澳门"与"中国澳门"

1999年12月20日中华人民共和国对澳门恢复行使主权后，澳门奥委会更名为中华人民共和国澳门特别行政区奥委会，以此为时间界限，之前使用"澳门"名称，之后使用"中国澳门"名称。

前　言

1974年9月1日，伊朗德黑兰，阿里亚梅尔体育中心主体体育场，第7届亚洲运动会开幕式在这里举行，来自中华人民共和国的体育代表团第一次出现在亚运会的赛场。1名中国男篮运动员高举国旗担任旗手，在9名手持花束的女运动员护卫下为先导，引领"身穿白领、海蓝色裙衣的女运动员和穿着深灰色制服的男运动员"[①]队伍入场，这个场景，霎时吸引住亚洲和世界的目光。中国的绝大多数公众正是从那个年代开始，知晓并关注亚运会。

1990年9月，中国主办第11届北京亚运会，在那个互联网还没有普及的年代，可以毫不夸张地说：北京亚运会对于中国改革开放的促进意义，对于增进世界对中国的深入了解，对于中国体育事业带来的深刻变化，远远超过18年后的2008年北京奥运会。

中国参加和主办亚运会对于中国社会发展的历史贡献可以归结为：

通过参加亚运会，中国的竞技体育开始真正全面地进入国际大赛的赛场，与亚洲体坛、世界体坛接轨，亚运会在中国体育事业"冲出亚洲走向世界"的发展战略中具有非常重要的地位；

通过主办亚运会，中国有效地向世界展现了改革开放的成果，亚运会的成功举办又直接促成中国申办和主办奥运会；

通过"亚运外交"的运作，化干戈为玉帛，为中国打开了进一步与亚洲和世界交往的大门，开创出对外关系新格局。

2015年9月16日，在土库曼斯坦首都阿什哈巴德举行的亚洲奥林匹克理事会（简称"亚奥理事会"）代表大会上，杭州获得了2022年第19届亚运会的主办权（因疫情推迟到2023年举行）。对于居住在这座以湖光山色名扬天下的历史文化名城的作者而言，无疑成为关注亚运会几十年之后完成亚运史写作心愿的一个契机。

[①] 新华社记者：《"永远前进！"——记第七届亚运会开幕式》，人民体育出版社编：《亚洲体育史上空前的盛会》，人民体育出版社，1975年，第49页。

在资料搜集过程中，作者注意到两个问题：

一是国内关于亚运会历史的著作很少，编写体例均为编年体，即按照届次顺序，逐届对亚运会做一些介绍，时间下限基本到1986年汉城亚运会为止，仅个别著作的时间下限为2006年多哈亚运会；并且这些著作的内容通常局限于亚运会赛会和赛事本身，缺乏对亚运会与亚洲体育一些重大事件的深入探析，也缺乏对于亚运会所有参与者的完整性记述。

二是在关于亚运会的各类著作和资料中，涉及亚运会的一些基本数据常常并不相同，甚至诸如每一届亚运会到底有多少国家和地区参赛、这些国家和地区的规范名称等最基础的数据，都无法统一。即便是本应具有权威性的亚奥理事会官方网站，上面关于历届亚运会的各种数据，亦存在着大量的疏漏谬误、混乱矛盾、张冠李戴等问题，实在让人感到愕然。

本书希望能够为弥补这些缺陷做出一些努力。

作者怀着向中华优秀传统文化致敬的心情，参考借鉴中国古典史学著作的编写体例，将本书的编写体例设为"纪事本末""列传""表"等几个部分。

纪事本末：对亚运会起源、发展和演变历史中，具有重要作用的事件、人物、逸闻等，进行史实记述并适当地加以评析，使读者能够清晰完整地了解亚运会和亚洲体坛的风云变幻。

列传：对亚奥理事会现有45个成员（以及已经退出亚洲体坛的以色列）的亚运会历程和体育事业进行记述。之所以称"列传"而不是"列国传"，是因为亚奥理事会的成员并非都是主权国家，其中也包括主权国家中的某些地区，如中国台北、中国香港、中国澳门。

列传采用一成员一传的形式，将亚奥理事会的每一个成员，放在亚洲现代历史和亚运会历史演变风云际会的大背景下记述，使每一个成员无论其地位高低或贡献大小，行进的轨迹都能够得到记录和展现。

表：汇集亚运会一些重要和基本的数据，并通过对相关资料的梳理考订，对一些错谬之处进行匡正。

如此，通过纪事本末、列传、表这几个部分的经纬编织，实现对亚运会宏观历史的线索勾勒、重大事件始末的完整记述、亚奥理事会所有成员亚运会征程的微观描述、重要资料数据的收录汇总。

亚洲体坛和亚运会的重大事件往往牵涉到多个国家和地区，在本书"纪事本末"和"列传"中不免重复提及。对于这个问题，本书的处理方式是：在书中的某一节中对该事件进行详述，其他部分涉及该事件时则略写，以"详见"或"参见"的文字做出阅读提示。

七十二年亚运会，半部当代亚洲史。亚运会的历史，交织着漫长岁月中亚洲地区的国际关系演变、政治格局变迁、各方力量博弈、战争动乱冲击。因此，本书的内容并不局限于亚运会赛场和竞技体育本身，而是在更为开阔与纵深的亚洲政治舞台之上，展现亚洲体育与亚洲地缘政治以及地区国际关系之间的互动关系；对于某一具体国家（地区）的亚运会征程，尽可能地结合该国（地区）政治与社会变化的背景展开论述与研究。

本书从学术观察和研究视角出发，注重通俗文风与资讯含量，使本书集研究性、可读性和资料性于一身。

书中所引用的文献资料来源均为国内公开出版发行的书籍报刊，以及主流媒体网站和亚奥理事会官方网站。

部分信息数据在不同的资料来源中说法不一，这种情况较多地出现在亚运会早期的历史过程中；作者通过梳理和分析，尽可能地选取最贴近事实的或者已为多数记述所采用的信息数据。

书中涉及亚洲各国和地区的现用名称、土地面积、人口数量、首都名称等数据资料，均出自世界知识出版社2021年出版的《世界知识年鉴2020/2021》一书。

目 录

卷一·纪事本末

一、七十二年全景照 ……………………………………………………… 003
二、亚运由来细盘点 ……………………………………………………… 009
三、度尽劫波亚运在 ……………………………………………………… 014
四、亚洲体坛叹分合 ……………………………………………………… 023
五、"亚运外交"写传奇 …………………………………………………… 029
六、亚洲一哥属谁家 ……………………………………………………… 038
七、亚运家族成长记 ……………………………………………………… 043
八、五洲四海堪称雄 ……………………………………………………… 051

卷二·列传

一、阿富汗 ………………………………………………………………… 057
二、阿拉伯联合酋长国 …………………………………………………… 062
三、阿曼 …………………………………………………………………… 066
四、巴基斯坦 ……………………………………………………………… 069
五、巴勒斯坦 ……………………………………………………………… 072
六、巴林 …………………………………………………………………… 076
七、不丹 …………………………………………………………………… 079

八、朝鲜……………………………………………………………………082

九、东帝汶…………………………………………………………………089

十、菲律宾…………………………………………………………………092

十一、哈萨克斯坦…………………………………………………………097

十二、韩国…………………………………………………………………101

十三、吉尔吉斯斯坦………………………………………………………108

十四、柬埔寨………………………………………………………………110

十五、卡塔尔………………………………………………………………115

十六、科威特………………………………………………………………122

十七、老挝…………………………………………………………………128

十八、黎巴嫩………………………………………………………………131

十九、马尔代夫……………………………………………………………135

二十、马来西亚……………………………………………………………138

二十一、蒙古………………………………………………………………143

二十二、孟加拉国…………………………………………………………146

二十三、缅甸………………………………………………………………149

二十四、尼泊尔……………………………………………………………153

二十五、日本………………………………………………………………157

二十六、沙特阿拉伯………………………………………………………166

二十七、斯里兰卡…………………………………………………………170

二十八、塔吉克斯坦………………………………………………………173

二十九、泰国………………………………………………………………175

三十、土库曼斯坦…………………………………………………………181

三十一、文莱………………………………………………………………184

三十二、乌兹别克斯坦……………………………………………………188

三十三、新加坡……………………………………………………………192

三十四、叙利亚……………………………………………………………195

三十五、也门	199
三十六、伊拉克	203
三十七、伊朗	207
三十八、印度	213
三十九、印度尼西亚	219
四十、约旦	224
四十一、越南	227
四十二、中国	231
四十三、中国澳门	246
四十四、中国台北	250
四十五、中国香港	255
外传·以色列	261

卷三·表

一、历届亚运会参加成员名录	271
二、各国和地区获亚运会奖牌统计	277
三、历届亚运会部分比赛项目团体前三名	280
后记	295

卷一·纪事本末

一、七十二年全景照

亚洲是地球上土地面积最大、人口数量最多的洲，土地面积4400万平方公里，约占世界总面积的29.4%；人口约45.61亿，占世界总人口的59.76%。①

亚洲运动会（简称"亚运会"）是我们这个星球上，赛会规模仅次于奥林匹克运动会的大型综合性运动会，这一点得到了国际奥委会的认可，国际奥委会前主席罗格声称：亚运会是世界第二大的国际性综合运动会。②

1.亚洲体坛与亚洲地区的区别

亚洲的地理版图内一共有48个国家（不包括地跨欧亚的俄罗斯和地跨亚非的埃及），③这就是人们通常所说的亚洲地区。亚运会的参加者是亚洲奥林匹克理事会（简称"亚奥理事会"）的成员，到目前为止，亚奥理事会旗下一共有45个成员，为亚洲的42国加上中国的3个地区（中国台北、中国香港、中国澳门），这就是人们通常所说的亚洲体坛。亚洲体坛与亚洲地区是有所不同的：亚洲地区内48个国家有6个既不是亚奥理事会的成员，也不参加亚运会。这6个国家的情况是这样的：

土耳其。土耳其国土的97%和首都安卡拉都位于亚洲地区的小亚细亚半岛，只有3%的国土隔着博斯普鲁斯海峡位于欧洲地区的巴尔干半岛。从地域上看，土耳其绝对是个亚洲国家，但从历史上看，土耳其与欧洲的政治经济联系确实更多更紧密，是个非常典型的身在亚洲心在欧的国家。土耳其坚持认为自己是欧洲国家，1987年正式申请加入欧盟（当时还称为"欧洲共同体"），但直到2005年才启动入盟谈判，目前土耳其入盟尚未成功，依然"待字闺中"。

塞浦路斯。塞浦路斯是个位于地中海之中的岛屿国家，从地理位置上看，它靠近地中

---

① 中国地图出版社编制：《亚洲》，中国地图出版社，2013年，2022年7月修订。
② 方达儿等：《亚运掘金：广州亚运会赞助营销历程》，华南理工大学出版社，2010年，第40页。
③ 本书中关于亚洲国家的数量，来源于中国地图出版社出版的《亚洲》地图（2013年，2022年7月修订）与世界知识出版社出版的《亚洲年鉴》（2009年）。

海东岸的小亚细亚地区，属于亚洲国家。塞浦路斯也是一个坚决不承认自己属于亚洲，坚决认为自己属于欧洲的国家。塞浦路斯已于2004年正式加入欧盟。

格鲁吉亚、阿塞拜疆和亚美尼亚，也称外高加索三国，这三国曾是苏联的加盟共和国，1991年12月25日苏联解体之后三国宣布独立。三国自打一独立就以欧洲国家自居，不参加亚洲的活动，从政治到经济统统加入欧洲体系。虽然共同生活在亚洲的土地上，但亚洲人民对外高加索三国还是比较陌生的。

以色列。与上面几国不同，位于西亚的以色列认可自己属于亚洲。以色列于1948年建国，打那时开始直到20世纪70年代，以色列一直积极参加亚洲的各项体育赛事，参加过5届亚运会。1974年第7届亚运会之后，因为政治因素以色列再也不能参加亚运会，继而被驱离出亚洲体坛，从此只能去欧洲参与各类体育赛事（详见：列传·以色列）。

2.亚运会的组织领导者

"亚洲是世界上体育运动组织得比较好的一个洲。即便整体竞技水平还在上升的过程中，但是竞赛的组织有条不紊。"[①]亚运会最早的组织者，是1949年2月成立的"亚洲运动会联合会"（简称"亚运会联合会"）；印度、阿富汗、巴基斯坦、菲律宾和缅甸等5国是最早在《亚洲运动会联合会章程》上签字的国家，这5国因此享有亚运会创始国的荣誉。

1982年12月5日，亚洲奥林匹克理事会正式成立，取代亚运会联合会，亚奥理事会成立之际共有36个成员（包括中国），这些成员都被视为亚奥理事会的创始成员。

此后，亚运会都在亚奥理事会的领导下进行。本书也以此为时间节点，对于亚运会的组织领导机构，1982年之前称亚运会联合会，1982年之后称亚奥理事会。

3.亚运会的承办者

亚运会"是亚洲人民团结、友谊、和平与进步的象征；所有亚洲国家，都以能在本国举办一届成功的亚运会作为国家在亚洲乃至世界的荣耀"[②]。到目前为止，一共有9个国家的14座城市承办了19届亚运会（含即将举办的杭州亚运会），这些国家和城市分别是：

泰国4届（1966年第5届、1970年第6届、1978年第8届、1998年第13届，均为曼谷）；

---

① 魏纪中：《我谈奥运经济》，人民体育出版社，2007年，第172页。
② 雷青峰：《阅尽沧桑话亚运》，新世纪出版社，2009年，序言Ⅱ。

韩国3届（1988年第10届汉城①、2002年第14届釜山、2014年第17届仁川）；

印度2届（1951年第1届、1982年第9届，均为新德里）；

日本2届（1958年第3届东京、1994年第12届广岛）；

印度尼西亚2届（1962年第4届、2018年第18届，均为雅加达）；

中国3届（1990年第11届北京、2010年第16届广州、2023年第19届杭州）；

菲律宾1届（1954年第2届马尼拉）；

伊朗1届（1974年第7届德黑兰）；

卡塔尔1届（2006年第15届多哈）。

如果按照我们熟悉的亚洲五大地区来统计的话，分别为：南亚地区（印度）举办2届；东南亚地区（菲律宾、印度尼西亚和泰国）举办7届；东亚地区（日本、韩国和中国）举办8届；西亚地区（伊朗和卡塔尔）举办2届；中亚地区没有举办过。

4.亚运会的参加者

1951年第1届亚运会举办时，参加者只有11个国家和地区，其中新加坡尚未获得独立，还是英国的殖民地；日本作为第二次世界大战的战败国，此时仍在盟国的军事占领和政治改造之中，也不算是完全独立意义上的国家。

2002年，亚奥理事会发展到45个成员。最后一个加入亚运会的国家，是2002年获得独立的东帝汶，该国从2002年第14届亚运会开始参赛。

2006年第15届多哈亚运会，亚奥理事会的所有45个成员全部出席，终于实现了亚奥理事会全员参赛的"全家福"目标（历届亚运会参加国家和地区的具体名单详见：表·历届亚运会参加成员名录）。

在亚奥理事会45个成员中，迄今为止参加过全部18届亚运会的国家共有7个，分别是：印度、日本、菲律宾、泰国、斯里兰卡（曾名锡兰）、新加坡、印度尼西亚。

进入21世纪之后，出现了非亚洲国家参加亚运会的动向，先是大洋洲的澳大利亚、新西兰等国原本确定出席第19届杭州亚运会但最后又取消；继而在2023年又出现欧洲的俄罗斯、白俄罗斯等国运动员参加亚运会的信息（详见：纪事本末·五洲四海堪称雄）。从这些动向来看，亚运会参加者的阵容未来完全有可能更为壮观。

---

① 2005年1月，韩国政府宣布"서울"的中文翻译名称由汉城正式更改为"首尔"。为尊重历史，本书中涉及首尔地名时，在2005年之前依然沿用汉城，2005年之后改称首尔。

5.亚运会的举办节奏

亚运会每隔4年举办一次，举办时间为两届奥运会之间的届间年。由于种种因素，亚运会的举办时间并非总是遵循这一规律：首届亚运会原定于1950年举办，因为主办方印度未能及时完成筹备工作，延迟到1951年举办；第19届亚运会原定于2022年在中国杭州举行，由于疫情的因素，推迟到2023年举办。

亚奥理事会曾考虑改变亚运会于奥运会届间年举办的惯例，主要原因之一是因为亚洲体育强国出于锻炼年轻运动员的考虑，往往未能尽遣高手参加亚运会，"大多数体育迷因为竞技悬念的降低，正逐渐丧失对它的兴趣"[1]，导致亚运会的关注度不断下降，亚运会的可持续发展问题日益突出；同时届间年举办亚运会的安排与冬季奥运会以及世界杯足球赛等世界顶级赛事"撞车"，也影响亚运会的收视率。2009年召开的第28届亚奥理事会通过决议，决定自第18届亚运会开始，将亚运会改为奥运会的前一年举办，"这样亚运会真正是奥运会的前奏和大练兵，各个国家和地区都会把最强的阵容派到亚运会上来，从而使亚运会整体竞技水平提升"[2]。不过这一安排最终因为第18届亚运会主办国印度尼西亚国内政治的因素而未能落实（参见：列传·印度尼西亚），亚运会仍维持奥运会届间年举办的传统。

自1951年3月第1届亚运会举办至今，几十年风雨沧桑，熊熊战火数度在亚洲大地燃烧，金融风暴无情蹂躏亚洲经济，但亚运会的节奏始终没有被打断，到2018年8月，亚运会没有间断地举办了18届；2023年9月，将在中国杭州举办第19届亚运会。接下来未来三届亚运会的主办地也已确定，分别是：2026年第20届，日本爱知·名古屋；2030年第21届，卡塔尔多哈；2034年第22届，沙特阿拉伯利雅得。

6.亚运会的竞技体育实力格局

亚运会"展示着整个亚洲地区的竞技体育发展态势，各国（地区）的亚运会成绩也代表着亚洲竞技体育区域实力分布格局"[3]。东亚地区的中国、日本和韩国无可争议地成为亚运会竞技体育实力格局中的第一集团，这3个亚洲竞技体育实力最强的国家，占据着亚

---

[1] 佚名：《专题·亚运秘籍》，《新体育》，2007年第1期，第46页。
[2] 魏纪中：《我谈奥运经济》，人民体育出版社，2007年，第200页。
[3] 陈丹：《竞技体育区域实力的时空分布及演变特征研究》，华南理工大学出版社，2017年，第83页。

运会奖牌榜的前三名。在已举行过的18届亚运会中一共决出4785枚金牌，中、日、韩三国夺得3249枚，占金牌总数的67.9%。其中中国在仅参加过11届亚运会的情况下，共夺得金牌1473枚，占金牌总数的30.8%。自1982年第9届亚运会至今，中国一直占据亚运会奖牌榜第一的位置。

亚运会竞技体育实力格局中的第二集团，颇有些群雄混战的场面，座次和地位经常发生变化。20世纪70年代以来占据第二集团前排的国家和地区主要有：西亚地区的伊朗；中亚地区的哈萨克斯坦、乌兹别克斯坦；东南亚地区的泰国；南亚地区的印度；东亚地区的朝鲜、中国台北。

有9个国家从未获得过亚运会金牌，其中4个为南亚地区国家，3个为东南亚地区国家，2个为西亚地区国家。这9个国家是：阿富汗、巴勒斯坦、不丹、东帝汶、老挝、马尔代夫、尼泊尔、文莱、也门。

其中有3个国家至今尚未获得过亚运会任何奖牌，这3个国家是：南亚地区的不丹和马尔代夫；东南亚地区的东帝汶。

"亚洲占世界人口的五分之三，体育发展很不平衡。无论历史、人文、自然环境等种种因素如何影响，人们都乐见亚洲体育在奥林匹克精神感召下迈步赶上时代的潮流，在赛场内外增添快乐、健康、幸福。亚运会将继续承载这一使命。"①

7.其他重要的亚洲综合性运动会

除了亚运会，亚奥理事会主办的重要综合性大型运动会还有：

亚洲冬季运动会（简称"亚冬会"）。第1届亚冬会于1986年举办，至今已经举办8届。

亚洲室内与武道运动会（简称"亚室武会"）。这是由亚洲室内运动会（简称"亚室会"）和亚洲武道运动会（简称"亚武会"）合并而成的赛会。第1届亚室会于2005年举行（办了3届），第1届亚武会于2009年举行（办了1届）；从2013年开始，亚室会与亚武会合并为亚室武会，延续亚室会的序号，排序为第4届亚室武会，至今举办到第5届（参见：列传·土库曼斯坦；列传·中国澳门）。

亚洲青年运动会（简称"亚青会"）。第1届亚青会于2009年举办，至今共举办过2届。

---

① 汪大昭：《以亚洲体育的名义》，《新体育》，2018年第9期，第5页。

亚洲沙滩运动会（简称"亚沙会"）。第1届亚沙会于2008年举办，至今共举办过5届。

以上这些赛会的历史、规模和影响力，都无法与亚运会相提并论，它们犹如卫星一般，簇拥着亚运会，构建成完整的亚运会星系。

历届亚运会简况一览表

届次	举办时间	举办地	比赛项目数	参赛运动员人数	参加的国家和地区数
1	1951.3.4—3.10	印度新德里	8	489	11
2	1954.5.1—5.9	菲律宾马尼拉	10	978	18
3	1958.5.24—6.1	日本东京	15	1422	20
4	1962.8.24—9.2	印度尼西亚雅加达	16	1545	17
5	1966.12.9—12.20	泰国曼谷	16	1945	18
6	1970.12.9—12.20	泰国曼谷	15	1752	18
7	1974.9.1—9.16	伊朗德黑兰	16	2363	25
8	1978.12.9—12.20	泰国曼谷	19	2879	25
9	1982.11.19—12.4	印度新德里	21	3345	33
10	1986.9.20—10.5	韩国汉城	25	3420	27
11	1990.9.22—10.7	中国北京	27	4655	37
12	1994.10.2—10.16	日本广岛	34	6828	42
13	1998.12.6—12.20	泰国曼谷	36	6554	41
14	2002.9.29—10.14	韩国釜山	38	6707	44
15	2006.12.1—12.15	卡塔尔多哈	39	8050	45
16	2010.11.12—11.27	中国广州	42	9704	45
17	2014.9.19—10.4	韩国仁川	36	9501	45
18	2018.8.18—9.2	印度尼西亚雅加达	40	11300	45

"比赛项目数""参赛运动员人数""参加的国家和地区数"栏目的数据，主要源于人民体育出版社出版的《亚洲运动会资料》和《中国体育年鉴》；个别数据参考了广东教育出版社出版的《亚运知多少》、中国奥林匹克出版社出版的《历届亚运会集锦》、科学普及出版社出版的《历届亚运会博览》以及亚奥理事会官网。

二、亚运由来细盘点

现代竞技体育的各个运动项目，基本起源于西方，19世纪后期逐渐规范化、组织化、体系化。随着国际奥委会和各单项体育运动国际组织的建立、奥运会和各级各类比赛的广泛举办，构建出今天竞技体育世界五彩缤纷的场景。

19世纪后期，这些竞技体育的项目和体育赛会的模式，经西方的传教士、军人、商人、海员等各色人物传播到东方的亚洲，亚洲也逐步成为现代竞技体育世界版图中的重要版块。虽然第1届亚运会于1951年举办，但亚运会的前身，可以追溯到1913年举办的远东运动会和1934年举办的西亚运动会。这两个运动会的举办，与菲律宾和印度的关系相当密切。当时这两国还不是独立国家，菲律宾是美国的殖民地，印度是英国的殖民地，也正是因为这一层关系，在西方现代体育文化的传播过程中，这两家得了风气之先。

1.远东运动会

1911年1月，在一位名叫艾尔伍德·斯坦利·布朗的美国人推动与主持下，"菲律宾业余体育联盟"成立，布朗担任秘书长。[①]当时每年2月，菲律宾马尼拉都要举办大型文化娱乐狂欢活动"嘉年华会"，其中包括体育运动比赛。1911年2月"嘉年华会"的体育比赛，邀请中国（来自香港）的田径和足球选手以及日本早稻田大学的棒球、网球运动员参会，获得关注与好评。布朗和菲律宾业余体育联盟希望趁热打铁成立国际性的体育协会，并举办国际性的体育赛会。1912年9月，布朗到日本和中国访问，积极推进此事。当时，顾拜旦领导的国际奥林匹克委员会已经举办过5届奥运会，声名鹊起，为现代体育机构和大型赛会树立了标杆，所以菲律宾、中国和日本也蹭上这个热度，使用起"奥林匹克"的名头。1913年2月，在马尼拉组建了"远东奥林匹克协会"，第1届运动会的名称叫作"远东奥林匹克运动会"，比赛项目的设置、竞赛规程等也都模仿奥运会的赛制。鉴于赛会的

---

① 阮蔚村：《远东运动会历史与成绩》，上海勤奋书局，1936年，第1页；王妍：《美国基督教青年会创立远东体育协会的历史研究》，《成都体育学院学报》，2017年第3期，第36页。

整体组织还比较稚嫩，运动会的组织者向顾拜旦和国际奥委会表示：可以把远东奥林匹克运动会看作是"一个奥林匹克幼儿园"。不过，国际奥委会并没有认领这个主动找上门的"幼儿园"孩子，不允许这个新成立的体育机构使用"奥林匹克"的名头，也不承认"远东奥林匹克运动会"。于是，"远东奥林匹克协会"只能更名为"远东体育协会"，"远东奥林匹克运动会"也更名为"远东运动会"。这事直到1920年才解决，那一年，布朗出现在比利时安特卫普举行的国际奥委会全会会场上，他以远东运动会为例，详细阐述如何在体育不发达地区通过举办运动会来推动体育为所有人服务的理念。"他关于其组织与国际奥委会举行合作的提议被委员们以鼓掌方式接受。"[①]至此，远东运动会终于被纳入国际奥林匹克运动的体系之中。

从1913年到1934年，远东运动会连续举办了10届。当时亚洲的独立国家不多，参加远东运动会的主要就是菲律宾、中国和日本这三国，到第10届时印度尼西亚也参加进来，印度尼西亚尚在荷兰殖民统治之下，以"荷属东印度"的名头参赛。远东运动会的比赛项目既有田径、游泳、网球、足球等奥运会项目，还有当时奥运会尚未设置的篮球、排球和棒球，这几个项目的设立，远东运动会比奥运会要早上几十年，在这方面远东运动会可谓领时代风气之先，甚至走到奥运会的前面。

随着亚洲政治局势的不断恶化，尤其是日本意图将其扶植的"满洲国"塞进远东运动会，此举遭到中国的强烈抵制，远东运动会至此寿终正寝。

2.西亚运动会

现代体育运动的项目多起源于英国，一些运动项目随之传入英国的殖民地印度，亚运会创建历史上重量级的一位人物在印度出现了，他就是古鲁·达特·桑迪。桑迪毕业于剑桥大学，虽然从事的职业是律师，却醉心于体育事业，他出任印度业余田径协会会长，非常热心地在印度和亚洲推动竞技体育事业的发展。桑迪在1932年成为国际奥委会委员，1961—1965年担任国际奥委会执委会委员，1964年获得国际奥委会最资深委员的荣誉头衔。[②]

西亚运动会的举办过程可谓命运多舛。1913年远东运动会开办之后，桑迪就计划在国际奥委会协助下由印度于1914年举办印度洋运动会，第一次世界大战的爆发使这一计划胎

---

① 国际奥林匹克委员会：《国际奥委会一百年》（第一卷），奥林匹克出版社，1998年，第273页。
② 国际奥林匹克委员会：《国际奥委会一百年》（第二卷），奥林匹克出版社，1998年，第198页。

死腹中；1924年在巴黎举行国际奥委会会议期间，国际奥委会曾召开一次专门会议讨论举办泛印度洋运动会的可能性，此事再次不了了之。1930年桑迪率领印度代表团出席第9届远东运动会，有4名印度选手参加这一届赛会的田径比赛，印度参赛属于表演性质，不计名次。① 远东运动会的红红火火对桑迪是极大的刺激，在桑迪的大力推动下，终于在1934年于印度的新德里，举办了远在20年前就已在计划之中的运动会，运动会的名称改称西亚运动会，来自印度、锡兰和巴勒斯坦地区的运动员参加比赛。运动会期间，成立西亚运动会协会，伊朗被吸收入会。第2届西亚运动会定于4年之后的1938年在巴勒斯坦举行，但由于国际和地区政局的冲突加剧而告流产，② 西亚运动会仅办了1届。

3.现代亚运会的诞生

亚洲体育事业的发展被第二次世界大战的炮火暂时打断。二战之后，随着亚洲地区民族独立国家的不断涌现，举办全亚洲的体育赛事也迅速提上议事日程。早年的东亚运动会和西亚运动会只能看作是现代亚运会的前身或早期雏形，真正现代意义上的亚运会诞生首功应归于印度。虽然印度的体育运动水平在亚洲始终排不进第一集团，但是在催生现代亚运会的过程中，印度发挥出最为重要的作用。

现代亚运会诞生与几个重要的国际会议密切相关。

第一，新德里"亚洲关系会议"。在印度著名政治领袖尼赫鲁的倡导下，1947年3月23日至4月2日于新德里召开了亚洲关系会议（亦被译作"泛亚洲会议"），参加会议的代表团有42个，以亚洲国家和地区为主，还有当时属于苏联的位于亚洲地区的加盟共和国（即今天的哈萨克斯坦等中亚5国），远隔重洋的大洋洲国家澳大利亚也派代表与会。③ 会议召开的时间正值印度即将从英国殖民统治中获得独立的前夜（印度于1947年8月15日正式独立），亚洲的未来发展成为会议主题，加之尼赫鲁有着亚洲领袖的情结，因此会议过程中充溢着高昂的亚洲民族激情。会场主席台背景是一幅光芒闪烁的亚洲地图，亚洲各国的首都用航线标识连接起来。尼赫鲁在开场致辞中庄严地说道："我们正处于一个时代的终点，站在另一个新时代的起点上。"④ 正是在这次亚洲关系会议期间，经过桑迪的游说

---

① 阮蔚村：《远东运动会历史与成绩》，上海勤奋书局，1936年，第4页、第111页。
② 国际奥林匹克委员会：《国际奥委会一百年》（第一卷），奥林匹克出版社，1998年，第275页。
③ 刘绍唐：《民国人物小传》（第十八册），上海三联书店，2016年，第116页；［印度尼西亚］阿里·沙斯特罗阿米佐约：《我的历程》，世界知识出版社，1983年，第207页。
④ ［印度尼西亚］苏尼尔·阿姆瑞斯：《横渡孟加拉湾：自然的暴怒和移民的财富》，浙江人民出版社，2020年，第244页。

和努力（桑迪和尼赫鲁两人是剑桥大学三一学院的同学），尼赫鲁向会议参加者提出举办亚洲运动会的倡议，得到与会各国从政府层面给予的支持，使亚运会得以具备基本的政治和财政保证。

第二，伦敦奥运会期间举行的亚洲体育组织筹办会议。1948年7月至8月，第14届夏季奥运会在伦敦举行。赛会期间，桑迪向前来参加奥运会的亚洲13个国家和地区发出邀请，希望大家一起共议成立全亚洲的体育组织并举行全亚洲的体育赛会。这13个国家和地区是：印度、中国、韩国、菲律宾、新加坡、缅甸、巴基斯坦、阿富汗、伊朗、伊拉克、黎巴嫩、锡兰和叙利亚。不过，最后真正坐在一起开会的，只有来自印度、中国、韩国、菲律宾、缅甸和锡兰6个国家的10名代表。与会者同意桑迪关于建立全亚洲体育组织的建议，这个组织暂名为"亚洲业余体育联合会"，又从中推举印度、中国、韩国和菲律宾4国代表组成筹备委员会。这个筹委会虽然只有5人，但成果却很丰硕。8月11日，筹委会做出决定，尽快建立亚洲业余体育联合会，并且决定1949年2月在印度新德里召开会议，通过有关章程。

第三，新德里会议和《亚洲运动会联合会章程》的签署。1949年2月，在印度首都新德里召开亚洲业余体育联合会的筹办会议和第一次代表大会，根据文献资料，一共来了10个国家：印度、缅甸、菲律宾、伊朗4国派出奥委会代表参会；锡兰、阿富汗、印度尼西亚、尼泊尔、巴基斯坦、泰国6国派出驻印度使馆的官员参会。别看参加会议的国家并不多，而且这些国家在亚洲体育运动中水平也不高，这却是亚运会历史上最重要的会议。归纳一下会议的主要成果有：

其一，正式成立"亚洲运动会联合会"（由原来的"亚洲业余体育联合会"更名而来，简称"亚运会联合会"），作为亚洲运动会的组织和领导机构。首届主席由印度的辛格王子担任，桑迪担任秘书兼司库。

其二，第1届亚运会定于1950年在印度举行，以后每4年举办一届，在两届奥运会之间的届间年举行。

其三，通过了亚运会联合会的会旗和亚运会格言，亚运会的格言为："永远向前"，这一格言由桑迪提出，获得与会者一致认可。

其四，正式通过《亚洲运动会联合会章程》（有的文献资料将其译为《亚运宪法》）。

参会的10国中，印度、阿富汗、缅甸、巴基斯坦、菲律宾在《亚洲运动会联合会章程》上签字并立即生效，这5国从此享有亚运会联合会创始会员和亚运会创始国的荣誉；

锡兰、泰国、印度尼西亚、尼泊尔4国虽然签了字，但还要国内批准方能生效；伊朗的态度相关资料中没有提及。

1951年3月，第1届亚运会在印度新德里正式开幕（比原定时间推迟1年），这也标志着现代亚运会的航船正式起航。

几十年间，亚运会体系的基本框架并没有根本性的变化，最大的变化是1982年，亚运会联合会改组为亚洲奥林匹克理事会。改组的主要原因在于亚运会联合会是一个松散的组织，它的活动只限于每四年找到一个城市办亚运会，哪一国主办亚运会，就由哪一国担任亚运会联合会执委会的主席。自亚运会诞生之后的几十年，亚洲体育运动有了巨大的发展和变化，各国和地区相继成立奥委会，在这种形势下，缺少常设固定总部与稳定组织机构的亚运会联合会显然无法承担协调和领导全亚洲体育事业的重任。1981年11月26日，亚运会联合会理事会在新德里开会，决定成立亚洲奥林匹克理事会。1982年12月5日，亚洲奥林匹克理事会正式成立，取代亚运会联合会，亚奥理事会的总部常设于科威特。

三、度尽劫波亚运在

在亚运会70多年18届的历史进程中,曾发生多次危机和劫难,影响到亚运会的顺利举办甚至是亚运会的生存。概括起来,这些危机主要有三种:弃办危机、抵制危机和恐袭危机(恐怖主义袭击危机)。

1.弃办危机

弃办危机指的是某一国获得亚运会主办权之后,因为种种原因突然宣布弃办。弃办危机是对亚运会冲击和影响最大的危机事件,因为类似亚运会这样的洲级大型综合性运动会,承办者需要较长的筹备周期,如果承办者在距离亚运会开幕前的一两年时间内提出弃办,对于接办者而言筹办时间过于仓促。亚运会历史上曾发生过数次弃办事件和危机。

第一次弃办危机:1970年第6届亚运会。

1966年第5届亚运会在泰国曼谷举行期间,亚运会联合会举行会议,批准韩国承办1970年第6届亚运会的申请。1968年3月韩国奥委会突然通知亚运会联合会,出于国内的安全因素,决定放弃举办第6届亚运会。此时,距离亚运会开幕只有两年时间,要在短短两年时间里建成符合亚运会要求的诸多体育设施,几乎是不可能的,而若无人接手,亚运会则面临中断,这可算得上是亚运会诞生以来最严重的危机。亚运会联合会各位成员经过紧急磋商,都觉得泰国两年前刚举办过第5届亚运会,赛会办得挺不错,场地设备也很现成,所以由泰国来接手承办最为合适。实事求是地说,亚运会是个不赚钱的赛会,泰国刚举办一届,花了大钱达到了借赛会扬名立万的目标,接着马上再办一届确实吃力。要说泰国政府还是真有担当,在这危急时刻站出来救场,愿意接手承办。因为办会所耗资金数额庞大,泰国提出全部由自己一国承担实在吃不消,希望众会员共同认捐分摊。以每一个比赛大项需3.5万美元经费估算,13个比赛大项共需要45.5万美元,泰国提出各会员认捐分摊41.7万美元,剩下不足的部分由泰国补足。韩国方面觉得因为他们的弃办给泰国造成被动,主动提出认捐25万美元,这样一半多的经费有着落之后,剩下的就好办了。其他会员认捐的数额,根据相关资料为:日本7.5万美元,中国台湾和以色列各2.5万美元,阿富汗

6000美元，菲律宾、印度尼西亚、新加坡和香港①地区各5000美元，尼泊尔1000美元，总计40.2万美元；剩下的会员因为经济困难没有分摊，不过数额已基本达标。此外，本届亚运会参赛运动员的来回机票由各国自己负担；泰国不提供免费的亚运村居住，各国运动员散住于曼谷的15家旅馆，住宿费伙食费也全部自掏腰包解决。泰国方面为筹措赛会的资金，还想方设法广开财路，例如将泰国国王亲自点燃圣火火种的场面设计成邮票发行，卖得非常好。经过如此这般的资金众筹和开源节流，最后算下来，这一届亚运会居然还盈利将近3万美元。②

第二次弃办危机：1978年第8届亚运会。

第8届亚运会有3个国家提出申办：巴基斯坦、新加坡和日本。1974年8月29日在德黑兰召开的亚运会联合会会议上，围绕着由谁来承办第8届亚运会进行讨论和表决。与会的代表们认为，亚运会应该在亚洲各个地区举办，这有利于推动整个亚洲体育运动向前发展。提出申办第8届亚运会的3个国家，东亚地区的日本已经办过一届；东南亚地区的新加坡虽未办过，但该地区的其他国家已经办过数届；南亚地区只有印度承办过首届亚运会，且相距时间已较久远。一番讨论之后，代表们一致同意第8届亚运会由巴基斯坦首都伊斯兰堡承办。真是人算不如天算，1975年巴基斯坦因为政局不稳，加之财政困难，巴基斯坦政府宣布放弃承办第8届亚运会。于是，寻找救场者又成为棘手的问题。在1976年蒙特利尔第21届奥运会期间，参赛的亚洲体育界聚在一起开会讨论这个问题。面临着同样的困难，复制着同样的思路——还是让泰国力挽狂澜接手救场。经费问题仍然按照第6届亚运会的方式筹集，由于第8届亚运会比赛项目和参赛成员增加不少，物价也涨了不少，所以这次的经费由各会员认捐分摊300万美元，不足的部分由泰国政府补助150万美元。最后的认捐结果是：沙特阿拉伯105万美元，科威特50万美元，伊拉克22.5万美元，中国和日本各20万美元，伊朗15.03万美元，香港地区1.3万美元，菲律宾、印度、印度尼西亚、马来西亚和新加坡各1万美元，尼泊尔1000美元。③

泰国先后4次承办亚运会，为承办亚运会最多的国家，尤其其中两次是在他国弃办之际的关键时刻挺身而出，使亚运会的火炬得以届届相传生生不息。尽管泰国不是亚洲的体育大国，但它对于维护亚运会发展所做出的贡献，在亚洲各国中毫无疑问是首屈一指的。

---

① 1997年7月1日中华人民共和国对香港恢复行使主权后，香港奥委会更名为中华人民共和国香港特别行政区奥委会，以此时间为界线，之前称"香港"，之后称"中国香港"。"凡例"中已做说明。下同。
② 胡新民等：《历届亚运会集锦》，中国奥林匹克出版社，1990年，第100页、106页。
③ 胡新民等：《历届亚运会集锦》，中国奥林匹克出版社，1990年，第120页。

第三次弃办：2018年第18届亚运会。

这次弃办之所以不称其为"危机"，是因为弃办的时间发生得比较早，接手者有充分的时间进行筹办，没有造成前两次弃办时需要有人挺身而出力挽狂澜的危机局势。

提出申请承办第18届亚运会的有越南的河内、印度尼西亚的泗水和阿联酋的迪拜。2012年11月8日，在中国澳门召开的亚奥理事会全会决定由哪家来承办。由于迪拜在大会陈述前宣布退出申办，只剩下河内与泗水两家。最后的投票表决结果是河内战胜泗水，成为第18届亚运会的举办城市。

这是越南第一次承办亚运会，也是亚运会继1998年曼谷亚运会后首次重回东南亚地区举办。但令人没有想到的是，2014年4月17日，越南总理突然宣布河内放弃第18届亚运会主办权。越南放弃的理由，从宏观上看与越南当时的经济状况不佳有关。越南体育部门当初提出办会预算经费需1.5亿美元，但越南国会举行听证会时，认为这个数额根本不可能办亚运，申办决策明显失误。越南在2003年曾举办过一届区域性的东南亚运动会，花销就超过1.2亿美元。近几届亚运会的承办经费更是吓人：2002年釜山亚运会投入是29亿美元，2006年多哈亚运会是28亿美元，2014年仁川亚运会的投入也超过10亿美元，所以越南财政部门认为1.5亿美元预算缺口太大，最少要投入5亿美元，而这是越南经济难以承受的，也得不到民众的支持，所以越南方面果断止损，放弃亚运会主办权。

20世纪时期，一般是提前4年确定下一届亚运会的承办者，一旦出现承办方弃办，时间往往显得很仓促。进入21世纪后，这一时间改为提前7年，因而越南在2014年提出弃办时，距离下一届的举办时间还有5年（第18届亚运会原定于2019年举办），筹办时间还很充裕。亚奥理事会主席对此表态说："亚奥理事会欢迎（越南）这个果断的决定，现在有充足的时间选择替代城市。"① 亚奥理事会也没有因此对越南进行处罚。

由于之前越南是战胜竞争对手印度尼西亚获得亚运会主办权的，越南弃办亚运会之后，印度尼西亚方面有意愿接手承办。来自中国的亚奥理事会副主席魏纪中代表亚奥理事会出访印度尼西亚，与该国总统举行会谈，会谈后魏纪中发出明确的信号，暗示印度尼西亚的雅加达极有可能接手成为第18届亚运会的主办城市。

2014年9月20日，在仁川举行的亚奥理事会做出决定，由于只有印度尼西亚的雅加达一家提出承办要求，第18届亚运会将由该市承办，并且根据印度尼西亚方面的要求，将原定2019年的举办时间提前到2018年。

---

① 《申办又弃办，亚运怎么办？》，《广州日报》，2014年4月25日。

2.抵制危机

亚洲的一些国家和地区,因为国家利益、民族矛盾、领土纠纷、历史恩怨等各种原因,在原定报名参加亚运会后,又抵制参赛;或者在参赛过程中抵制赛会原定的比赛安排和比赛对手。抵制事件对于亚运会来说并不罕见,在20世纪甚至可以说是常态性的事件。一般的抵制事件,抵制者多是在亚运会举行之前表示拒绝与会,这样一来该届亚运会会缺少几个参与者。例如1986年第10届亚运会的举办地是韩国首都汉城,朝鲜出于政治目的抵制参加,连带着与朝鲜保持良好关系的越南和蒙古也缺席了本届赛会。[①]一般说来,这种抵制的涉及面不大,不会对亚运会正常举行带来危机性的影响。在亚运会历史上,抵制行为达到危机程度或有可能达到危机程度的,有两届亚运会。

第一次抵制危机:1962年第4届雅加达亚运会。

本届亚运会由印度尼西亚承办,围绕着亚运会联合会中两个成员的报名参赛,形成了危机事件,这两个成员一个是以色列,一个是中国台湾。

先看以色列。位处西亚的以色列,是早期亚运会的积极参与者。众所周知,以犹太民族为主体的以色列自建国之后,与周边的阿拉伯国家战争冲突不断,20世纪60年代尚处于与整个阿拉伯世界势不两立的对抗状态。印度尼西亚虽然不是阿拉伯国家,却与之有着共同的宗教信仰——伊斯兰教。根据20世纪50年代的统计:"印度尼西亚人民约有90%是信仰伊斯兰教的,是伊斯兰教教徒最多的国家。"[②]出于多方面的考虑,印度尼西亚拒绝向以色列代表团发放入境签证,也就是抵制以色列参加本届亚运会。

再看中国台湾。1949年中华人民共和国成立之后,亚运会联合会的席位被打着"中华民国"旗号的中国台湾所占据,中国政府坚决反对"两个中国"和"一中一台",也就没有参与亚运会的活动(详见:纪事本末·亚运家族成长记)。在第4届雅加达亚运会之前,中国台湾参加过第2届马尼拉亚运会和第3届东京亚运会,这两届亚运会的承办国菲律宾和日本当时都与中国台湾保持着所谓的"外交关系",因此中国台湾的参赛没有受到影响。而第4届亚运会在印度尼西亚举行,印度尼西亚早在1950年就与中华人民共和国建立了外交关系,是与新中国最早建交的国家之一,执政的印度尼西亚总统苏加诺与中国也保持着良好的关系。虽然印度尼西亚国内有着强大的亲台势力,一再向苏加诺总统施加压

[①] 范江怀、李吟:《历届亚运会博览》,科学普及出版社,1990年,第298页。
[②] 吴世璜:《印度尼西亚》,世界知识出版社,1956年,第14页。

力,但如果允许打着"中华民国"旗号的中国台湾参赛,就涉及中国与印度尼西亚两国外交关系的原则问题,印度尼西亚政府权衡再三,最终做出拒绝向中国台湾代表团签发入境签证的决定。

这次的抵制行为,是由亚运会的承办者做出,通过拒绝发放入境签证,抵制某些国家和地区前来印度尼西亚参加亚运会。这一抵制举动引起巨大的反响,引发出一连串的后续故事。一些国际体育单项联合会对印度尼西亚此举表示不满,国际业余田径联合会、国际业余游泳联合会、国际举重和健身联合会等先后做出决定,要求旗下的会员不得参加本届亚运会该项目的比赛,违者要给予处罚,这就造成这一届亚运会的一些比赛项目无法正常举行(参见:列传·印度尼西亚)。国际奥委会也出了手,先是在雅加达亚运会开幕前夕,宣布收回对这一届亚运会的支持,禁止在会场里升奥林匹克会旗。接着在1963年2月,国际奥委会"执委会以5票同意、1票反对,决定无限期地中止印度尼西亚的会籍"[①]。国际奥委会这一举动造成的直接后果是印度尼西亚宣布退出国际奥委会。接着,印度尼西亚联合中国等国,发起组织新兴力量运动会以对抗奥运会和亚运会。1963年11月10日,第1届新兴力量运动会在雅加达开幕,来自世界各大洲的40多个国家和地区参加赛会。1966年11月,又在柬埔寨首都金边举行亚洲新兴力量运动会,来自亚洲的17个国家和地区参赛。由此可见,这一次抵制危机的后果之一,是20世纪60年代的亚洲体坛出现大分裂(详见:纪事本末·亚洲体坛叹分合)。

第二次抵制危机:1990年第11届北京亚运会。

第11届亚运会定于1990年9月22日在北京开幕,不料就在距离开幕仅50天时间的8月2日,爆发了伊拉克入侵科威特的海湾危机。伊拉克大军打进科威特首都之际,科威特的埃米尔(相当于国王)乘坐直升机紧急飞往邻国沙特阿拉伯避难,他的八弟法赫德亲王率领王家卫队在王宫死守,最后壮烈战死在王宫。

这位法赫德亲王正是亚洲奥林匹克理事会时任主席。法赫德亲王战死的消息传来,举世震惊,连被称为"遇事总不露声色"的国际奥委会主席萨马兰奇都人前失态。萨马兰奇"手下工作人员唯一见到他震惊的一次,是1990年8月在斯德哥尔摩的一次招待会上……获悉科威特的法赫德亲王在科威特被入侵的第一天晚上已死去……有好一会儿萨马兰奇因震惊而目瞪口呆,站在那里一言不发"[②]。

---

① 国际奥林匹克委员会:《国际奥委会一百年》(第二卷),奥林匹克出版社,1998年,第122页。
② [英]David Miller:《萨马兰奇与奥林匹克》,人民体育出版社,1992年,第6页。

北京亚运会立刻感受到海湾危机所带来的强大冲击。由于伊拉克的萨达姆政权就这么直接用武力和强权干掉一个阿拉伯兄弟国家，把海湾国家和大多数阿拉伯国家全得罪；特别是科威特，国家都玩完，可以说与伊拉克萨达姆政权不共戴天。当时的情况是：一方面，这些与伊拉克结怨的国家一致表示，必须将伊拉克从亚奥理事会中开除，禁止伊拉克参加北京亚运会，否则，这些国家将拒绝参赛；另一方面，伊拉克也有几个同情者，诸如约旦、巴勒斯坦和也门等，如果开除伊拉克会籍，可能会带来的连锁反应是引起这些伊拉克的支持者退出北京亚运会。

1990年北京亚运会是中华人民共和国成立之后到那时为止，中国所主办的最高级别和最大规模的体育赛会。为办好亚运会，中国多年来投入大量的人力、财力和精力，希望办得圆圆满满，岂料冒出这么一档子事，如果应对失措，有可能演变成灾难。面对危机，中国政府与亚洲体育界可谓是打起十万分精神，使尽浑身解数。

中国方面具体负责处理此事的是时任中国奥委会秘书长、北京亚运会组委会副秘书长兼联络部部长的魏纪中先生，从他的回忆录中，我们可以勾勒出此次危机始末的梗概。中国方面对事态演变的分析是：如果伊拉克坚持参会，会引发西亚阿拉伯国家大面积抵制参赛，本届亚运会将变得残缺不全；而如果处罚伊拉克，则波及面小，抵制的国家少，那几个表示抵制的国家做做工作应该也会留下来。亚奥理事会亦深谙此道，所以，首先要做的事情就是釜底抽薪。阿拉伯国家的怒火是冲着伊拉克而来，坚持非开除伊拉克的会籍不可，但是国际奥委会对此类事件有一个基本说法，就是诸如伊拉克侵略科威特这样的问题应由联合国去解决，而不是由体育组织处理，"想当年，苏联出兵侵占阿富汗，国际奥委会对苏联奥委会也没有动作"，这也符合中国处理这一危机的立场。[①]但是中国也不能因此让阿拉伯国家形成"中国袒护伊拉克"的印象，在北京召开的亚奥理事会执委会紧急会议上，魏纪中提出了暂停而不是开除伊拉克会籍、使伊拉克无法参加亚运会这样一个折中的方案。执委会决定，在9月20日，也就是亚运会开幕的前两天，于北京召开亚奥理事会临时特别代表大会，以投票表决方式解决此事。

此次特别代表大会的表决过程充满戏剧性，甚至带点传奇色彩。会前，魏纪中找了与会的伊拉克代表，让他们在会上尽量不要发言，"以免挑动情绪"。会议的地点设在亚运会专门接待贵宾级代表下榻的北京饭店，饭店方面将面积最大的淮阳餐厅腾出来作为会场。因为事出紧急，饭店方面火速对用餐大厅进行重新布置，撤掉餐桌，搬进60张会议

---

① 魏纪中：《我的体育生涯》，新华出版社，2008年，第167页。

桌，250把高背椅子，地板重新打蜡，主席台上铺地毯、摆沙发。为冲淡会场上可能出现的剑拔弩张气氛，服务员们搬来80多盆鲜花；为防止出现冲动事件确保人身安全，把原来玻璃瓶装的饮用矿泉水改为塑料瓶装。9月20日晚上5点多，与会的各国官员陆续进入会场，伊拉克、沙特阿拉伯、科威特等国的官员随身都跟着保镖，保镖们佩戴着武器，惹得安检仪响个不停。几百名新闻记者云集在会场外吵吵嚷嚷地等待重要新闻发布。会议先是采用举手表决的方式，结果连续表决了两次，伊拉克官员都提出抗议，认为胳膊的数目数得不准确。他们大声叫喊，要求进行投票表决。饭店方面连忙找来装果汁的纸箱应急，外面用白纸糊上，权当一个临时票箱。会议最后采取投票表决，伊拉克在票上写下"我们抗议"几个字，按规定该票作为无效票处理。会议以多数票赞成通过折中方案：停止伊拉克的会籍，禁止伊拉克参加亚运会。①这样一来，大多数反对伊拉克的阿拉伯国家放弃抵制北京亚运会；同时，因为是暂停而不是开除伊拉克的会籍，也有利于做那些伊拉克支持者的工作。最终，巴勒斯坦和也门如常参赛，不抵制北京亚运会；约旦的立场也采取折中："说经济上有问题，因此没有派运动员来北京，但是为了表示支持中国办亚运会，在开幕式入场时要打着国旗进来，在比赛场馆也挂上约旦国旗，这也是一种姿态，表示约旦在此。"②同时，亚奥理事会紧急推选已故法赫德亲王27岁的儿子艾哈迈德亲王继任亚奥理事会主席。这一招既让当时还处在亡国境地中的科威特人获得极大安慰和鼓舞，同时也使阿拉伯世界继续保持对亚运会的投入和热情。直到现在，亚奥理事会的主席仍是这位艾哈迈德亲王，亚奥理事会从1982年成立至今，一共就这父子两位主席。

此外，在赛会进行之中，也会有一些突发状况，处置稍有不慎就会演变成小型危机，这就需要赛会承办者以快捷的反应和高度的智慧迅速化解。例如：1986年第10届汉城亚运会开幕式，各代表团入场顺序按名称的英文字母为序，结果伊拉克和伊朗被排在一起。此时正逢这两国之间的两伊战争打得热火朝天死去活来，所以这两家都表示拒绝排在一起入场，并且放出狠话说，如果排在一起，也许在开幕式上两个代表团就会打起架来，这让韩国方面非常紧张，急中生智把约旦代表团安插在两伊之间举牌入场。一来约旦的英文国名与两伊相邻，稍微变通一下也说得过去；二来更为重要的，是两伊战争爆发之后约旦一直

---

① 关于表决的票数，有两种说法：魏纪中先生回忆录中的说法是多数票赞成，少数票弃权，伊拉克投出无效票，没有反对票。魏纪中：《我的体育生涯》，新华出版社，2008年，第168页。另一种说法是27票赞成，3票反对，5票弃权，1票无效。吕明辉、吕明武：《不平静的海湾》（第二卷），延边大学出版社，2000年，第122页。
② 伍绍祖：《弘扬北京亚运精神》，《伍绍祖文集》（体育工作卷·第一卷），人民出版社，2008年，第198页。

居间调停。于是约旦在亚运会上继续担任这个中间人的角色，充当两伊之间的隔离墙。①

3.恐袭危机

自从1972年慕尼黑奥运会上发生恐怖袭击惨案之后，恐怖主义一直被列为大型综合运动会的心腹之患和头等威胁之一。亚洲是全世界恐怖主义势力最为强大、活动最为频繁的区域，不过在亚运会几十年的举办过程中，还没有发生过直接针对亚运会的有组织的大规模恐袭事件。若说是间接性的且造成一定影响的恐袭事件，一个是1986年第10届亚运会开幕之前的汉城金浦国际机场爆炸案，另一个是2018年第18届亚运会之前发生的雅加达恐怖主义袭击。

1986年9月14日，正值汉城亚运会开幕的前6天，各国代表团纷纷抵达汉城，机场一片繁忙。汉城金浦国际机场突然发生炸弹爆炸，据报道，是"一个隐藏在候机大楼外第五和第六出口处之间的不锈钢垃圾筒内的'爆炸装置'发生爆炸"②。这个爆炸装置是一枚2磅的塑料炸弹，爆炸造成数十人伤亡。韩国方面高度紧张，总理和总统先后亲临爆炸现场视察，机场加派大批保安力量和特种部队，升级保卫措施。国际奥委会主席萨马兰奇发表声明对爆炸事件进行公开谴责。当时，中国体育代表团的主力团队按计划将在爆炸案发生的第二天抵达汉城，先期抵达汉城的中国奥委会秘书长魏纪中先生赶到机场后，发现发生爆炸的地点正是中国代表团抵达后的机场出口，当即向陪同的韩国安全部门官员提出加强安保要求。韩国方面一方面"确保中国专机的安全"③，另一方面加强中国代表团的警卫，原本中国记者住宿"旅馆的每层电梯旁，都有安全人员（便装）日夜值班……爆炸事件后，又增加了一名武装人员值班"④。最终，机场爆炸案没有影响汉城亚运会热烈和平的气氛。

进入21世纪之后，在世界反恐斗争的版图上，印度尼西亚一直是恐袭事件的高发地区，这也成为对印度尼西亚能否成功举办亚运会的最大考验之一。印度尼西亚境内有多个恐怖主义组织频繁活动，频频制造恐袭事件。2002年10月，距美国世贸中心"9·11恐怖袭击事件"发生后仅一年多，印度尼西亚著名旅游胜地巴厘岛发生一连串炸弹袭击恐袭事件，共造成202人遇难身亡，其中大部分是外国旅游者。之后印度尼西亚国内连年发生各

---

① 程志明：《汉城亚运会的五光十色——采访散记》，《体育博览》，1986年第12期，第35页。
② 范江怀、李吟：《历届亚运会博览》，科学普及出版社，1990年，第307页。
③ 许放：《联络官日记》，《新体育》，1986年第11期，第16页。
④ 凌志伟：《在亚运村里》，《新体育》，1986年第10期，第10页。

类大大小小的恐袭事件。根据中国新闻网的报道,在第18届雅加达亚运会开幕前的几个月,"印度尼西亚多地连续发生恐怖袭击事件,造成包括警察在内的重大人员伤亡。此后,印度尼西亚国会加速通过《反恐法》修订案,加大打击恐怖主义力度"[①]。为确保亚运会平安顺利举办,印度尼西亚一方面出动特警加强对恐怖分子的搜捕,另一方面在亚运会期间部署大约10万名安保人员加强保卫。在多种措施之下,终于确保第18届亚运会得以顺利举行。

---

① 中国新闻网:《印度尼西亚多地搜捕和击毙多名恐怖嫌犯 总统要求通力合作反恐》,2018年7月16日,https://baijiahao.baidu.com/s?id=1606132274032505405&wfr=spider&for=pc.

四、亚洲体坛叹分合

1963年在印度尼西亚举行的新兴力量运动会（简称"新运会"）和1966年在柬埔寨举办的亚洲新兴力量运动会（简称"亚新会"），是两场在亚洲土地上举行的与奥运会、亚运会唱对台戏的大型综合性运动会，由于它们的举行和亚运会有着密切的关系，所以也被称之为"从亚运会派生出来的一支变奏曲"①。新运会和亚新会作为亚洲体坛历史上的重大事件，在亚运史中理应留下关于它们的记述。

1962年第4届亚运会在雅加达举行时，围绕着中国台湾和以色列的参赛问题，爆发激烈的冲突与对抗（详见：纪事本末·度尽劫波亚运在），东道主印度尼西亚为此遭到国际奥委会的严厉警告和处罚，许多重要的国际单项体育机构也出台相应的处罚措施，这种局面深深刺激了印度尼西亚。围绕中国台湾参赛问题的冲突，又使得当时并不是奥运会和亚运会体系成员的中国也成为重要的当事国。在冲突爆发升级过程中，"中国和印度尼西亚都有了一个想法，建立一个不受国际奥委会约束的自己的国际体育组织"②。

1963年2月，国际奥委会做出中止印度尼西亚会籍的处罚决定，这个举动将印度尼西亚总统苏加诺彻底惹恼。2月18日，苏加诺宣布印度尼西亚退出国际奥委会，他说："国际奥委会最近在瑞士洛桑举行的会议上决定不定期的停止印度尼西亚的会籍。我们要不要请求允许我们重新加入国际奥林匹克委员会呢？不！我们不是怯懦的弱小国家……现在我命令体育部部长马拉迪尽快举行新兴国家运动会。新兴国家是亚洲、非洲、拉丁美洲国家以及社会主义国家。"③

苏加诺的讲话实际上挑明了新运会和亚新会所具有的两个非常重要的国际政治背景：其一，第二次世界大战之后亚非拉地区出现民族独立浪潮，原西方殖民地纷纷独立，这些

---

① 孙葆丽：《亚运变奏曲——记新兴力量运动会和亚洲新兴力量运动会》，《体育文史》，1990年第5期，第11页。
② 裴东光：《海峡两岸奥委会与国际奥委会关系问题的研究》，北京体育大学出版社，2008年，第135页。
③ 任道：《国际体育运动中的新旗帜——新兴力量运动会》，人民体育出版社，1965年，第16—17页。

新兴独立国家的领导人热切希望改变原有的国际政治经济秩序,当然也包括在文化和体育领域享有更大的发言权和主导权;其二,当时存在着社会主义和资本主义两大阵营的冷战对抗,民族独立运动的领袖人物希望借助社会主义国家力量,获取有利的国际地位。我们观察一下参加新运会和亚新会的国家与地区名单就可以知晓,其主体成员基本来源于亚非拉新兴独立国家和社会主义阵营。

1963年4月,中国国家主席刘少奇出访印度尼西亚,在两国政府发表的联合声明中,"中国政府重申坚决支持苏加诺总统关于组织新兴力量运动会的倡议,并且表示愿意尽一切可能为实现这一倡议而做出贡献"[①]。因此,新运会成为"以印度尼西亚和中国为主导的世界体育组织",而"新兴力量国家的概念是以亚非拉第三世界为主,再加上社会主义以及资本主义国家中的进步力量"[②]。

经过几个月紧锣密鼓的筹备,1963年11月10日,第1届新兴力量运动会在雅加达开幕,来自亚洲、非洲、拉丁美洲、欧洲48个国家和地区的2404名运动员参加了为期13天的赛会。新运会作为一个与国际奥委会分庭抗礼、与奥运会打擂台的运动会体系,吸引着国际社会的极大关注。自然,最关心新运会动向的是国际奥委会,因为印度尼西亚体育部长马拉迪多次表示:"印度尼西亚将竭尽全力,把新运会办成新兴力量国家的'奥运会'。"[③]果不其然,新运会的所有流程都是按照奥运会的模式进行:运动员入场仪式,相关人士致辞,领导人宣布运动会开幕,升旗仪式,火炬接力进场点燃主火炬,合唱团唱新运会颂歌,运动员和裁判员宣誓,最后是团体操和歌舞表演,整个流程与奥运会如出一辙;新运会所设的20个比赛大项也全都是奥运会的比赛项目,可见在现代竞技体育世界中另起炉灶并不是一件容易的事情。当然,这也被解释为新运会是对奥林匹克运动的"一种致敬,即新兴力量运动会建立在万隆会议精神与奥林匹克理念两者基础之上"[④]。然而国际奥委会不买这个账,他们认为:"运动会的火焰、旗帜和和平鸽的放飞,与奥林匹克运动会的仪式基本雷同。火焰标志的使用,显然是违反了国际奥委会的关于不支持地区运动会使用奥林匹克火焰的赫尔辛基决定。"而更让国际奥委会感到担忧的是:"新兴力量运动会成了奥林匹克运动的一个严重威胁,使它面临着分裂。"国际奥委会时任主席布伦戴奇则在关注新运会是否威胁到将于11个月后举行的第18届东京奥运会,他表示:"东京第

---

① 任道:《国际体育运动中的新旗帜——新兴力量运动会》,人民体育出版社,1965年,第18页。
② 魏纪中:《我的体育生涯》,新华出版社,2008年,第35页。
③ 刘一斌:《超过首届奥运会的体坛盛会》,《世界知识》,2007年第21期,第52页。
④ 郑志磊:《新兴力量运动会夭折始末》,《体育文化导刊》,2014年第5期,第186页。

一次在亚洲的土地上举行世界上最大体育盛会的优先权受到了挑战。"①

不过,国际奥委会和布伦戴奇主席的担心并没有成为现实,毕竟新运会的参赛者大部分是国际奥委会的成员,前来参加新运会主要还是表示一种政治姿态,并不是与国际奥委会真的闹翻,面对国际奥委会放出的狠话,大家还是留了一手:"参加的运动员主要是社会主义国家的一些二线运动员和非社会主义国家中进步组织属下的运动员,实际上整体水平不高。"②这些二线运动员即便真的遭到禁赛处罚,也不会影响这些国家参加奥运会的比赛大局。我们可以看一下这个数据:参加第1届新运会的48个国家和地区,其中有36个国家和地区参加了次年的东京奥运会,而参加新运会未参加东京奥运会的12个国家和地区,其中有8个不是国际奥委会成员(这8个国家和地区是:老挝、中国、巴勒斯坦、几内亚、印度尼西亚、沙特阿拉伯、索马里、越南民主共和国),这反映出大多数的国家和地区对待新运会的态度是比较谨慎的,边参加新运会边惦记着奥运会,在新运会体系和奥林匹克体系之间小心翼翼地保持平衡。

第1届新运会闭幕后,在雅加达的新运会总部举行第一次新运会代表会议,会议决定设立新兴力量体育运动的常设机构,通过了新运会的会章,并且确定阿拉伯联合共和国的首都开罗为1967年第2届新运会举行地点。这个"阿拉伯联合共和国"需要解释一下:埃及与叙利亚曾于1958年宣布两国实行合并,合并后的新国名为阿拉伯联合共和国,简称"阿联",首都为开罗。后来叙利亚在1961年退出阿联,但埃及仍沿用着阿联的国名,直到1971年才将国名改回埃及。会议还确定北京为开罗的替补地点。③

为使新运会体系能正常运作,新运会代表会议决定在亚洲、非洲、拉丁美洲和欧洲建立新运会的洲一级委员会(相当于各洲的奥委会)。最终,只有新运会的发源地亚洲落实了这一决定:1965年9月25日,新运会亚洲委员会成立大会在北京举行,来自亚洲的14个国家和2个国家的观察员出席会议,会议组建新运会亚洲委员会执行委员会,选举中国为执委会主席,巴基斯坦和朝鲜为副主席,会议决定于1966年举办第1届亚洲新兴力量运动会。④

1966年11月25日至12月6日,第1届亚新会在柬埔寨首都金边举行,来自亚洲的17个国

---

① 国际奥林匹克委员会:《国际奥林匹克委员会一百年》(第二卷),奥林匹克出版社,1998年,第123—124页。
② 魏纪中:《我的体育生涯》,新华出版社,2008年,第133页。
③ 任道:《国际体育运动中的新旗帜——新兴力量运动会》,人民体育出版社,1965年,第62页。
④ 一中:《新运会和新运会联合会》,《世界知识》,1965年第19期,第21页。

家和地区的上千名运动员进行了20个大项的比赛。亚新会的举办在一定程度上是冲着亚运会而来，就在第1届新运会闭幕后的第4天，12月9日，第5届亚运会在曼谷开幕。第5届亚运会共有18个国家和地区参加，近2000名运动员进行了14个大项的比赛。有这样一个数据我们可以关注一下：参加第1届亚新会共17个国家和地区，其中有6个是亚运会联合会的成员，它们紧接着去曼谷参加第5届亚运会；未参加亚运会的11个国家和地区，都不是亚运会联合会的成员，而且其中有10个到当时为止从未参加过任何一届亚运会。亚新会和亚运会的会期衔接得如此紧密，一时间，亚洲体坛呈现两军对垒的局面。

事态似乎正在向着高潮发展，然而，局势急转直下，甚至可以说是戛然而止。原来确定由开罗在1967年承办第2届新运会，为此阿拉伯联合共和国"要求中国帮助修建体育场馆，资金数额巨大，双方难以取得共识"①，阿联在1966年宣布由于经济困难无力承办第2届新运会，根据章程，应由替补地北京接办，而此时中国已陷入"文革"之中，几乎中断了和国际体育界的所有联系，国内的体育赛事也全部中止。在这样的情况下，中国方面"通知各国原定1967年在中国举办的第二届新兴力量运动会不能办了，至于以后还办不办，什么时候办，在哪里办都没说。这样，这个新兴力量运动会就此是无疾而终"②。

实际上，新运会还有一个主要的创始国——印度尼西亚，但该国在1965年发生军事政变，苏加诺政权被推翻。尽管印度尼西亚是新运会总部的所在地，但是政变上台的军政府对于新运会和亚新会完全没有兴趣，1966年第1届亚新会举办时也只象征性地派了57名选手前来，"打打酱油"意思一下而已。既然印度尼西亚和中国这两个新运会体系的主要创立者都因为国内的政治原因撒手不管，新兴力量运动会也就此寿终正寝。

虽然新运会和亚新会的举行意味着亚洲体坛出现大分裂，但由于新运会体系"其兴也勃焉，其亡也忽焉"，亚洲体坛乃至世界体坛并未实质性地出现两个分庭抗礼的体育集团，国际奥委会大大地松了一口气。

新运会和亚新会的夭折，在于其问世之际就有着先天的隐患。新运会体系的诞生是政治斗争的产物，国家的意志和力量在其中居主导地位，这与国际奥委会和亚运会联合会的民间组织性质有所不同。这种政治意图的贯彻也体现于赛事之中，我们可以看这么一个事例。新运会开幕后，羽毛球成为印度尼西亚人最关注的项目，他们对这个项目的金牌十分渴望。中国羽毛球运动的水平亦是世界一流，在中国代表团出征之前，周恩来总理主持研

---

① 于幼梅：《具有特殊历史使命的新兴力量》，江和平、岑传理主编：《见证体育》，中国广播电视出版社，2011年，第154页。
② 魏纪中：《我的体育生涯》，新华出版社，2008年，第39页。

究参会方针的会议，分管外交的陈毅副总理提出把羽毛球赛金牌让给印度尼西亚的建议，分管体育的贺龙副总理则表示反对，主张"能拿就拿"①。最后按照周恩来总理的指示，确定羽毛球比赛的6个单项中国队只拿男女团体2项冠军。新运会先进行女子羽毛球团体赛，中国女队以4：1击败印度尼西亚女队获得冠军。这时印度尼西亚体育部长马拉迪给贺龙打去电话，希望"男团是否能让印度尼西亚人挽回点面子，因为印度尼西亚人视羽毛球为国球"②。接到电话后贺龙立刻向中国羽毛球队发出关于男团决赛的指示，"临时决定我方让球，把金牌作为一份厚礼送给印度尼西亚人民，以答谢印度尼西亚筹备新运会的巨大贡献和对中国人民的深厚友情"③。男团决赛印度尼西亚队以3：2胜中国队夺冠。最后羽毛球的6枚金牌，中国获得2枚（女团和男单），印度尼西亚队获得4枚（男团、女单、男双和女双），印度尼西亚民众为此欢欣鼓舞。由于新运会主要是出于政治目的而举办，并没有完全按照体育运动的运行规律和内在逻辑建立起相应的组织机构，而且多数参与者投入的热情有限，并不愿意脱离原有的奥运会和亚运会体系，因此一旦承担召集人作用的国家出现问题，无法发挥领袖的作用，发展之路就难以为继，此所谓成也萧何败也萧何。"从某种角度讲，新运会就是把体育和政治结合起来搞的一场实验，很遗憾这个实验失败了，并且恰恰是因为政治原因使建立一个永久性体育组织的希望成了泡影。"④

除了政治的因素，还有一个非常重要亦可以说是决定性的因素：办会的经费。由于新运会和亚新会这类大型体育赛会根本不可能通过商业性运作来获取相关投资，只能由政府贴钱操办。中国为新运会以及亚新会的成功举办做出巨大经济贡献，这在中国公开出版物中都有记载。一是承担路费。根据中国记者的报道："不少亚非国家代表团的往返旅费都是中国负担。"⑤二是提供赛会使用的各种器具。根据国内主流媒体的报道："应印度尼西亚的需求，中国提供了一切可能的援助，从体育设施器材，到开幕式用品，包括焰火、彩旗、军乐器具等，堪称'一应俱全'。"⑥亚洲新兴力量运动会确定由柬埔寨举办后，因为该国国力实在有限，柬埔寨国王西哈努克希望中国在体育场馆、运动设施和大会经费

---

① 刘一斌：《超过首届奥运会的体坛盛会》，《世界知识》，2007年第21期，第53页。
② 于幼梅：《具有特殊历史使命的新兴力量》，江和平、岑传理主编：《见证体育》，中国广播电视出版社，2011年，第150页。
③ 刘一斌：《超过首届奥运会的体坛盛会》，《世界知识》，2007年第21期，第53页。
④ 李辉：《新兴力量运动会的发起、终结及其历史意义》，《体育与科学》，1998年第4期，第9页。
⑤ 于幼梅：《具有特殊历史使命的新兴力量》，江和平、岑传理主编：《见证体育》，中国广播电视出版社，2011年，第146页。
⑥ 刘一斌：《超过首届奥运会的体坛盛会》，《世界知识》，2007年第21期，第53页。

方面给予全方面援助。为此,中国无偿援建了金边国家体育场、国家体育馆和运动员村三大建筑,提供了大批体育器材、2000套卧具和一部分大会经费。中国派出100多名工程技术人员去柬埔寨,开创了对外体育设施的援建工作。[①]柬埔寨不少运动员送到中国训练,中国也派出足球和乒乓球教练去柬埔寨执教。[②]

新运会和亚新会虽然都各举办一届就夭折了,但仍具有自身的价值:"第一届新运会的举办既是中国同印度尼西亚关系由外交、侨务、经贸延伸至体育文化领域的重要事件,也是第二次世界大战后第三世界国家首次主导的重大国际体育赛事,具有特定的时代意义。"[③]对中国的竞技体育事业而言,"是新中国首次全面参加的一个综合性大型国际运动会"[④],通过这一番历练,对于中国参详国际体育的游戏规则,构建国际体育思维,日后重返国际体育舞台,提供了很多有益的借鉴。

[①] 郭体元:《我国援外体育场、馆建筑》,《体育文史》,1983年第1期,第13页。
[②] 魏纪中:《我的体育生涯》,新华出版社,2008年,第39页。
[③] 张小欣:《新兴力量运动会的缘起与中国和印度尼西亚的关系》,《当代中国史研究》,2014年第2期,第82页。
[④] 宋鲁增:《坚持为国家整体利益服务的我国体育外事工作》,国家体育总局编:《拼搏历程 辉煌成就——新中国体育60年》(综合卷),人民出版社,2009年,第164页。

五、"亚运外交"写传奇

体育外交向来是国家外交的重要组成部分，体育外交这种形式既带民间属性，又可含官方背景，灵活机动，进退自如，使用得当可以成为外交战场的利器与奇兵。1971年发生在中美之间的"乒乓外交"已成为体育外交的佳话，而发生于20世纪70—80年代的"亚运外交"，亦极具传奇色彩：70年代的"亚运外交"铺设了中国重返亚洲和世界体坛之路；80年代的"亚运外交"则促成了中韩关系的改善并搭建两国建交之桥。

1.70年代的"亚运外交"——为中国重返亚洲和世界体坛铺路

"亚运外交"这一术语的最先使用者，是当时分管体育工作的邓小平副总理。1974年，中国第一次派出体育代表团参加第7届亚运会，8月8日，邓小平出席即将出征的中国体育代表团全体成员大会，他在讲话中指出："现在世界上大家都在说什么'乒乓外交''篮球外交'。你们这次叫'亚运会外交''综合外交'。"[①]

中华人民共和国成立之后，面临着两大阵营冷战的对抗局面，作为社会主义阵营一员的中国，与大多数西方国家的关系基本处于隔绝状态。在体育领域，由于台湾当局打着"中华民国"的旗号参与国际体育组织的活动，而中国坚决反对"两个中国"和"一中一台"，这样，除国际乒联等极少数几个国际体育组织之外，中国与绝大多数的国际体育组织都没有联系。

进入20世纪70年代，国际形势与中国的外交政策都在发生重大变化，体育外交成为中国对外交往的开路先锋，"乒乓外交"首战告捷，打开中美交往的大门，中国与西方国家的关系随之出现全面改善。在这个背景下，中国体育界开始重返国际体坛行动，国家体委"一面通过与中国友好国家的体育界在国际体育组织中加强呼吁恢复中国的合法席位的声音；另一方面也逐步通过适当途径与国际体育组织的领导人进行接触"[②]。参加亚运会回

---

① 中共中央文献研究室：《邓小平年谱》（第3卷），中央文献出版社，2020年，第704页。
② 梁丽娟：《何振梁——五环之路》，世界知识出版社，2005年，第71页。

归亚洲体坛,成为这一时期中国体育外交战线的第一个重大战役,而这一战役的成功,既在于中国的审时度势运筹帷幄,也得益于中国"亚运外交"与外界两大助力的有效结合。

第一大助力,是来自伊朗政界力量的强势推动。伊朗于1971年8月16日与中国建立外交关系,建交后,伊朗王后与首相来中国访问,中伊两国关系迅速升温,呈现快速发展势头。此时伊朗正值巴列维国王执政时期,伊朗对外与美国等西方国家保持密切关系,对内实行政教分离的世俗化统治,借助石油经济,国力有了较大的增长。亚洲体育的特点之一,就是与亚洲地区国际关系和地缘政治的结合度相当高,"体育作为一种特殊的政治工具,成为亚洲许多国家实现自己国家的目标"[①]。国力增强的伊朗希望借助体育竞技场这个平台,展现地区大国的风采,开拓伊朗外交新局面,在西亚乃至亚洲拥有更多的话语权。1970年12月7日第6届亚运会在曼谷举行之际,亚运会联合会在这里开会,确定伊朗首都德黑兰为1974年第7届亚运会的主办地。由于政治和外交等多种因素,中国没有参加第1至第6届亚运会。伊朗方面意识到:中国是亚洲面积最大、人口最多的国家,虽然之前很少参加国际比赛,但在所参加的有限国际赛事中表现出强劲的竞技体育实力;如果能争取到中国参加亚运会,还能带动朝鲜、蒙古等亚洲的社会主义国家一并加入;虽然这对伊朗而言肯定要丢失很多奖牌,却能大大提升亚运会的含金量,给亚运会带来脱胎换骨的变化。更重要的是,帮助中国进入亚运会,可以拉近中伊关系并凸显伊朗在亚洲地缘政治中的影响和作用。所以,伊朗十分看重中国加入亚运会的意义,迫切需要中国的加入。1972年初,伊朗同中国接触,表达希望中国参加亚运会的愿望,伊朗承诺"他们将运用东道主和亚运会联合会执委会主席的有利地位,妥善解决中国的代表权问题"[②]。

伊朗的动向正迎合了此时的中国体育外交走向,中国可借此良机,一举打开中国在亚洲和世界体坛的回归之门,于是中国就此与伊朗展开频繁的接触。当时中国对于加入国际体育组织的基本原则是"先驱后进",即:相关国际体育组织先驱逐打着"中华民国"旗号的中国台湾地区体育组织的代表,我方再参加该组织。亚运会是由亚运会联合会负责运作,当时的原则是哪国办亚运就由哪国当亚运会联合会执委会主席,当时正是第7届亚运会的东道主伊朗人出任亚运会联合会执委会主席这一职务,日常工作则由来自多个国家和地区的11位执委会委员负责。取消台湾会籍、接纳中国入会的决议,首先就要由执委会通过决议。伊朗派出负责体育事务的首相助理访华,中伊双方共同磋商形成共识,之后又对

---

① 任海:《亚运会该向何处去》,《新体育》,2014年第10期,第55页。
② 梁丽娟:《何振梁——五环之路》,世界知识出版社,2005年,第71页。

执委会各委员的投票意向进行分析，确定工作方案，确保投票成功。1973年9月18日，亚运会联合会执委会会议在泰国曼谷举行，会议的重要议题是吸收中国参加亚运会和驱逐打着"中华民国"旗号的中国台湾体育组织。会议出现戏剧性的局面：马来西亚、印度尼西亚、泰国和中国台湾的代表在会上发表抗议并退会；以色列代表弃权；阿富汗仅派人列席会议而无投票权。这样一来，支持中国的议案以5票（伊朗3票、日本1票、巴基斯坦1票）对0票获得通过。

接下来的程序就是举行亚运会联合会理事会全体成员大会，投票表决是否批准执委会的决议。此时形势尚不乐观，因为亚运会联合会理事会当时共有21个国家和地区（即21个会员），其中与中国建立外交关系的国家只有11个，而且有些会员虽然同意接纳中国，但不赞成同时驱逐台湾，这显然与中国反对"两个中国"和"一中一台"的立场有冲突。中国为此又在国际上展开积极的体育外交攻势，伊朗方面亦给予强力助攻，甚至放出狠话："伊朗国王穆罕默德·礼萨·巴列维一再申明：没有中国参加，就没有亚运会，如果中国不参加，亚运会就不开了。"①中国和伊朗分头派出代表团访问一些亚洲国家，进行游说和动员。11月15日，亚运会联合会理事会全体大会在德黑兰举行，执委会的决议需全体大会表决通过方可生效。会议开始后，许多国家和地区的代表先后发言，支持执委会的决议。11月16日大会进行最后表决，投赞成票的是伊朗、日本、巴基斯坦、阿富汗、巴林、缅甸、印度、科威特、马来西亚、尼泊尔、斯里兰卡、新加坡等国家以及香港地区共13个会员，②会议以38票赞成、13票反对、5票弃权（每个会员单位有3个投票权）的结果，批准了执委会决议。中国参加亚运会登上亚洲体坛的大门訇然而开。

第二大助力，是来自日本民间力量的积极配合。这个民间力量，具体而言就是日本体育界。在中日尚未建交的年代，尽管中日两国政府是冷战的政治对手，但日本体育界依然与中国体育界保持着密切往来，中日两国的乒乓球队、排球队、围棋队和体育界人士经常互访。这种往来虽然从表面上看都是民间交往，其实具有一定的官方色彩。例如，著名教练大松博文带领曾屡获世界冠军的日本女排访华时，中国国务院总理周恩来数次亲临训练馆观看日本女排的训练，"中国排协经过周恩来总理的批准，在1965年4月邀请大松

---

① 人民日报记者：《空前的盛况　友谊的聚会——第七届亚洲运动会前夕见闻》，人民体育出版社编：《亚洲体育史上空前的盛会》，人民体育出版社，1975年，第39页。
② 新华社德黑兰1973年11月16日电：《亚运会联合会理事会以压倒多数批准执委会决议确认我国为会员并驱逐蒋帮》，周进：《新闻奥运——中国媒体眼中的奥运百年》，中共党史出版社，2008年，第162页。

博文来华一个月,协助训练中国女排,令中国女排得到较有系统的训练和明确的发展方针"①。乒乓球项目更是周恩来关注的重点:"日本乒乓球队在中国参加比赛和访问时,只要能抽出时间,周总理就要接见日本运动员。"②周恩来非常欣赏女子单打世界冠军松崎君代的球风和品格,说:"胜利时微笑着,失败时还是微笑着,胜不骄、败不馁的精神是我们的模范,我国运动员应该向你学习。"③周恩来请松崎君代等日本球员来家中做客,夫人邓颖超亲自下厨掌勺;松崎君代结婚时周恩来夫妇以个人名义送了贺礼;"几年后,周总理得知他们夫妇婚后没有生育孩子,便几次让体委请他们来中国检查,治疗不孕症,去各地看了许多位中西名医"④。

投桃报李,日本体育界人士在中国回归亚洲和世界体坛的道路上给予大力支持。著名的中美"乒乓外交"发生之根源,是1971年3月在日本举行的第31届世界乒乓球锦标赛。此时中国还陷入"文革"之中,与外部世界的体育联系基本中断,国家乒乓球队连续两届缺席世界锦标赛。日本乒乓球界热切希望中国能派团出席这届赛会,他们认为:"本届比赛要是不能争取到高水平的中国乒乓球队参加,就不能称作'世界级'比赛。"⑤1971年1月,日本爱知工业大学校长同时也是日本乒协主席的后藤钾二专程前来北京,"后藤钾二先生有足疾,走路不方便,需要借助拐杖。此人很豪爽,讲义气,只讲友情,不谈政治"。后藤钾二向中方发出热情邀请,其态度之诚恳,用苦苦相求来形容也不为过,后藤钾二这一请,后来在中国体育外交史上被称为"解冻之请"。⑥正是因为前有日方的"解冻之请",方有后面中美"乒乓外交"的"小球推动大球"。1972年9月29日,中日两国发表联合声明,实现邦交正常化。这样一来,日本体育界人士支持中国重返国际体育界的活动更无顾忌,更为活跃。根据相关专著和文献的记述:1972年11月,日本奥委会发表关于中国代表权问题的"统一见解",指出只有中华人民共和国的体育组织才能代表全中国的体育界。日本是当时亚洲体坛第一强国,在亚洲体育组织中具有举足轻重的地位,"统一见解"的发表在国际体育界引起巨大震动。1973年7月30日至8月7日,以河野谦三为团

---

① 李世春:《茉莉花开》,江和平、岑传理主编:《见证体育》,中国广播电视出版社,2011年,第340页。
② 吴学文、王俊彦:《世纪杰出外交家周恩来——"乒乓外交"与中美、中日关系》,中共党史出版社,2013年,第72页。
③ [日]栗本(旧姓:松崎)君代:《回想乒乓外交》,王泰平主编:《乒乓外交的回忆——纪念第三十一届世界乒乓球锦标赛四十周年》,中央文献出版社,2011年,第206页。
④ 魏纪中:《我的体育生涯》,新华出版社,2008年,第24—26页。
⑤ 钱江:《"乒乓外交"幕后》,东方出版社,1997年,第24页。
⑥ 魏纪中:《我的体育生涯》,新华出版社,2008年,第43页。

长的日本体育协会代表团来华访问,河野谦三是日本知名政治家,曾任日本参议院议长。中日双方在会谈中约定,共同协助伊朗开好以接纳中国参加亚运会为前提的亚运会联合会执委会会议,周恩来总理在会见河野谦三一行时高兴地表示:"你们这么热心,我们应该响应嘛!"① 在亚运会联合会执委会和理事会开会期间,担任执委会副主席的竹田恒德也频频与中方联系。竹田恒德是日本皇族成员,长期从事体育活动,在国际奥委会和多个国际体育组织中任职,是亚洲体育界有一定话语权的人物。② 这样,前有伊朗的支持,侧有日本的配合,后有其他亚洲友好国家的协助,中国顺利地进入了亚运会。

中国参加亚运会也意味着中国进入国际体坛之路的开通。中国体育代表团赴德黑兰时准备参加第7届亚运会14个大项的比赛,但这些项目的国际体育协会绝大多数还没有接纳中国入会,其中包括田径、游泳、足球、羽毛球、体操、举重等。这些项目或者是亚运会的比赛奖牌大户,或者是中国的运动强项,如果没有这些单项国际体育协会的批准,协会会员是不能与中国运动员同场竞技的。经过中国的积极工作和伊朗等国的助力,亚运会开幕之前,各单项国际体育协会先后做出同意其会员在亚运会上与中国运动员比赛的决定。其中国际泳联在中国体育代表团抵达德黑兰后,仍未表示同意,中国游泳队已经做好不参加比赛的准备。中国代表团官员与前来出席德黑兰亚运会的国际泳联主席亨宁经过紧急会商,双方来了一个堪称经典的精彩互动:中方向国际泳联重新提交一份措辞较为委婉但未改变实质原则立场的入会申请;"亨宁以这封新的入会申请为理由,下了台阶,同意中国运动员参加亚运会游泳比赛"③。在即将进行游泳比赛抽签的前夜,中国游泳运动员参赛的障碍得以扫清。

"亚运外交"战役大获全胜之后,中国体育界的下一个目标就是重返奥运会。此时,"文革"结束之后的中国进入改革开放时期,"中国体育界也适时地做出了'冲出亚洲,走向世界'的战略调整"④。1979年10月25日,国际奥林匹克委员会执委会在日本名古屋通过决议,"根据'一个中国'的原则,确认代表全中国奥林匹克运动的是中华人民共和国奥委会,正式名称为'中国奥林匹克委员会',会址北京……台湾地区的奥委会正式

---

① 梁丽娟:《何振梁——五环之路》,世界知识出版社,2005年,第72—73页。
② 中国现代国际关系研究所《世界人物大辞典》编委会编:《世界人物大辞典》(上卷),国际文化出版公司,1990年,第559页。
③ 梁丽娟:《何振梁——五环之路》,世界知识出版社,2005年,第80—81页。
④ 熊晓正、张晓义:《从"先驱后进"到"奥运模式"——中国体育外交政策的历史回顾》,《体育与科学》,2008年第3期,第44页。

名称为'中国台北奥林匹克委员会',地址台北"①。这就是著名的解决两岸参赛问题的"奥运模式"。"'奥运模式'既坚持国家主权,又顾及台湾地区体育发展的现实情况,从而有利于国家和台湾地区的体育共同发展。"②依据"奥运模式",1989年中国台湾以"中国台北"的名称重回亚奥理事会,并自1990年北京亚运会开始参加了之后的历届亚运会(详见:纪事本末·亚运家族成长记)。

2. 80年代的"亚运外交"——为中韩关系的突破架桥

中国加入亚运会几年之后,东面的邻居韩国迎来了体育事业发展的重大机遇:1981年9月30日,汉城获得1988年奥运会主办权;同年11月26日,汉城获得1986年亚运会主办权。

奥运会和亚运会对中国而言是最重要的两个大型综合性国际赛事,现在,要由韩国人来操办。此时,中国在世界上对3个国家实行外交不接触政策:南非、以色列和韩国。南非是由于白人政权实行种族隔离政策,受到国际制裁。以色列是因为其在与阿拉伯国家的冲突中,中国持支持阿拉伯国家的立场。韩国,则是由于朝鲜战争及其社会主义与资本主义两大阵营的冷战对抗,鉴于朝鲜半岛南北之间的敌对状态以及中国与朝鲜同属社会主义阵营的现实,长期以来,中韩之间亦处于敌对状态,"直到上世纪90年代初,对中国来说,韩国仍是'禁区'"③,中国不承认韩国政权,在国内所有的媒体报道中,以"南朝鲜"而代之。因此,中国是否会派代表团去被视为敌对国而且与中国台湾地区保持"外交关系"的韩国参赛?中国会不会在抵制了1980年莫斯科奥运会之后再抵制汉城亚运会与奥运会?中韩双方心里都没有底。

进入20世纪80年代之后,改革开放的中国与经济腾飞的韩国之间,都需要改变冷战思维,实现两国关系的突破。对中国而言:"积极开展对外活动,最大限度拓展国际交流空间……进一步缓和朝鲜半岛的紧张局势,促进南北两方和谈,松动与近邻韩国的关系,就提上了议事日程。"④对韩国而言:首先,东邻日本在十几年前就与中国实现了邦交正常化,韩国受到很大压力,"在东亚今后的经济发展和政治架构变化的前景下,与中国建

---

① 崔乐泉:《中国奥林匹克运动通史》,青岛出版社,2008年,第311—312页。
② 马宣建:《中国体育通史》(第八卷),人民体育出版社,2008年,第316页。
③ 钱其琛:《外交十记》,世界知识出版社,2003年,第139页。
④ 钱其琛:《外交十记》,世界知识出版社,2003年,第150页。

交有利于韩国"①。其次，作为东道主，韩国希望中国参加奥运会和亚运会的愿望非常迫切，这是韩国成功办好赛会的需要，是韩国与中国建立良善关系的突破口，更有助于缓解朝鲜半岛的紧张局势。总之，从地缘政治和中韩关系而言，中国如能参赛都是利好走向，但韩国不得其门而入，"朝鲜半岛的复杂局面显然妨碍了它和中国的往来，它甚至找不到一个向中国表明心迹的正式机会"②。

中韩"亚运外交"这个门，却被一次灾难性的劫机事件意外地打开。1983年5月5日，中国民航一架"三叉戟"296号飞机，执行由沈阳飞往上海的航班，机上共有人员105人。飞机起飞不久被6名歹徒劫持，之后迫降在韩国汉城附近属于驻韩美军基地的春川机场。这就是轰动国际社会的"五五劫机事件"。

劫机属于恐怖袭击恶性事件，但对韩国来说，却是意外之缘："他们一直就在期待着有这样一个机会，期待着和中方有一个实质性的接触。所以在他们看来，这就是天上掉下来一个大馅饼。"③劫机案发生后，中方由民航部门出面，紧急与韩方联系，要求进行谈判。韩方并不想把谈判局限在两国的民航部门，一上来就要求中方派出外交部的高级官员，意在借机与中国进行高层次的官员谈判，甚至更进一步"就是能够和中国建交，最起码也要建立某种关系"。从韩国方面参加解决劫机案之谈判代表团的人员组成，就可见其良苦用心：韩方代表团团长由外务部第一副部长孔鲁明担任，这位孔先生可不一般，他是孔子第72代孙，精通中华文化。

中方没有答应韩方派出外交官员的要求，赴汉城处理善后事宜的仍称中国民航工作组，但这个工作组的规格并不低。工作组的组长由民航局局长沈图担任，他是中共中央委员，组员里还有两位顶着民航局工作人员身份的外交部官员，一位是条法司的副司长，一位是亚洲司的处长。中方这些人物的身份和背景，韩方心知肚明，中国民航工作组抵达汉城金浦国际机场时，韩方铺设一条象征着高规格礼遇的红地毯相迎。双方在会场上一见面，韩方团长孔鲁明第一句话就是："有朋自远方来，不亦乐乎。"

"五五劫机事件"成为中韩之间高级官员接触的开端。韩国方面以高规格接待中国官员，滞留在韩国的中国机组成员和乘客成了"意外访问汉城的远客"，韩方热情招待，五

---

① 钱其琛：《外交十记》，世界知识出版社，2003年，第142页。
② 王仪轩、许光建等口述，阮虹访谈整理：《中国"劫机外交"：卓长仁劫机案与汉城谈判内幕》，当代中国出版社，2009年，第55—56页。
③ 王仪轩、许光建等口述，阮虹访谈整理：《中国"劫机外交"：卓长仁劫机案与汉城谈判内幕》，当代中国出版社，2009年，第110页。

星宾馆住宿，每天好吃好喝，市内观光游览，所有开销免单。事件的解决也基本快捷顺利，中国机组成员和乘客很快就安全回国（劫机暴徒被韩国送往中国台湾，后因在台湾继续作案，其中2人被判处死刑）。"一次突发的恶性劫机事件，促成了中韩两国政府间的首次对话，并且成为两国外交的起点，此种情况是中韩双方事先都不曾料到的。"[1]正如韩国媒体所评论的："不料，这架不幸的飞机却带来了韩中关系的突破。"

"五五劫机事件"顺利解决之后，中韩关系迅速进入良性发展，中国参加汉城亚运会的道路变得顺畅起来。1983年8月，北京向亚奥理事会提出举办1990年第11届亚运会的申请，"中国外长同时去信向亚奥理事会做出保证，届时将让包括韩国在内的所有亚奥理事会成员入境参加"[2]。1984年3月2日至4日，第73届戴维斯杯世界男子网球团体赛东方区比赛在昆明举行，韩国男子网球队出现在赛场上，这是来自韩国的运动员第一次踏上中国的土地，此举被称为"网球外交"。《纽约时报》对此的评论是："八名韩国球员在中国大陆击球的意义在一个每个行动都产生政治影响的国家是不容忽视的。"[3] 1985年4月，邓小平同志在谈到中国和韩国关系问题时明确指出："中韩发展关系，对我们来说，还是有需要的。第一，可以做生意，在经济上有好处；第二，可以使韩国割断同台湾的关系。"[4]

中国最终派出由514人组成的大型体育代表团参加汉城亚运会，韩国方面给予中国代表团热情欢迎和高规格礼遇。中韩两国体育健儿在竞技场上展开一场惊心动魄充满悬念的金牌大战（详见：纪事本末·亚洲一哥属谁家）。这些紧张刺激的竞赛场面，大大提升了亚运会在体育竞技方面的含金量，大量的电视现场转播与中国媒体的深度报道，也让中国观众对陌生的韩国有了更多了解。

中韩之间的"亚运外交"极大促进了中韩关系的发展。1988年，中国再次派出大型体育代表团参加汉城奥运会。"中国和韩国利用同在韩国举行的1986年亚运会和1988年奥运会铺平了建立外交关系的道路。"[5] 1990年北京亚运会，"韩国为了表示对中国举办亚运会的支持，提供了亚运会经费的20%。韩国企业在亚运会期间支付的广告费超过了1500万美元。亚运会期间，韩国财界的头面人物及其随行人员也纷纷访问中国，讨论经济合

---

[1] 王仪轩、许光建等口述，阮虹访谈整理：《中国"劫机外交"：卓长仁劫机案与汉城谈判内幕》，当代中国出版社，2009年，第126页。
[2] 钱其琛：《外交十记》，世界知识出版社，2003年，第150—151页。
[3] 徐国琦：《奥林匹克之梦：中国与体育，1895—2008》，广东人民出版社，2019年，第189页。
[4] 钱其琛：《外交十记》，世界知识出版社，2003年，第151页。
[5] 徐国琦：《奥林匹克之梦：中国与体育，1895—2008》，广东人民出版社，2019年，第189页。

作"①。1992年8月24日,中韩两国签署建交公报,正式建立外交关系。

再补一句后话:中韩建交之后,当年"五五劫机事件"民航飞机的迫降地韩国春川市与中国杭州市在1994年结为友好城市;韩方的谈判团团长孔鲁明后来升任韩国外务部部长,一直为中韩友好出力。②

---

① 魏敬民、徐林:《知情者说》(第2辑之3),中国青年出版社,1999年,第298页。
② 延静:《往事杂忆》,山东大学出版社,2012年,第107页。

六、亚洲一哥属谁家

"亚洲运动会（简称亚运会）是代表亚洲地区最高水平的综合性运动会。"[①]亚运会全面地呈现出一个国家（地区）整体的竞技体育实力，能够称霸亚运会金牌榜和总奖牌榜的，自然就是全亚洲体坛的一哥，亚运会的历史也正是亚洲体育大国座次变迁的历史。

1.日本：一哥当了三十年

1951年3月，第1届亚运会在印度举行，当时尚处于战败国地位的日本前来参加。作为老牌亚洲体育强国，日本以24枚金牌和62枚总奖牌，包揽本届亚运会这两项排行榜的第一名。20世纪50年代初期，亚洲很多国家尚处于殖民地地位，加上亚洲地区两大阵营的政治与军事对抗状态，参加第1届亚运会的只有11个国家和地区，只能说具有代表性而不具有广泛性。

在亚运会运行早期阶段的20世纪50至70年代，由于中国台湾问题在亚洲体坛没有得到合理公正的解决，中国没有参加第1届到第6届亚运会，亚洲体坛因而缺少了这支能与日本抗衡的队伍。不过，实事求是地说，在那个年代，中国体育的整体实力确实不如日本，还处于发展和成长的过程之中。亚运会毕竟是全亚洲最重要的综合性运动会，于是，日本借助金牌数和奖牌数双双第一的成绩，当仁不让地成为亚洲体坛的一哥。

从第1届亚运会到第8届亚运会，日本这一哥一当就是30来年，尤其在中国缺席亚运会的年份，没有任何一家能对日本的亚洲体坛一哥地位构成冲击。除首届亚运会印度作为东道主，以15枚金牌和48枚总奖牌，没有被日本拉开太远，之后的第2届到第6届亚运会，金牌榜和奖牌榜上的第二名都被日本远远甩在身后的尘埃之中。虽然参加亚运会国家和地区的数量在日益增加，但距离却越拉越大，亚洲二哥的总奖牌数一般只有日本的三分之一，金牌数只有四分之一到九分之一，日本的亚洲一哥当得十分轻松快活。

---

① 郭建军：《为国争光　铸造辉煌——新中国竞技体育60年》，国家体育总局编：《拼搏历程　辉煌成就——新中国体育60年》（综合卷），人民出版社，2009年，第45页。

2.中国：三届登上一哥位

20世纪70年代之后，中国在国际体坛的参赛资格逐步得到合理解决，中国开始全面参与国际各类体育赛事。

1974年第7届亚运会在伊朗首都德黑兰举行，这是中华人民共和国与国际体坛基本隔绝20多年之后，首次组团参加亚洲体育界的顶级赛会，中国甫一亮相就技惊四座。这一届亚运会金牌榜前三名是：日本74枚，伊朗36枚，中国33枚；奖牌榜排名前三的国家是：日本175枚，中国106枚，伊朗81枚。对于这个成绩榜，日本清楚得很：伊朗的成绩是借助东道主的地位，昙花一现而已；对日本一哥地位真正具有威胁的，正是初登亚运会赛场的中国。虽然中国的成绩与日本相比还有一定的差距，但日本再也不能像在中国参赛之前的年代里，轻松地获取奖牌了。

4年之后的1978年第8届曼谷亚运会，中国派出的不仅有体育代表团，还有中央电视台的记者和直播团队，"中国第一次派体育评论员从国外进行现场转播"①。4年前中国第一次参加亚运会时，国内的观众主要通过报刊和广播了解比赛动态，现在则可以通过电视直观地感受亚运赛场紧张激烈的竞赛场面，目睹中国军团向亚洲体坛一哥地位奋勇冲击。第8届亚运会日本和中国分列金牌榜和奖牌榜的前两名，金牌：日本70枚，中国51枚；总奖牌：日本178枚，中国151枚。路透社对这一成绩的评论是：日本作为亚洲体育运动优胜者的称雄地位可能要结束了，亚洲沉睡的体育巨人已苏醒。看来极有可能的是，举行下届亚运会时，中国将成为亚洲居首位的体育国家。②

日本当然也不愿意让中国如此轻易实现中日之间体育地位的转换，他们希望在田径和游泳等日本的强项也是夺牌大户上继续保持优势，压制住中国的赶超势头，从而保住日本的一哥地位。"在第八届亚运会后，日本体育界人士曾说：'我们知道把一个主体项目的金牌交给了中国意味着什么。'"③果不其然，4年之后，1982年的第9届新德里亚运会一开场，中日两国选手在各个项目上就展开激烈争夺，双方的金牌数目一直呈胶着状态。战到第13天结束，中日两国的金牌数是54∶53，中国仅领先日本1枚金牌，此时，距本届亚运会结束只剩两天。

1982年12月2日，第9届亚运会比赛的第14天，是本届亚运会的倒数第二天，也是亚洲

---

① 宋世雄：《宋世雄自述——我的体育世界与荧屏春秋》，作家出版社，1997年，第17页。
② 范江怀、李吟：《历届亚运会博览》，科学普及出版社，1990年，第140页。
③ 金灿：《亚运会赛场形势》，《新体育》，1982年第11期，第2页。

体育史上重要的日子。就在这一天，中国体育代表团夺得4枚金牌，加上已包揽冠亚军决赛权的羽毛球女子单打项目，中国已稳获至少59枚金牌；日本在这一天获得3枚金牌，尽管金牌数上升到56枚，但是放眼最后一个比赛日，日本仅有两项决赛权，无论如何，日本的金牌数绝不可能超过中国。当天晚上，日本的报纸出版号外，报道中国成为亚洲体坛头号强国这一重大新闻（参见：列传·中国）。

中日两国在第9届亚运会上最终的金牌数是61：57；总奖牌数则以153：153打成平手。从第7届到第9届，中国历经3届亚运会，历时8年，终于击败日本成为亚洲体坛一哥。"第9届亚运会是中国体育史上一个重要里程碑，也是亚运会的一个分水岭。从此，中国在亚洲体坛独占鳌头，以亚洲体育强国姿态展现于世界。"[①]

3.韩国：距离一哥仅一步

中国的一哥位置还没坐热，一位名叫韩国的踢馆者出场了。

韩国自1954年第2届亚运会开始进入亚运赛场，经过几届的拼杀，终于在1966年第5届亚运会上位居金牌和奖牌榜第二，成为亚洲二哥。不过韩国此时的体育实力与日本相差甚大，第5届亚运会日本与韩国的金牌数之比是78：12，奖牌数之比是164：51，亚洲体坛依旧是日本一家独大的局面；而且好景不长，随着中国进入亚运大家庭，韩国只能退居第三。

1986年第10届亚运会在韩国首都汉城举行，韩国此时已获得1988年汉城奥运会的主办权，乘着经济高速发展的东风，借助东道主的地利优势，韩国希望在体育事业上也大展身手高歌猛进，取代日本重返二哥的位置，并且此时中国的一哥地位立足未稳，这也不免让韩国体育界想法多多。赛前，韩国体育界公开提出的奖牌目标是"放过中国，击败日本，确保第二"，暗地里则制定"超日赶中"的计划，[②]终极目标是"击败中国，执亚洲体坛牛耳"[③]。韩国组建了由467名运动员组成的人数最多的代表团（日本和中国运动员的数量分别是448人和428人），[④]并且以东道主便利新增跆拳道、柔道、保龄球等优势项目，大大扩展了夺牌点。

---

① 郭建军：《为国争光 铸造辉煌——新中国竞技体育60年》，国家体育总局编：《拼搏历程 辉煌成就——新中国体育60年》（综合卷），人民出版社，2009年，第46页。
② 饶广平：《话说亚运会中、日、南朝鲜三足鼎立》，《新体育》，1986年第9期，第4页。
③ 范江怀、李吟：《历届亚运会博览》，科学普及出版社，1990年，第337页。
④ 凌志伟：《在亚运村里》，《新体育》，1986年第10期，第9页。

在汉城亚运会上，中韩之间展开了亚运会历史上最为精彩绝伦紧张刺激的金牌厮杀战，两国一直战到比赛最后一天的倒数第二个比赛项目，才见分晓。战况扣人心弦，令人有窒息之感。

1986年9月20日，汉城亚运会开幕，战至9月30日，韩国的金牌数超过日本，完成"超日"的目标，但中国在金牌数上始终压着韩国，并且领先优势不小，给人感觉一哥地位还是挺稳固的。然而，几天之内风云突变：中韩两国的金牌数，10月2日是80∶63；10月3日是85∶73；到10月4日这一比赛日结束，中韩双方的金牌数居然出现92∶92的平牌局面。

造成这一局面的因素很多，其中有韩国以东道主身份之利增设的优势项目大获成功，美联社记者的报道就认为韩国赶上中国的原因是"他们在拳击、跆拳道、保龄球、曲棍球和马术比赛中获得大量金牌，而中国没有派运动员参加这五个项目的比赛"①，如跆拳道，韩国队一举夺得8枚金牌中的7枚；还有中国在自己优势项目上的失守，如乒乓球，韩国队获得男团、女团和男单冠军，硬生生从中国队手中夺走3枚金牌。

亚运会将在10月5日闭幕，最后一个比赛日比赛项目并不多，中国的夺金点只有2个：田径的男子和女子4×100米接力；韩国的夺金点有3个：田径的男子和女子4×100米接力，男子足球。这就意味着，中国选手在最后一个比赛日必须力克韩国夺得两项接力赛的金牌，才能确保金牌数第一。

10月5日凌晨3点，来自北京中南海的电话打到中国代表团团长袁伟民在汉城的住所，据媒体人士后来的报道称，电话内容是"中国高层领导人询问92∶92的局面是如何形成的，并要求无论如何要拿下男女4×100米两枚金牌"②。

女子4×100米接力赛首先进行，中国女将不负众望，拿下金牌。

接下来的男子4×100米接力赛将决定中国能否保住亚洲体坛一哥的地位。韩国队在预赛中排名第一，而日本队也是亚洲这一项目的老牌劲旅，中国男子接力队在两大劲敌的夹击下，每一棒都跑得娴熟完美，跑最后一棒的是来自浙江田径队号称"亚洲飞人"的郑晨，只见他一马当先，率先撞线，再夺金牌。

中国队连夺接力赛2枚金牌这一结果，使韩国队在足球比赛中夺得金牌的成绩黯然失色。

汉城亚运会中韩两国最后的战绩是：金牌数中国94，韩国93；总奖牌数中国222，韩

---

① 美联社汉城1986年10月5日电：《中国正谋求在二〇〇〇年成为世界体育强国》，《中国体育年鉴》编辑部编：《第十届亚洲运动会》，人民体育出版社，1988年，第201页。
② 范江怀、李吟：《历届亚运会博览》，科学普及出版社，1990年，第338页。

国224。按金牌数，中国排第一，而按总奖牌数，韩国排第一。[1]鉴于国际上通行的是将金牌数作为排行榜的首要元素，所以，中国亚洲体坛一哥的地位还是非常惊险地得以保住。

4.中国：亚运成就中国梦

汉城亚运会之后，就是1990年北京亚运会，中国体育"冲出亚洲走向世界"的战略方针迅猛发力，中国体育代表团在北京亚运会上豪取183枚金牌，远远超过韩国的54枚和日本的38枚。

北京亚运会之后的历届亚运会上，中国的金牌数和奖牌数始终名列榜首，韩国与日本两国不要说超越，连接近的可能都没有，两国的金牌数加在一起都不行。中国体育称雄亚洲体坛，一哥地位无可撼动。

日韩两国只能围绕着谁是二哥展开竞争。从1990年第11届亚运会到2018年第18届亚运会的统计数据来看，这8届亚运会，韩国有6届排在金牌榜第二，日本只有2届；在金牌数和总奖牌数上，韩国以540枚和1624枚超过日本的418枚和1580枚。但客观地说，就综合体育实力看，日本还是强过韩国。进入21世纪之后，日本体育界对于亚运会的重视度下降，派出参赛的多为二流选手或年轻选手，日本更为看重的是能够真正体现竞技体育最高实力的奥运会。我们看这样一个统计数据：1990年北京亚运会之后至今共举办过8届奥运会，日本的奥运会金牌数和总奖牌数分别是82枚和253枚，韩国的金牌数和总奖牌数则分别是77枚和216枚，[2]所以，亚洲体坛二哥的位置，还是非日本莫属。

时过境迁，亚运会现在已不是中国体育战略的重心。回看历史，中国正是借助亚运会这个平台，先是确立在亚洲体坛的霸主地位，继而以亚运会为跳板，实现了"冲出亚洲走向世界"的战略目标，成为竞技体育的世界强国之一。

---

[1] 刘修武：《亚洲体育》，人民体育出版社，1990年，第92页。
[2] 奖牌数资料来自国际奥委会官网，https://olympics.com/en/olympic-games.

七、亚运家族成长记

1949年亚洲奥林匹克理事会的前身亚洲运动会联合会成立之时，只有十来个成员，这也构成了1951年第1届亚运会11个参赛国家和地区的基本阵容，之后会员数和亚运会参赛成员的数量不断增加，到2002年亚奥理事会发展到45个成员。自2006年第15届亚运会始，参加亚运会的成员数目一直保持在45个。这一历史演变进程既体现出亚运会在亚洲地区国际关系中的纽带作用，也凸显了亚运会作为仅次于奥运会的世界大型综合性运动会的历史地位。

1.成员增长三因素

亚运会家族成员的增长过程，有三大因素发挥了重要作用。

第一，亚洲地区民族独立国家的不断出现，使亚运会的成员数一直呈现缓慢增长态势。据作者统计，亚洲地区大约有20个国家，是在第1届亚运会举办之后的年代里获得独立，这些国家独立之后，先后加入亚运会体系之中。这个时间跨度，从20世纪50年代一直持续到21世纪初，最后一个加入的，是2002年获得完全独立的东帝汶。

第二，亚洲政治对抗局势出现缓和走向，中国等一批社会主义国家加入亚运会体系。在亚运会诞生的最初岁月，亚洲地区是社会主义与资本主义两大阵营对抗的主战场，朝鲜战争、越南战争打得昏天黑地，政治对抗的双方自然也难以在同一个竞技体育体系中共存共处。第1届到第6届亚运会是亚运会初步发展阶段，比赛项目少，参加的国家和地区少，规模较小，水平不高。20世纪70年代之后，缓和成为世界和亚洲国际关系发展的主流，以1974年第7届亚运会为转折点，中国、朝鲜、蒙古、老挝、越南等国家陆续加入亚运会体系，亚运会的成员数以这一时间为节点，呈现一个跳跃性增长。随着中国等国的加入，亚运会才真正开始进入到快速发展时期。

第三，1991年12月25日苏联解体后，中亚国家加入亚运会体系。苏联是一个地跨欧亚两洲世界上国土面积最大的国家，解体之后的苏联分裂为15个国家，其中有8个国家位于亚洲的地理范围之内。这8个国家中的格鲁吉亚、阿塞拜疆、亚美尼亚被称为外高加索三国，一直以欧洲国家自居，不参加亚洲的活动，从政治到经济统统加入欧洲体系；另外5个国家是位于中亚地区的哈萨克斯坦、乌兹别克斯坦、吉尔吉斯斯坦、塔吉克斯坦和土库曼斯坦。中亚五国从历史到现实，从民族到宗教，都与亚洲渊源颇深，它们选择加入亚洲，进入亚洲的政治经济圈。从1994年第12届亚运会起中亚五国加入亚运会，这不仅使亚运会的成员数再次出现一个跳跃性增长，而且使亚洲的体育版图在原来东亚、东南亚、南亚和西亚四大版块的基础上，补上中亚版块，成为如今的五大版块。媒体对中亚5国的加入进行分析，认为：亚运会由此升值为一个不折不扣的"国际性地区综合运动会""成为仅次于奥运会的国际性综合运动会之一"。苏联解体后，这些高鼻梁、白皮肤、金头发的欧洲选手，一夜之间变成亚洲人，中亚5国参加亚运会使亚洲体坛出现大混血，身高力壮的中亚壮士，虽然一时难以改变亚洲体坛中韩日三强称霸的格局，但在举重、田径、皮划艇、自行车、拳击、摔跤、马术比赛中弥补或改善了亚洲体育的一些传统弱项，从而把亚运会的整体质量提高几个档次。媒体将中亚5国入籍亚运，称为是亚洲人的福音。[①]

2.华夏一门"四进士"

亚奥理事会现今的45个成员，唯独中国一国拥有4个席位：中国、中国台北、中国香港和中国澳门。借用中国的一句老话来形容，此乃一门"四进士"。这一局面的形成，经历了几十年的发展演变。

中华人民共和国成立之初，没有参加亚运会，打着"中华民国"旗号的台湾地区成为亚运会联合会的会员。1973年9月18日，亚运会联合会执委会会议通过决议，接纳中华人民共和国体育组织和驱逐打着"中华民国"旗号的中国台湾体育组织。这一决议在11月16日的亚运会联合会理事会全体大会得以确认。

中国虽然进入亚运会以及国际体坛，但毕竟是以驱逐中国台湾为代价，自1974年之后，中国台湾连续缺席第7届至第10届亚运会，显然，这并不是解决问题的终极形式。所以，接下来的事态发生反转，就是如何以合适的形式让中国台湾回归国际体坛。

国际体育界在全面接纳中国进入之时，也在努力解决两岸同时加入国际体育机构和参加国际体育赛会的问题，其中的关键点在于，中国台湾的体育机构必须更名，以中国一个地区的身份参加体育赛事，同时台湾方面的名称还必须冠以"中国"这个限定词，若没有

[①] 许基仁：《亚运会升值》，《新体育》，1994年第11期，第23—24页。

这个限定词，会形成"一中一台"的局面，这是中国坚决反对的；但是这个限定词如何措辞，使台湾方面能够接受，也是个难题。这个难题，终于在中国加入国际奥委会时得到破解。来自罗马尼亚的国际奥委会委员西贝尔科先生，"想出来'中国台北'，以在台湾的奥委会的所在城市名称代表这个奥委会的地理位置，而且是中国之内的地理位置。这个名称最后得到了邓小平同志的认可"[①]。根据学者的研究，认为最早提出这一名称建议的，应该是菲律宾籍的国际奥委会委员乔治·瓦尔加斯。在1960年旧金山召开的国际奥委会全会上，瓦尔加斯提出："为什么不把'中国'和'台湾'放到一起，就叫中国台北奥林匹克委员会？"[②] 可惜当时国际奥委会的委员们没有领会瓦尔加斯提议中所包含的亚洲智慧，在1966年的国际奥委会全会上，以26票赞成、30票反对，"否决了瓦尔加斯和澳大利亚委员韦尔关于台湾运动员允许今后使用'中国（台湾）'名称参赛的提案"[③]。

1979年10月25日，国际奥委会执委会在日本名古屋举行会议，参会者一致通过决议，恢复中国在国际奥委会的合法席位。会议确认中华人民共和国奥委会为中国全国性奥委会，设在台北的奥委会将作为中国的一个地方机构留在国际奥委会内，这就是著名的《名古屋决议》。这个决议非常重要，我们把它全文录在这里：

国际奥委会执行委员会名古屋会议决议

1979年10月25日

中华人民共和国：

名称：中国奥林匹克委员会

会歌、旗帜、会徽：中华人民共和国的国旗和国歌。

会徽已呈经执委会批准。

章程完全符合国际奥委会的章程。

中国台北：

名称：中国台北奥林匹克委员会

会歌、旗帜、会徽，有别于目前使用的会歌、旗帜和会徽，并须经国际奥委会执委会批准。

---

① 魏纪中：《我的体育生涯》，新华出版社，2008年，第142页。
② 徐国琦：《奥林匹克之梦：中国与体育，1895—2008》，广东人民出版社，2019年，第104页。
③ 国际奥林匹克委员会：《国际奥委会一百年》（第二卷），奥林匹克出版社，1998年，第96页。

章程必须于1980年1月1日前修改，以符合奥林匹克章程的规定。①

《名古屋决议》确定了著名的"奥运模式"。"奥运模式"是中国体育与世界全面接轨的法律背景，在这一框架之内，中国和中国台湾地区得以共同出现在国际赛场之上。"'奥运模式'的创立为恢复中国在国际体育组织中的合法地位和解决台湾问题铺平了道路，使中国全面登上国际体坛，成为中国体育全面走向世界的新起点。"②

1981年2月，中国台湾体育组织与国际奥委会就"奥运模式"达成协议，提交了台湾体育组织更名、改旗、改歌的修改方案。1986年亚奥理事会在汉城开会，中国台北奥委会按照"奥运模式"申请加入亚奥理事会，这意味着台湾地区重返亚运大家庭参加1990年北京亚运会成为可能。中国台湾参加北京亚运会遇到的一个障碍是：根据《名古屋决议》，中国台北奥委会的英文为：Chinese Taipei Olympic Committee，台湾方面将其译为"中华台北奥委会"。"中国台北"与"中华台北"一字之差，"这个表面上看来只是翻译上的文字差异，实质上包含对其内容理解有各自表述的意思"③。在第三国及地区参加比赛时，因为使用的是英文名称，这个问题并不凸出，但1990年第11届亚运会在北京召开，"作为东道国，我们有权使用东道国的语言来表达标明前来参赛的各地名称。于是，如何翻译Chinese Taipei Olympic Committee这一名称，成为双方都必须面对的问题"。为解决这个一字之差的问题，双方又进行多次磋商与会谈。在会谈中中国台湾的代表谈了自己的观点，表示：Chinese Taipei既可以译成中国的台北，也可以译成中国人的台北，中文的译法可以是各种的，希望大陆方面能大度一点，"希望'大哥哥'让'小弟弟'一点"。对于这个问题，大陆方面"内部分析，认为这一字之差，不涉及'两个中国'或'一中一台'的原则性问题，如台方承诺来北京参加亚运会，在坚持国际奥委会有关部门决议的前提下，可以采取各说各的办法，你说你的，我们不加干涉，我们自己则仍然用'中国台北'的译法"④。中国台北奥委会也做出相应承诺，"把'中华台北'名称的使用仅局限在正式比赛的范围内"⑤。

最终，遵照奥运模式，双方签署中国台湾运动员赴北京参加第11届亚运会的协议。协

---

① 中国体育年鉴编辑委员会：《中国体育年鉴1979》，人民体育出版社，1981年，第121页。
② 崔乐泉：《中国奥林匹克运动通史》，青岛出版社，2008年，第314页。
③ 魏纪中：《我的体育生涯》，新华出版社，2008年，第162—163页。
④ 梁丽娟：《何振梁与奥林匹克》，奥林匹克出版社，2000年，第249—250页。
⑤ 魏纪中：《我的体育生涯》，新华出版社，2008年，第266页。

议签署仪式于1989年4月6日举行，中国奥委会主席何振梁代表中国奥委会签字，中国台北奥委会秘书长李庆华代表中国台北奥委会签字。协议书全文如下：

> 台湾地区体育团队体育组织赴大陆参加比赛、会议或活动，将按照国际奥委会有关规定办理，大会（即主办单位）所编印之文件、手册，寄发之信函，制作之名牌，以及所作之广播等等，凡以中文指称台湾地区体育团队及体育组织时，均称之为"中华台北"。[①]

这项协议史称"四六协议"，"根据这项协议……由此正式揭开了两岸体育交流的篇章"[②]。

中国香港与中国澳门的情况就简单了。中国香港以"香港"之名，参加了第2届至第12届亚运会，在1997年7月1日中华人民共和国对香港恢复行使主权之后，以"中国香港"名称，参加包括亚运会在内的各类体育赛事。中国澳门以"澳门"之名，参加了第11届至第13届亚运会，在1999年12月20日中华人民共和国对澳门恢复行使主权之后，以"中国澳门"名称，参加包括亚运会在内的各类体育赛事。也就是说，最终到2002年第14届亚运会，"中国"名头的4个成员在亚运会大家庭中全部聚齐。

3.多哈实现"全家福"

所谓"全家福"，是指亚奥理事会的全体成员一个不落地参加亚运会，媒体称之为亚运会"全家福"或"大团圆"。历届亚运会举办时，亚奥理事会以及赛会承办方都极力追求这一目标，这既可以体现亚洲体坛的团结，也会让主办方感到心满意足；但是做到这一点谈何容易，"全家福"似乎成为亚运会的一个奢望。

最早出现"全家福"的契机，是1990年北京亚运会，中国方面非常希望办一届圆圆满满的亚运会，为此做了大量工作，把那些犄角旮旯里的小国家都动员起来，大家也挺给面子的，从赛前北京亚运会报名情况来看已经达到这一点——当时亚奥理事会共有39个成员，全部报名参加北京亚运会，眼见得就要功德圆满皆大欢喜，谁知世事难料，就在亚运会开幕之前1个多月的时候，发生了伊拉克入侵并吞并科威特的海湾危机，科威特籍

---

① 崔乐泉：《中国奥林匹克运动通史》，青岛出版社，2008年，第344页。
② 魏纪中：《我的体育生涯》，新华出版社，2008年，第166页。

的亚奥理事会主席法赫德亲王战死王宫，给北京亚运会的顺利举行蒙上了阴影。经过紧急危机公关，最后以伊拉克被暂停亚奥理事会会籍、驱离北京亚运会赛场而结束危机。亚运会未能在北京实现"全家福"的愿景，留下深深的遗憾（详见：纪事本末·度尽劫波亚运在）。

目前许多媒体报道和资料记述，认为亚运会历史上第一次"全家福"发生于2002年的第14届釜山亚运会，有的报道称釜山亚运会是"在亚运会历史上，亚奥理事会全体成员首次实现了大团聚"①；有的资料记述："来自亚洲四十四个国家和地区的所有亚奥理事会成员都派团前来与会，使本届亚运会成为亚运历史上名副其实的一次'大团圆'。"②

然而，这种说法是有缺陷的，因为在2002年这一年，随着亚洲最新独立国家东帝汶的加入，亚奥理事会实际上拥有的成员数不是44个而是45个！这样一来，釜山亚运会44个成员参赛的"全家福"之说就不能成立。这个在资料记述和媒体报道中被漏失的成员，就是伊拉克。上文谈到，伊拉克由于入侵科威特在1990年北京亚运会前夕被暂停亚奥理事会的会籍，因而缺席了自1990—2002年间的4届亚运会。但是，伊拉克遭到的处分是暂停亚奥理事会的会籍而不是开除，它的会员资格仍在，因而不能将其排除在亚奥理事会成员之外。所以2002年釜山亚运会的参赛成员数，准确的表述应该是除了被暂停会籍的伊拉克之外的44位成员全数参加，显然，这与完整意义上的亚运会"全家福"还是有区别的。

2003年萨达姆政权被推翻，伊拉克组建新政权。2003年12月1日，亚奥理事会执委会全票通过决议，决定恢复伊拉克的会员资格。自2006年第15届多哈亚运会始，伊拉克重返亚运会大家庭。所以，2006年的多哈亚运会，才是亚运会历史上第一次真正完整意义上的"全家福"，并且从这一届开始之后的历届亚运会，始终保持着45个成员全员参加的美好场面。

"45个亚奥理事成员国家和地区，代表45亿不同民族、肤色、信仰的亚洲人民，追求和谐、和睦、和平是当年创办亚运会的动因，也是未来亚洲福祉所向。"③

4.欧洲欲占澳洲先

亚运会发展到今天，有没有可能进一步扩大容量，跨越亚洲的地理范围，将其他大洲

---

① 雷青峰：《阅尽沧桑话亚运》，新世纪出版社，2009年，第88页。
② 杭州2022年第19届亚运会官网：第14届2002年釜山亚运会，https://www.hangzhou2022.cn/yybk/yyls/202105/t20210513_13391.shtml。
③ 汪大昭：《展望，请把目光放得更远》，《新体育》，2013年第10期，第5页。

的国家纳入亚运会体系？

2022年的第19届杭州亚运会（因疫情延期至2023年举办），本来有望成为亚运会发展历史上一个重要的转折点——大洋洲（澳洲）国家加入。大洋洲国家没有自己的洲级运动会（参见：纪事本末·五洲四海堪称雄），但大洋洲的澳大利亚等国与亚洲国家之间有着便捷的地缘联系和广泛的经济关系，所以，进入21世纪之后，出现澳大利亚等国谋求加入亚运会体系的动向，亚运会是否需要扩容，一道难题摆到亚洲体育界面前。2006年多哈亚运会期间，亚洲国家曾就是否接纳大洋洲国家加入亚运会体系发生过争论，澳大利亚是世界竞技体育强国，亚洲一些国家出于保护本洲参赛国利益等诸方面的考虑，暂时搁置了这一提议。随着时代的发展，亚洲国家逐步意识到，从亚运会可持续发展的长远目标考虑，大洋洲的加入应该是利大于弊，2017年此想法开始付诸行动：大洋洲奥委会所属的18个成员参加了由亚奥理事会组织的第5届亚洲室内与武道运动会，这是大洋洲国家首次大规模地参与亚洲的综合性运动会。2019年3月亚奥理事会在泰国曼谷举行会议，会上做出决定，正式邀请大洋洲国家参加2022年在杭州举办的第19届亚运会。2020年11月6日杭州市亚组委官员在接受媒体采访时透露，亚运会"首次将有大洋洲的国家参赛，参赛国家和地区达到63个，将是有史以来规模最大的一次亚运会"[1]。亚运会眼看就要由单一大洲国家参与的洲级运动会，演变为多个大洲国家参与的洲际之间的运动会。可惜好事多磨，2022年4月26日，澳大利亚和新西兰奥委会都确认不会参加杭州亚运会，这一愿景的实现还有待时日。

"东边日头西边雨"，2023年1月，亚运会扩容问题出现新的动向。根据媒体的报道："据亚奥理事会网站消息，亚奥理事会有意邀请符合条件的俄罗斯和白俄罗斯运动员参加亚洲比赛，包括亚运会。亚奥理事会表示，相信体育团结的力量，所有运动员，无论其是哪国国籍，所持的是什么护照，都应该能够参加比赛。"[2]消息发布的第二天，中国奥委会新闻发言人在回答新华社记者提问时表示："中国奥委会将积极响应和支持国际奥委会和亚奥理事会的倡议和决定，愿为包括符合条件的俄罗斯和白俄罗斯运动员在内的所有运动员搭建良好参赛平台……关于两国运动员参加杭州亚运会的具体方案等，国际奥委

---

[1] 殷佩琴：《第一次有大洋洲国家来参赛》，《都市快报》，2020年11月7日，A3版。
[2] 中新网1月26日电：《亚奥理事会：有意邀请俄罗斯运动员参加亚运会》，中国新闻网，http://www.chinanews.com.cn/ty/2023/01-26/9941941.shtml。

会、亚奥理事会等有关各方还将进一步深入研究。"①如果此事成真，欧洲国家运动员参加亚运会要抢在大洋洲国家之前了。

其实，亚洲之外的国家最早提出加入亚运会体系要求的，并不是大洋洲国家，还真是欧洲国家——解体之前的苏联。苏联认为自己地跨欧亚两洲，而且亚洲部分的国土面积远远超过欧洲部分，几次提出要求参加亚运会。1990年第11届亚运会在北京举办时，苏联的要求更为迫切，不过中国方面没有同意。苏联又改变要求，提出让苏联所属亚洲部分的加盟共和国来参加亚运会，但苏联毕竟是单一主权的国家，各加盟共和国的人员在全苏境内流动是很平常的事，中国方面觉得实在无法对他们运动员的身份进行资格审查，此事也就作罢。②苏联解体之后，原来属于苏联的哈萨克斯坦等中亚5国宣布独立并加入亚运会体系，但这依然属于亚洲土地上的国家加入亚运会。如果属于欧洲的俄罗斯和白俄罗斯运动员参加亚运会成为现实，亚运会真有可能发展为亚欧运动会。

---

① 新华社记者：《中国奥委会支持国际奥委会和亚奥理事会涉俄倡议——专访中国奥委会新闻发言人》，新华网，http://www.news.cn/2023-01/27/c_1129315626.htm。
② 伍绍祖：《弘扬北京亚运精神》，《伍绍祖文集》（体育工作卷·第一卷），人民出版社，2008年，第198页。

八、五洲四海堪称雄

奥运会是世界上规模最大的综合性运动会，亚运会则是规模仅次于奥运会的洲一级综合性运动会。那么，除了亚洲，世界其他各大洲也有类似亚运会这样的洲级综合性运动会吗？

地球上的大洲，通常指的是亚洲、欧洲、非洲、美洲、大洋洲（澳洲）、南极洲。这几大洲里，南极洲除少量科考人员之外是个无人定居的大陆，可以将其排除，世界其他各大洲，基本都拥有本洲的洲一级综合性运动会。

1.非洲

举办非洲运动会的设想出现在100年前，倡导者正是现代奥林匹克运动创始人、时任国际奥委会主席的顾拜旦。1923年，顾拜旦提出"体育要征服非洲"的口号，[①]国际奥委会根据顾拜旦的设想，打算每两年举办一次非洲运动会，并且做出具体安排：第1届非洲运动会1925年在阿尔及利亚的阿尔及尔举行，第2届非洲运动会1927年在埃及的亚历山大举行。[②]不过，当时非洲大陆基本处于殖民地状态，独立主权国家寥寥无几，所以，这一安排最终不了了之。举办非洲运动会的设想直到20世纪50年代之后，随着非洲民族独立运动的开展和大批独立国家的出现，才成为现实。1965年7月，第1届非洲运动会在刚果首都布拉柴维尔举行，共有30个国家和地区参加。

早期的非洲运动会频频受到非洲政治动荡和军事冲突的影响，举办的周期没有规律，时断时续，直到1987年在肯尼亚首都内罗毕举行第4届非洲运动会时，才确定非洲运动会每4年举办一次，举办时间为奥运会的前一年。从这时开始，非洲运动会的会期终于稳定下来。最近的一届是2019年在摩洛哥首都拉巴特举行的第12届非洲运动会，共有54个国家和地区参加。第13届非洲运动会计划于2023年在加纳首都阿克拉举行。

---

① 国际奥林匹克委员会：《国际奥委会一百年》（第一卷），奥林匹克出版社，1998年，第176页。
② 国际奥林匹克委员会：《国际奥委会一百年》（第一卷），奥林匹克出版社，1998年，第275页。

2. 美洲

美洲的情况有点复杂，美洲大陆究竟算一个洲还是数个洲？从地理、政区、语系等不同的标准出发有不同的解释，因而出现了北美洲、南美洲、中美洲与加勒比海地区、拉丁美洲等各种名词术语与划分。事实上，美洲大陆上也的确有过一些区域性的综合性运动会，主要有：中美洲及加勒比运动会（原名中美洲运动会）、南美洲运动会、玻利瓦尔运动会等。这些区域性运动会，有的如昙花一现，有的则坚持至今，参会的成员亦有所重叠，但都只包括美洲大陆上的部分国家和地区。

国际上通常将整个美洲大陆视为一个洲，国际奥委会也是如此看待的，美洲大陆被国际奥委会列为"洲或洲级"这一级别的综合性运动会只有一家，这就是涵盖美洲大陆所有国家和地区的"泛美运动会"，而中美洲及加勒比运动会、南美洲运动会等则被列为"地区或次地区"级别的综合性运动会。[①]

泛美运动会的设想萌发于1932年洛杉矶奥运会期间，美洲国家计划于1942年举办第1届泛美运动会，由于第二次世界大战的爆发，这一计划延期。1951年2月25日，第1届泛美运动会在阿根廷首都布宜诺斯艾利斯举行，共有22个国家和地区参加。从时间上看，第1届泛美运动会比第1届亚洲运动会早7天开幕，泛美运动会因而成为世界上最早举办的洲一级综合性运动会。泛美运动会每4年举行一次，会期定于夏季奥运会举办的前一年，参加的成员最多时达到42个国家和地区。最近的一届是2019年在秘鲁首都利马举办的第18届泛美运动会。第19届泛美运动会计划于2023年在智利首都圣地亚哥举行。

3. 欧洲

欧洲的经济和体育事业都极其发达，却迟迟没有建立起自己的洲级综合性运动会体系。直到2011年，在俄罗斯索契举行的欧洲奥林匹克委员会第40次大会上，欧洲奥委会主席帕特里克·希基发出举办欧洲运动会的建议，得到积极回应。首届欧洲运动会于2015年在阿塞拜疆首都巴库举行，第2届欧洲运动会于2019年在白俄罗斯首都明斯克举行，参加者均为50个国家和地区。

虽然欧洲运动会最终得以举行，但是西欧国家明显对它没有太大兴趣，申办意向低落，参与热情不高。第1届欧洲运动会奖牌榜前三名分别是俄罗斯、阿塞拜疆、英国；第2届欧洲运动会奖牌榜前三名分别是俄罗斯、白俄罗斯、乌克兰。从这个奖牌榜的排名就可

---

① 国际奥林匹克委员会：《国际奥委会一百年》（第三卷），奥林匹克出版社，1998年，第50页。

以看出西欧体育强国并没有派出顶级的参赛队伍，颇有点应付一下的味道。第3届欧洲运动会计划于2023年在波兰的克拉科夫举行。

4.大洋洲（澳洲）

大洋洲幅员辽阔，但洲内的成员国并不多，除澳大利亚和新西兰外，基本上都是一些小岛国。有的岛国面积只有数十平方公里，人口仅有数万，经济和体育事业都不发达，如果要开大洋洲运动会，这些小岛国只能被澳大利亚这个巨无霸碾压。为此，这些小岛国们干脆自己建了一个"群"——南太平洋运动会。首届南太平洋运动会于1963年在斐济首都苏瓦举行，之后每4年举办一届，迄今已举办16届。2011年南太平洋运动会更名为太平洋运动会，第16届太平洋运动会于2019年在萨摩亚首都阿皮亚举行，有22个国家和地区参加。第17届太平洋运动会将由所罗门群岛于2023年主办。

很显然，太平洋运动会由于排除了澳大利亚，所以级别算不上洲级运动会，被国际奥委会列为"地区或次地区"这一级别。[①]大洋洲因而是目前世界上除南极洲外唯一没有洲一级综合性运动会体系的大洲。

5.亚洲

首届亚运会的举办时间原定为1950年，但由于东道主印度筹办进度缓慢拖后腿，延迟至1951年，开幕时间仅比首届泛美运动会迟了7天，亚洲因此成为第二个举办洲级运动会的大洲。但是，在世界洲级运动会中，若论历史渊源的久远，非亚运会莫属。亚运会的前身，可以追溯到1913年至1934年间举办的远东运动会和1934年举办的西亚运动会（参见：纪事本末·亚运由来细盘点）。亚运会自举办之后，延续至今，从未间断，参加的成员数也从最初的11个国家和地区发展到45个国家和地区。

亚洲无论是土地面积还是人口数量，均为世界第一大洲，亚洲民族构成复杂，文化内涵丰富，亚运会几十年的发展历程很好地印证了体育是如何跨越国际纷争，最大限度地将亚洲地区的民族文化多样性柔和地予以包容。亚运会历史渊源最久，举办届数最多，组织最为严密，影响最为深远，其他各大洲的洲级运动会都无法企及，"与它同一年起步的泛美运动会也被远远甩在后面"[②]，国际奥委会因此将亚运会视为洲级运动会的范本。亚奥

[①] 国际奥林匹克委员会：《国际奥委会一百年》（第三卷），奥林匹克出版社，1998年，第50页。
[②] 任海：《亚运会该向何处去》，《新体育》，2014年第10期，第55页。

理事会主席艾哈迈德亲王在接受中国中央电视台记者采访时也表示："亚运会要继续保持仅次于奥运会第二大的综合性赛事……我们要把亚运会继续办下去,而且要保持它的水平、传统和理念。"①

---

① 张斌:《亚奥理事会主席:亚运要保持仅次于奥运会的地位》,http://sports.sina.com.cn/yayun2014/o/2014-09-19/18417338618.shtml.

卷二 · 列传

一、阿富汗

国名：阿富汗伊斯兰共和国

首都：喀布尔

面积：64.75万平方公里

人口：3220万（2020年数据）[①]

参加亚运会届数：14届（1—5、7、9、11—12、14—18）

承办亚运会届数：0届

阿富汗是个内陆国家，位于南亚与中亚之间，国力不强，经济实力很有限，但它在亚洲有着自己独特的地位。

其一，1919年阿富汗从与英国的依附关系中获得完全独立，在那个年代，亚洲完全独立的国家数量非常少，差不多一只手就能数过来。

其二，现代阿富汗似乎是一个始终处于战乱之中的国家，远的不论，就看20世纪80年代以来：

1979—1989年，苏联入侵阿富汗，阿富汗出现多个抵抗组织与苏军作战，进而引发国际社会与苏联的对抗，这一场持续近10年的阿富汗战争也被认为是导致苏联解体的外部因素之一；

1989—1996年，苏联撤军之后，阿富汗各抵抗组织陷入权力之争，造成全面内战，最终塔利班异军突起掌握政权；

1996—2001年，塔利班掌权期间，阿富汗境内仍有小规模内战发生；在此期间，本·拉登经营的"基地"组织逐渐发展为国际最著名的恐怖主义组织。

[①] 本书所涉及亚洲各国和地区的现用名称、首都名称、土地面积、人口数量等资料数据及数字单位，均出自世界知识出版社2021年出版的《世界知识年鉴2020/2021》一书。由于各国和地区土地面积大小与人口数量多少的数字过于悬殊，故遵从读者的一般阅读习惯，未使用单一的数据标准（如万平方公里、万人）进行规范统一。

2001—2021年，"基地"组织以阿富汗为根据地制造"9·11恐怖主义袭击"之后，引发国际性的推翻塔利班政权与清剿"基地"组织之战，阿富汗又陷入连年战乱，最终塔利班卷土重来二度掌权。

数十年间，地球上这个最不发达国家之一的阿富汗兵连祸结，牵扯着整个世界随之动荡。

阿富汗的体育事业就在这样战火肆虐的严酷环境中，犹如雨中漂萍，旋宕起伏；又如春风吹又生的小草，顽强地生长着。

阿富汗的体育实力非常有限，加上战乱频频严重影响体育事业的发展，想在亚运会上得块奖牌十分困难。不过，阿富汗与亚洲和国际体坛的渊源是很多国家比不了的：阿富汗在1934年就成立了奥委会；1936年阿富汗首次组团参加奥运会，与我们中国是同一年。更重要的是：阿富汗不仅是参加1949年2月在印度首都新德里举行的亚洲运动会联合会成立大会的10个国家之一，并且是首批签署《亚洲运动会联合会章程》的5个国家之一（印度、阿富汗、缅甸、巴基斯坦、菲律宾），所以，阿富汗是亚运会的创始成员国之一，这份荣耀可是亚运会多少金牌也换不来的。

阿富汗作为亚运会早期阶段的积极参与者，出席了第1届到第5届亚运会，尽管只在第4届亚运会中取得1枚铜牌，但敬业精神十分可嘉。1970年第6届曼谷亚运会，由于申办者韩国中途退出，临时决定由泰国接手，各国（地区）捐款筹集赛会经费。阿富汗虽不富裕，也积极认捐6000美元，能拿出这笔款项对它来说也真是不容易了。然而直到亚运会开幕的前一天，阿富汗国内居然一直没有运动员报名参赛，不得不电告组委会，退出本届亚运会。①阿富汗买了烟花给别人放，诚意可嘉。

阿富汗参加亚运会的节奏屡次被战乱和国内政局变换所打断。1990年北京亚运会时，阿富汗因为资金短缺，加上当时的政权与中国关系不和睦，表示前来北京参会有困难，实际上是在打退堂鼓。中国立刻"给了他们一些资助，所以阿富汗代表团也很高兴"，仍然如期前来北京参赛。②

1996年塔利班第一次掌权后，阿富汗缺席1998年亚运会。2001年12月塔利班政权被推翻之后，新政权随即报名参加2002年的釜山亚运会。阿富汗代表团由56名成员组成，参加足球、跆拳道、马术、射击、拳击、摔跤和自行车等7个项目的比赛。阿富汗足球队直到

---

① 雷青峰：《阅尽沧桑话亚运》，新世纪出版社，2009年，第23页。
② 伍绍祖：《弘扬亚运精神》，《伍绍祖文集》（体育工作卷·第一卷），人民出版社，2008年，第201页。

釜山亚运会举行的前几周才组建并投入训练,他们用国际足联资助的4万美元购置了一些必要装备,与联合国维和部队在坑坑洼洼的球场上踢了一场球权当热身赛。当他们从阿富汗越过巴基斯坦边界前往韩国时,在边境被巴基斯坦边防部队拦住。足球队员们拿出亚奥理事会发给阿富汗政府和国际足联专致阿富汗足协的公函,表明他们的确是正宗的阿富汗国家队,巴基斯坦边防军还是不相信,怀疑这些看上去疲惫不堪胡子拉碴的人是逃难的难民,直到接到上司电话确认之后才将他们放行。阿富汗足球队从巴基斯坦伊斯兰堡辗转来到卡拉奇,乘坐飞机先飞往泰国曼谷,再转往韩国。当他们在路途耗费5天时间于9月27日赶到釜山时,足球比赛的小组赛已经开始。阿富汗足球队取代赛前弃权的蒙古队,被编在第5小组。阿富汗队在小组赛中与3个对手交战的战绩分别是:0∶10负于伊朗,0∶11负于卡塔尔,0∶6负于黎巴嫩。虽然成绩很悲催,但对于阿富汗运动员而言,只要能出现在亚运会赛场上,就是无上荣誉。

阿富汗在21世纪成为亚运会的常客,虽然运动水平有限,比赛成绩不佳,但阿富汗运动员很好地诠释了"重在参与"的精神。2010年第16届广州亚运会上,阿富汗武术运动员在比赛中状况百出,但是他们依然很快乐。26岁的阿富汗运动员贾瓦德·萨哈说:"嘿,你知道吗?我是倒数第一名……而且我们阿富汗另一位参加武术比赛的哥们儿,也是倒数第一……我比赛的时候把刀都弄掉了。全场的观众都笑,但也为我鼓掌。"[1]言语之中,可以感受到他的乐观精神。参加广州亚运会的阿富汗男篮主要由流落到美国的难民组成,拥有阿富汗和美国双重国籍,篮球运动是他们的业余爱好,逢周末自掏腰包进行训练。这支由难民组成的业余球队曾在南亚运动会上夺得冠军,但在本届亚运会小组赛中以76∶83负于印度没能出线。"他们在用自己的努力告诉全世界,阿富汗除了战争和贫穷,还活跃着健康向上的力量。"[2]

阿富汗开展得比较多的竞技运动项目有摔跤、曲棍球、足球、举重等。阿富汗在亚运会上获得的第1枚奖牌就是摔跤。在1962年第4届亚运会自由式摔跤次轻量级的比赛中,依伯拉英姆获得铜牌。在这之前的第2届亚运会自由式摔跤重量级比赛中,阿富汗运动员曾获得第2名,但该比赛一共只有2名选手参赛(第1名为日本选手),根据相应计分标准,这枚奖牌不计入奖牌数。迄今为止,阿富汗在亚运会上获得最好的成绩是银牌,还没有金牌的纪录。阿富汗距离夺得亚运会首金最近的一次是2010年广州亚运会,阿富汗队先是在

---

[1] 佚名:《声音》,《新体育》,2010年第12期,第8页。
[2] 范承玲:《体育的模样》,武汉大学出版社,2017年,第46页。

半决赛中爆出冷门,以125∶103战胜强大的巴基斯坦队,获得与孟加拉国队争夺男子板球冠军的机会,这两国在亚运会上都从未有金牌入账,所以这一战也被称为男子板球的"历史之争"。阿富汗队在决赛中以118∶119一分之差惜败于孟加拉国队,遗憾地与历史首金擦肩而过。

阿富汗在奥运会上实现奖牌零的突破发生于2008年北京奥运会。阿富汗运动员能来北京参赛很不容易,得到国际奥委会和中国企业的资助方才成行。21岁的跆拳道运动员鲁胡拉·尼帕伊在男子58公斤的比赛中击败对手获得铜牌后,阿富汗电视台立刻中断正常的节目插播这条新闻,阿富汗国内掀起欢庆的浪潮。阿富汗总统亲自给尼帕伊打来电话,向他祝贺阿富汗历史上最伟大的体育比赛的胜利,并宣布奖励他一套房子。当尼帕伊乘机回国时,无数人涌入喀布尔机场前来迎接,他着实被祖国人民的热情吓了一跳。尼帕伊在2012年伦敦奥运会上蝉联铜牌,他的成就推动跆拳道迅速成为阿富汗的热门体育项目,阿富汗奥委会秘书长波帕拉齐表示:"跆拳道在阿富汗领先于其他项目,有了财政和道义上的支持,它可以继续扩大规模,并创造国民的自豪感。"[1]

阿富汗有一些流行的民间体育项目,其中最著名的有两项,一项是放风筝,这个项目兼具游戏、娱乐和体育的特性。原籍阿富汗的美国作家卡勒德·胡赛尼在他的畅销小说《追风筝的人》中有这么一段话:"每年冬天,喀布尔的各个城区会举办风筝比赛。如果你是生活在喀布尔的孩子,那么比赛那天,无疑是这个寒冷季节最令人振奋的时候……在喀布尔,斗风筝跟上战场有点相像。"[2]另一项是被称为"布兹卡谢"的马背叼羊游戏。游戏中,大家各自骑上马匹,瞄准地上的山羊尸体发起攻击。骑手一旦抓获猎物,就朝场地两端狂奔,只要马儿越过端线就能获胜。骑手的身边聚集着你追我赶的人群,一众人马不停地扭打撕扯,争夺那具山羊尸体。比赛没有队伍,参与其中的选手都是为个人荣誉而战,参赛人数没有具体规定。除了端线,场地内外并无明显区分,连负责掌控全局的裁判都没有,也就是所谓无规则游戏,这种游戏并无犯规一说,自然也不需要有人维护规则。要想约束选手的行为,只能依靠传统习俗以及乡规民约。[3]

一位阿富汗裔的美国学者在研究总结了阿富汗近200年以来冲突战乱的历史之后这样

---

[1] 潘志立:《阿富汗唯一奥运奖牌获得者,却被教科书抹去了名字》,https://www.163.com/sports/article/GHR6L3NJ00059A81.html.

[2] [美]卡勒德·胡赛尼:《追风筝的人》,上海人民出版社,2006年,第49页。

[3] [美]塔米姆·安萨利:《无规则游戏:阿富汗屡被中断的历史》,浙江人民出版社,2018年,第3—4页。

说:"在这里,21世纪与12世纪紧密相连,不过,其文化与历史的漩涡冲击终将汇成一条新的巨流……它们正从阿富汗历史的沼泽中升起……这个国家充满了矛盾——我们的星球又何尝不是如此。如果阿富汗能成功地将国内的众多民族融合成一个具有凝聚力的文化整体,那么,也许这个星球也会有希望。"①

历届亚运会阿富汗所获奖牌

届 数	举办时间与举办地	金 牌	银 牌	铜 牌	总 计	备 注
1	1951年印度新德里	0	0	0	0	
2	1954年菲律宾马尼拉	0	1	0	1	
3	1958年日本东京	0	0	0	0	
4	1962年印度尼西亚雅加达	0	0	1	1	
5	1966年泰国曼谷	0	0	0	0	
6	1970年泰国曼谷	/	/	/	/	未参赛
7	1974年伊朗德黑兰	0	0	1	1	
8	1978年泰国曼谷	/	/	/	/	未参赛
9	1982年印度新德里	0	1	0	1	
10	1986年韩国汉城	/	/	/	/	未参赛
11	1990年中国北京	0	0	0	0	
12	1994年日本广岛	0	0	0	0	
13	1998年泰国曼谷	/	/	/	/	未参赛
14	2002年韩国釜山	0	0	1	1	
15	2006年卡塔尔多哈	0	0	1	1	
16	2010年中国广州	0	2	1	3	
17	2014年韩国仁川	0	1	1	2	
18	2018年印度尼西亚雅加达	0	0	2	2	
总 计		0	5	8	13	

---

① [美]塔米姆·安萨利:《无规则游戏:阿富汗屡被中断的历史》,浙江人民出版社,2018年,第383—384页。

二、阿拉伯联合酋长国

国名：阿拉伯联合酋长国
首都：阿布扎比
面积：8.36万平方公里
人口：950万（2019年数据）
参加亚运会届数：11届（8—18）
承办亚运会届数：0届

阿拉伯联合酋长国（简称"阿联酋"）位于阿拉伯半岛东部，1971年12月2日宣告成立。阿联酋由7个酋长国组成，7国大小不等，最大的阿布扎比酋长国面积为67340平方公里，最小的阿治曼酋长国面积只有260平方公里，还不到前者的4%。阿联酋的国土遍布沙漠戈壁，但人家占了块好地——石油总储量和总产量都名列世界前茅，人称"油海七珍"[①]。建国之后，这个富得流油的国家依靠石油出口，成为世界上人均国民收入超高的国家之一。

借助石油美元，阿联酋成为世界上最富的国家之一，阿联酋的竞技体育在此基础之上也得到普及和发展。阿联酋第一个成立的体育运动组织是阿联酋足协，1971年成立，1972年加入国际足联。1990年世界杯亚洲区预选赛是阿联酋足球的高光时刻，这之前在亚洲足坛，不管是亚洲杯、亚运会……阿联酋什么值得一提的名次都没拿过，所以大家对阿联酋足球队还真没当回事。但这一年的预选赛，阿联酋队居然在亚洲区从一群"东亚虎""西亚狼"的口中抢得一张决赛圈入场券，尤其是对中国队的那场比赛，中国队1∶0领先的比分一直保持到距离终场前几分钟，却被阿联酋人在3分钟内连进两球，中国队1∶2输给阿联酋队，留下"黑色三分钟"的印记。足球踢进世界杯决赛圈的成绩可把阿联酋的酋长们给乐坏了，他们包下专机将球队接回，举行盛大的庆祝仪式，队员们每人奖励8万美元外

---

① 杨振武：《各国概况》（亚洲部分），世界知识出版社，1991年，第37页。

加一部奔驰汽车。

阿联酋竞技体育的开展有两个特色：

其一，打着深深的王室体育印痕。例如，参加2008年北京奥运会的阿联酋代表团由7名运动员组成，其中4人是"皇亲国戚"：参加跆拳道项目的是迪拜酋长的女儿梅萨公主；参加飞碟双向的赛义德和男子飞碟双多向的艾哈迈德是梅萨的堂兄；参加马术场地个人障碍赛的拉蒂法是梅萨的堂妹。王室成员对体育的关注度和参与度在相当大程度上决定着阿联酋竞技体育的发展方向。

其二，引领时尚的女子体育。阿联酋在阿拉伯国家中开放度高，与外部世界的交流紧密，迪拜作为世界知名的商业和旅游城市、中东地区的经济和金融中心，享有"中东威尼斯""世界黄金中心""海湾新娘"等各种美称，引领着这一地区的开放风气。所以，阿联酋的女子体育在阿拉伯国家中相对较为活跃，至21世纪初，国内有8个女子体育俱乐部。[①]2008年北京奥运会入场式，阿联酋代表团的旗手是梅萨公主，"裹着黑纱、面容端庄的优雅女性，给人留下了深刻印象"[②]。阿拉伯国家体育代表团由女性担任旗手，颇有点惊世骇俗。

阿联酋从1978年第8届亚运会起开始参会，打那之后一届不缺。阿联酋代表团在亚运会中的表现将上面两个特点发挥得淋漓尽致。2006年多哈亚运会，迪拜酋长的儿女们大放光彩：王子哈曼丹和弟兄们组队，夺得120公里马术耐力赛金牌；公主梅萨夺得女子跆拳道银牌，这也是阿联酋在亚运会上的第一块女子项目奖牌。阿联酋历史上首枚也是迄今为止唯一一枚奥运会金牌，是由上文提到的迪拜酋长的侄子、梅萨公主的堂兄艾哈迈德·穆罕默德·哈舍尔·马克图姆所获得。作为王子，艾哈迈德不差钱，他创办了阿联酋第一家射击俱乐部，雅典奥运会之前，他用自己的私人波音747飞机，接世界各地的飞碟好手去阿联酋和他一起练习、比赛，并请最好的教练指导。40岁的艾哈迈德在2004年雅典奥运会男子飞碟双多向项目中一举夺冠，为阿联酋实现奥运会金牌零的突破，成为阿联酋的国家英雄。"迪拜市政府用他的名字命名了一条街道，以此表彰他为阿联酋体育事业所做出的贡献。他得到了500万迪拉姆的奖金（约合850万元人民币），这是当时世界上最高数额的奥运冠军奖励。"[③]

阿联酋的民族体育中有两项非常出名：一项是传统马术运动。阿联酋曾多次举办阿拉

[①] 蔡伟良、陈杰：《当代阿拉伯联合酋长国社会与文化》，上海外语教育出版社，2007年，第281页。
[②] 蔡伟良、陈杰：《当代阿拉伯联合酋长国社会与文化》，上海外语教育出版社，2007年，第297页。
[③] 《环球人物》杂志社编：《百年政治家族》，现代出版社，2016年，第298页。

伯纯种马比赛。规模最大的一次是1998年12月在迪拜举行的中东地区首届世界纯种马锦标赛，来自45个国家的约1500名马术高手参加比赛。还有一项是骆驼比赛，这项比赛被看作是阿拉伯游牧民族历史最重要的传统之一。赛骆驼不仅是体育活动，也是传统文化的传承，是最受阿联酋民众喜爱的民间体育项目。阿联酋各地每年都要举行各种形式的骆驼比赛，国家每年组织一次以总统命名的骆驼大奖赛——扎耶德骆驼大奖赛，奖金1000万迪拉姆。[1]阿联酋迪拜媒体公司的Dubai Racing是"中东地区唯一的赛马赛骆驼电视频道。专门报道阿联酋的赛马赛骆驼相关信息"[2]。

---

[1] 蔡伟良、陈杰：《当代阿拉伯联合酋长国社会与文化》，上海外语教育出版社，2007年，第283页。
[2] 唐世鼎等：《"一带一路"国家媒体指南》，中国传媒大学出版社，2018年，第151页。

历届亚运会阿拉伯联合酋长国所获奖牌

届 数	举办时间与举办地	金 牌	银 牌	铜 牌	总 计	备 注
1	1951年印度新德里	/	/	/	/	未参赛
2	1954年菲律宾马尼拉	/	/	/	/	未参赛
3	1958年日本东京	/	/	/	/	未参赛
4	1962年印度尼西亚雅加达	/	/	/	/	未参赛
5	1966年泰国曼谷	/	/	/	/	未参赛
6	1970年泰国曼谷	/	/	/	/	未参赛
7	1974年伊朗德黑兰	/	/	/	/	未参赛
8	1978年泰国曼谷	0	0	0	0	
9	1982年印度新德里	0	0	0	0	
10	1986年韩国汉城	0	0	0	0	
11	1990年中国北京	0	0	0	0	
12	1994年日本广岛	0	1	3	4	
13	1998年泰国曼谷	0	1	1	2	
14	2002年韩国釜山	0	2	1	3	
15	2006年卡塔尔多哈	3	4	3	10	
16	2010年中国广州	0	4	1	5	
17	2014年韩国仁川	1	0	3	4	
18	2018年印度尼西亚雅加达	3	6	5	14	
总 计		7	18	17	42	

三、阿曼

国名：阿曼苏丹国

首都：马斯喀特

面积：30.95万平方公里

人口：462万（2019年数据）

参加亚运会届数：10届（9—18）

承办亚运会届数：0届

亚奥理事会官网这样描述阿曼："阿曼苏丹国是一个令人叹为观止的自然美景的国家，与历史和传说的万花筒交织在一起……阿曼在拥抱现代化和进步的同时，保留了其文化和遗产的核心方面，使其成为那些寻求真实阿拉伯体验的人的理想旅游目的地。"阿曼在阿拉伯国家当中有一点比较特殊，就是妇女具有一定的家庭和社会地位。妇女可以不带面纱，对陌生人也不回避，进行有礼貌的交谈。妇女有选举权和被选举权，出任政府公职，以及承担各种社会职务和工作。[①]

阿曼在1970年获得完全独立时，经济还十分落后，人均年收入仅为100美元。借助石油的收入，经济快速发展，2017年人均国内生产总值达到3.9万美元。阿曼政局稳定，与世无争，老百姓安居乐业，政府的体育活动也开展得轰轰烈烈。阿曼人最喜欢的运动项目是足球，"不管到学校还是村庄，都可以看到足球队，或在海滩上练球，或在体育场进行半专业或专业性的比赛"[②]。

阿曼本来是一个中国人不太知晓的国家，突然有一年，它的国名传遍中国大地。那是2001年10月7日，中国足球队在沈阳以1∶0战胜阿曼队，提前两轮获得2002年世界杯足球赛亚洲区预选赛的出线权。阿曼队成全了中国人的世界杯之梦，也让无数中国人记住了这

---

① 李叔藩：《最新各国概况——亚洲分册》，长春出版社，2007年，第185页。

② 黄培昭、苏丽雅：《当代阿曼苏丹国社会与文化》，上海外语教育出版社，2003年，第279页。

个国家的名字。不过，此一时彼一时也，2022年世界杯亚洲区预选赛，中国队与阿曼队又分在同一小组。中国队第一场1∶1打平，第二场0∶2负于阿曼队。在2022年国际足联最新公布的世界排名榜上，阿曼队排在世界第75，亚洲第9；中国队排在世界第79，亚洲第11。

除足球外，阿曼开展比较多的体育项目还有田径、曲棍球、排球等。阿曼1982年组建国家奥委会之后，于当年参加第9届亚运会，此后每届都出席。在1986年第10届汉城亚运会上，阿曼运动员穆·马尔基获得男子400米赛跑铜牌，为阿曼夺得第一块亚运会奖牌；1990年第11届北京亚运会，他获得了这一项目的金牌，这也是阿曼迄今为止在亚运会上获得的唯一金牌。

阿曼人非常喜爱赛马和赛骆驼，一匹优秀的赛驼价格甚至超过一辆劳斯莱斯轿车。不过，阿曼民间体育中最具部落文化色彩最受民众欢迎的，是"鹰猎"比赛。秋高气爽时节，各部落的"鹰猎"比赛拉开帷幕，在规定的时间内，看谁的鹰捕捉的猎物最多。这项民间体育活动兼具娱乐色彩，成绩关乎部落荣誉，胜者"能得到部落人的尊重，否则就会被人耻笑，没有地位"[①]。

[①] 韩志斌等：《阿曼》，大连海事大学出版社，2018年，第77页。

历届亚运会阿曼所获奖牌

届　数	举办时间与举办地	金　牌	银　牌	铜　牌	总　计	备　注
1	1951年印度新德里	/	/	/	/	未参赛
2	1954年菲律宾马尼拉	/	/	/	/	未参赛
3	1958年日本东京	/	/	/	/	未参赛
4	1962年印度尼西亚雅加达	/	/	/	/	未参赛
5	1966年泰国曼谷	/	/	/	/	未参赛
6	1970年泰国曼谷	/	/	/	/	未参赛
7	1974年伊朗德黑兰	/	/	/	/	未参赛
8	1978年泰国曼谷	/	/	/	/	未参赛
9	1982年印度新德里	0	0	0	0	
10	1986年韩国汉城	0	0	1	1	
11	1990年中国北京	1	0	0	1	
12	1994年日本广岛	0	0	0	0	
13	1998年泰国曼谷	0	0	1	1	
14	2002年韩国釜山	0	0	0	0	
15	2006年卡塔尔多哈	0	0	0	0	
16	2010年中国广州	0	0	1	1	
17	2014年韩国仁川	0	0	0	0	
18	2018年印度尼西亚雅加达	0	0	0	0	
总　计		1	0	3	4	

四、巴基斯坦

国名：巴基斯坦伊斯兰共和国

首都：伊斯兰堡

面积：79.6095万平方公里（不包括巴控克什米尔地区）

人口：2.08亿（2017年数据）

参加亚运会届数：17届（2—18）

承办亚运会届数：0届

巴基斯坦在独立之前，本是英属印度的组成部分。1947年，根据英国公布的《印度独立方案》（亦称"蒙巴顿方案"），将英属印度按照宗教信仰的原则，分为印度教教徒为主体的印度和伊斯兰教教徒为主体的巴基斯坦两个部分。1947年8月14日，巴基斯坦宣布独立，原英属印度分解为巴基斯坦和印度两个国家（参见：列传·印度）。

巴基斯坦与印度的独立过程也是分家过程，围绕着某些国土的归属闹得不可开交。两个国家宣布独立之后仅两个月——1947年10月，就为克什米尔土邦的归属干了一仗。两国的军队当时仍由英国军官指挥，只不过现在是各为其主——英国军官指挥的印度军队与英国军官指挥的巴基斯坦军队打得不亦乐乎；之后在1965年为克什米尔又打一仗。现在克什米尔地区巴基斯坦控制三分之一的地盘，印度占据三分之二的地盘，双方依然各不相让，小打小闹经常发生。1971年，双方又爆发史上第三次印巴战争，战争的结果是巴基斯坦战败，一部分领土独立出去成立孟加拉国。巴基斯坦国土遭到肢解，对印度更是旧恨加新仇，积怨难解，两国的关系一直不和睦，甚至势同水火。

印度的综合国力远远高于巴基斯坦，在印巴两国的冲突中明显占据上风，对巴基斯坦来说，如果能在体育赛场上找补回来，也算是出了胸中一口恶气。所以，印巴两国在体育竞技中经常把赛场视为战场，输给别家都好说，输给对方简直就是奇耻大辱。由于巴基斯坦与印度是按照宗教信仰的原则而不是民族或其他原则实行分治，巴基斯坦与印度可以说是同文同种，两国人民兴趣爱好也是十分相通，在两国开展得最普及和最受欢迎的体育项目非常相似。例如当年由英国人引入的曲棍球项目，在巴基斯坦和印度都享有国球的地位，双方的水平也势均力敌。曲棍球从第3届亚运会起被列为比赛项目，这也是亚洲具有世界水平的竞技体育项目，巴基斯坦和印度称得上是当世双雄。第3届亚运会曲棍球的比赛以循环赛方式进行，印巴两队战胜其他各队，而两队之间的比赛是0∶0战平，最后计算小分，巴基斯坦以净胜球多于印度队，获得亚运会曲棍球项目设置后的首枚金牌，而且凭借这枚金牌，巴基斯坦在奖牌榜上以比印度多1枚金牌的战绩排在印度前面。第4届亚运会巴基斯坦在决赛中2∶0战胜印度队蝉联冠军；第5届亚运会印度在冠亚军决赛中1∶0战胜巴基斯坦夺得金牌；之后从第6届到第9届亚运会，巴基斯坦每一届都在决赛中击败印度，连拿4届冠军。尤其是第9届新德里亚运会，这是在印度国土上举行的亚运会，印度队势在必得，媒体赛前将此战渲染为"火星撞地球"，印度总统辛格和总理英迪拉·甘地夫人以及众多政府要员都前来观战。比赛开始后，印度队首先得分，在这之后，巴基斯坦队有如神助，越战越勇，摧枯拉朽，最后居然以7∶1的比分狂胜印度队夺冠。[1]

印度队在自家的国土被巴基斯坦队痛扁，这个残酷事实对印度曲棍球运动的发展带来灾难性影响。在这之前的岁月里，虽然印度曲棍球队在亚运会的比赛中屡屡败给巴基斯坦队屈居亚军，但在更为重要的奥运会比赛中，印度队8获冠军，巴基斯坦队仅获得2次冠军。然而这次新德里亚运会惨败之后，印度的曲棍球居然有些一蹶不振，从此与奥运会奖牌无缘（直到近40年之后的2020年东京奥运会才又获得铜牌），其国球的地位也被板球取代。曲棍球大概是巴基斯坦人在竞技体育比赛中把印度人整得最惨的一个项目，同时也是巴基斯坦最高光的体育项目，迄今为止，巴基斯坦一共在奥运会上获得过3枚金牌，全部来自曲棍球。

不过，巴基斯坦曲棍球的优势地位只限于男性，女子就难觅踪迹，这个现象与巴基斯坦的国情有关。巴基斯坦驻华大使馆文化官员在接受中国记者采访时是这样解释的："巴基斯坦是伊斯兰教国家，就其风俗来说，女子穿裙不能露腿，而女子曲棍球需穿超短裙，这就受到'限制'。"[2]

由于第一次印巴克什米尔战争的因素，巴基斯坦缺席第1届亚运会。从1954年第2届亚运会开始，巴基斯坦届届不落。在亚运会早期阶段，巴基斯坦的竞赛成绩还是不错的，在奖牌榜上的位置有时还超过宿敌印度。随着亚运会参赛队伍的不断壮大，再加上巴基斯坦

---

[1] 肖梓树：《世界水平的曲棍球决赛》，《新体育》，1983年第1期，第40页。
[2] 丁岚：《别有特色的巴基斯坦体育——访巴基斯坦驻华大使馆新闻文化官员伊克巴尔》，《体育博览》，1988年第3期，第6页。

薄弱的经济实力无力给予体育更多的支撑，其竞赛成绩日益滑落，基本在中游徘徊，2018年雅加达亚运会，其排名更是跌落到史上最低的第34名。

历届亚运会巴基斯坦所获奖牌

届 数	举办时间与举办地	金 牌	银 牌	铜 牌	总 计	备 注
1	1951年印度新德里	/	/	/	/	未参赛
2	1954年菲律宾马尼拉	5	6	2	13	
3	1958年日本东京	6	11	9	26	
4	1962年印度尼西亚雅加达	8	11	8	27	
5	1966年泰国曼谷	2	4	2	8	
6	1970年泰国曼谷	1	2	7	10	
7	1974年伊朗德黑兰	2	0	9	11	
8	1978年泰国曼谷	4	4	9	17	
9	1982年印度新德里	3	3	5	11	
10	1986年韩国汉城	2	3	4	9	
11	1990年中国北京	4	1	7	12	
12	1994年日本广岛	0	4	6	10	
13	1998年泰国曼谷	2	4	9	15	
14	2002年韩国釜山	1	6	6	13	
15	2006年卡塔尔多哈	0	1	3	4	
16	2010年中国广州	3	2	3	8	
17	2014年韩国仁川	1	1	3	5	
18	2018年印度尼西亚雅加达	0	0	4	4	
总 计		44	63	96	203	

五、巴勒斯坦

国名：巴勒斯坦国

参加亚运会届数：8届（11—18）

承办亚运会届数：0届

巴勒斯坦是个非常特殊的国家，也可以说，它还不是真正意义上的独立国家。读者可以注意到，在本节的开头，巴勒斯坦的"首都""面积""人口"都没有标出，这是因为原本作为一个正常国家的基本数据，对于巴勒斯坦而言却显得不同寻常，需要加以长长的说明文字才能说清。所以，要想了解巴勒斯坦的体育事业和亚运会历程，我们首先需要扼要梳理一下当代巴勒斯坦的历史演变过程。

当代巴勒斯坦的历史与以色列紧紧纠缠在一起。巴勒斯坦地区位于欧亚非三大洲的交界处，战略地位十分重要，历史上此地经历过多个王朝或国家的统治，远古时代犹太民族的祖先也在此地开国立业，建立犹太国与以色列国，真可谓是"乱哄哄你方唱罢我登场"。犹太国和以色列国先后衰亡，犹太人逐渐离开巴勒斯坦地区流浪他乡，中世纪之后，阿拉伯帝国征服这一地区，阿拉伯人成为巴勒斯坦地区居民构成的主体。第一次世界大战结束后，巴勒斯坦地区的管辖权从战败国奥斯曼土耳其转到战胜国英国的手中。名义上，英国是受国际联盟的委托对巴勒斯坦进行管理，所以该地的正式名称是"英属巴勒斯坦委任统治地"。作为委任统治地，巴勒斯坦地区与英国传统的殖民地有所区别，英国人主要依托当地阿拉伯人士进行间接管理。此时，世界各地的犹太人在犹太复国主义大旗召唤下，不断向巴勒斯坦地区移民，希望在祖先的发祥之地重建犹太人的国家，加上纳粹德国疯狂迫害与屠杀犹太人，大批犹太人逃入巴勒斯坦，难民和移民数量的急剧增加导致犹太人和阿拉伯人的冲突愈演愈烈。第二次世界大战结束后，英国人打算放弃委任统治，将这一问题提交新成立的联合国处理。1947年9月召开的联合国大会围绕巴勒斯坦问题展开激烈争论；11月29日，联合国大会进行最后表决，以33票赞成，13票反对，10票弃权，超过三分之二的票数，通过著名的分治决议。决议规定：结束英国在巴勒斯坦的委任统治，在这块土地上建立阿拉伯国和犹太国。阿拉伯国的面积为11202平方公里，犹太国面积15850平方公里，耶路撒冷由于地位重要，阿犹双方争执不下，决定将其单独划为一个独立主体，由联合国管理（参见：列传·以色列）。①

阿拉伯世界坚决反对分治，1948年5月14日，犹太人根据联合国决议宣布建立新国家，国名以色列，首都特拉维夫。周边的埃及、叙利亚、约旦、黎巴嫩、伊拉克等国随即向其宣战，决心灭掉新生的以色列国，这就是第一次中东战争。战争的结果，阿拉伯国家战败，犹太人的国家以色列最终确立，而阿拉伯人的巴勒斯坦未能建国，联合国分治决议分给它的土地被三个国家三分天下：一部分被以色列占领，以色列实际控制区达到20700平方公里，比分治决议多出近5000平方公里；一部分也就是约旦河西岸被约旦占领，面积为5000多平方公里；还有一部分即加沙地带由埃及所占领，面积为300多平方公里；耶路撒冷的国际化也未实现，以色列和约旦各占一部分。

1967年6月，以色列与埃及、叙利亚和约旦三国又大战一场，这就是第三次中东战争。阿拉伯三国战败，约旦河西岸、加沙地带和耶路撒冷全部被以色列占领，也就是说，联合国分治决议中许给巴勒斯坦的地盘到此时就全部被以色列控制。

经过几十年的战争与和谈进程，1988年11月15日，在阿尔及利亚首都阿尔及尔举行的巴勒斯坦全国委员会特别会议通过《独立宣言》，宣布接受联合国决议，建立以耶路撒冷为首都的巴勒斯坦国。1993年9月，巴勒斯坦与以色列签署和平协议，根据协议，以色列同意将加沙地带和约旦河西岸的部分地区让巴勒斯坦人逐步实行自治。加沙与约旦河西岸这两个区域并不相连，中间隔着以色列的国土。

现在，让我们来看看巴勒斯坦的"面积""首都""人口"这些数据。

面积：这是一个动态的数据，巴以和约签订之后，巴勒斯坦自治区的面积在逐步扩大，目前为止，巴勒斯坦的自治区面积总共约2500平方公里（2022年数据）。

首都：以色列在第一次中东战争之后，逐步将一些中央机构从特拉维夫迁到耶路撒冷，并于1980年立法认定耶路撒冷是该国"永远的和不可分割的首都"。巴勒斯坦在1988年宣布耶路撒冷为该国的法定首都，但鉴于耶路撒冷在以色列实际控制之下，目前巴勒斯坦总统府等政府主要部门都设在约旦河西岸地区的临时首都拉马拉市（也译为拉姆安拉）。由于耶路撒冷的地位存在着重大争议，目前世界大多数国家对此采取冷处理，驻以

---

① 《联合国大会第二届会议关于巴勒斯坦将来治理（分治计划）问题的决议》，尹崇敬：《中东问题100年》，新华出版社，1999年，第29页。

色列的使馆仍留在特拉维夫未迁往耶路撒冷，以色列也有部分政府部门留在特拉维夫。

人口：约1350万（2020年数据），其中居住在约旦河西岸和加沙地带这些自治区域内的为510万，其余为在外难民和侨民（主要是周边的阿拉伯国家）。

几十年间，巴以关系成为中东地区矛盾与冲突的重要引爆点，1993年巴以和约签订之后，巴以双方依然关系紧张冲突不断，这种状况极大地限制了巴勒斯坦的发展，落后的经济与战乱的氛围，使巴勒斯坦的体育事业得不到良好的发展空间和条件，竞技水平自然也就相当低下。

巴勒斯坦第一次出现在亚运会是1990年北京亚运会，打那之后巴勒斯坦就没有缺席过亚运会。巴勒斯坦参加亚运会或奥运会的比赛，其代表团往往仅由几名甚至一两名运动员组成，成绩基本垫底，因而他们的出席更具有象征意义。巴勒斯坦稍微出色一些的运动员多在周边的阿拉伯国家训练或从事体育活动。巴勒斯坦的第1枚亚运会奖牌，来自2002年釜山亚运会，莫尼尔·阿布·齐谢克在男子拳击81公斤级比赛中获得铜牌，这也是迄今为止巴勒斯坦在亚运会上获得的唯一一枚奖牌。

2004年雅典奥运会时，巴勒斯坦派出由3名运动员组成的体育代表团前来参赛，其中来自加沙迪尔拜拉难民营的19岁姑娘莎拉·阿布·布什特，是巴勒斯坦历史上第一位奥运女选手，因为经济拮据，她只有一双跑鞋，在田径800米赛跑中虽然没有获得奖牌，依然赢得世人的赞誉。①

巴勒斯坦没有多少像样的体育设施，直到2008年，巴勒斯坦对一座名为侯赛尼的老球场进行翻新改造，终于有了第一座符合国际赛事标准的足球场。2008年10月26日，巴勒斯坦在此举行历史上首场国家队的主场比赛，时任国际足联主席布拉特也前来出席以示祝贺。

巴勒斯坦运动员的艰苦境遇，使他们获得国际上的同情。巴勒斯坦运动员参加亚运会和奥运会时，一般都会得到来自国际社会的资助。2018年雅加达亚运会，当巴勒斯坦代表团进场时，虽然他们人数很少，照样受到全场观众的起立鼓掌欢呼，场面十分隆重。国际社会近些年也加大了对巴勒斯坦体育事业的支持力度，2015年中国和巴勒斯坦两国政府签署援助换文，由中方向巴方提供22个体育场人工草坪及球门架等物资，帮助巴方发展体育事业和开展青少年体育运动。

---

① 张立涛：《让你大吃一惊的世界传奇人物》，江西美术出版社，2012年，第6页。

历届亚运会巴勒斯坦所获奖牌

届 数	举办时间与举办地	金 牌	银 牌	铜 牌	总 计	备 注
1	1951年印度新德里	/	/	/	/	未参赛
2	1954年菲律宾马尼拉	/	/	/	/	未参赛
3	1958年日本东京	/	/	/	/	未参赛
4	1962年印度尼西亚雅加达	/	/	/	/	未参赛
5	1966年泰国曼谷	/	/	/	/	未参赛
6	1970年泰国曼谷	/	/	/	/	未参赛
7	1974年伊朗德黑兰	/	/	/	/	未参赛
8	1978年泰国曼谷	/	/	/	/	未参赛
9	1982年印度新德里	/	/	/	/	未参赛
10	1986年韩国汉城	/	/	/	/	未参赛
11	1990年中国北京	0	0	0	0	
12	1994年日本广岛	0	0	0	0	
13	1998年泰国曼谷	0	0	0	0	
14	2002年韩国釜山	0	0	1	1	
15	2006年卡塔尔多哈	0	0	0	0	
16	2010年中国广州	0	0	0	0	
17	2014年韩国仁川	0	0	0	0	
18	2018年印度尼西亚雅加达	0	0	0	0	
总 计		0	0	1	1	

六、巴林

国名：巴林王国

首都：麦纳麦

面积：779.95平方公里

人口：150万（其中巴林籍公民67.7万，占45%）

参加亚运会届数：12届（7—18）

承办亚运会届数：0届

巴林王国的面积很小，排在亚洲倒数第三。从领土构成来看，巴林与排在倒数第一的马尔代夫相类似，都是由群岛组成的小岛国，巴林全国由33个岛屿组成；从国家的经济水平和结构来看，巴林又颇似新加坡，巴林是海湾地区著名的商业和金融中心，有"阿拉伯世界的苏黎世"之称。石油、天然气和金融是巴林经济的支柱产业。

史书记载"巴林人多为祖居沙漠的贝都因人的后代，沿袭了祖先的生活方式"[1]，加上巴林地处波斯湾之滨，所以赛马、猎鹰和钓鱼成为巴林人喜爱的传统体育和娱乐项目。凭借强大的经济实力，土地面积微小、人口数量有限的巴林在竞技体育方面取得了骄人战绩。巴林从1974年开始参加亚运会，艾·哈马达在1982年第9届亚运会上获得男子400米栏铜牌，为巴林夺得亚运会首枚奖牌，接着他在1986年第10届亚运会上又把奖牌的成色变成金色，为巴林夺得参加亚运会以来的首枚金牌。哈马达400米栏的实力在亚洲一时无双，人送外号"亚洲摩西"。不过之后的3届亚运会，巴林在奖牌上颗粒无收。

进入21世纪之后，巴林体育战绩一路走红，在21世纪举行的5届亚运会上，巴林获得金牌的数量分别是：

2002年釜山亚运会3枚；2006年多哈亚运会7枚；2010年广州亚运会5枚；2014年仁川亚运会9枚；2018年雅加达亚运会12枚。

---

[1] 韩志斌等：《巴林》，大连海事大学出版社，2018年，第91页。

这些金牌数足以使巴林这个蕞尔小国跻身亚运会金牌榜的第二集团。巴林的金牌基本来自田径，2006年多哈亚运会上，巴林女子田径运动员阿尔加萨拉裹着头巾，长袖长裤，在女子200米短跑决赛中，战胜其他短装打扮的对手，一举夺冠，媒体奉送美名"头巾女飞人"，并且猜测：如果她一身短衣短裤出场将会缔造出何等的成绩呢？

除少数如阿尔加萨拉这样的本土阿拉伯女性运动员之外，巴林其他的金牌大多数来自归化运动员的贡献。归化之路并非巴林的专利，西亚国家尤其是海湾产油国都中意此捷径。归化运动员多数集中在田径项目，因为田径多为个人项目，一两个"牛人"往往就能呼风唤雨。据统计2014年仁川亚运会共有46名归化运动员，媒体将这一现象称为"亚运会正朝着奥运会'国际化'演变"[1]。田径项目以往是东亚占据统治地位，中日韩三国包揽大多数金牌，自从归化之风吹入之后，情况发生极大改变。2018年雅加达亚运会的田径赛场尤其是中长跑项目，更是被媒体戏称为亚非对抗赛，这是因为争金夺银的许多高手都是归化运动员，大部分来自非洲，并且集中于尼日利亚。巴林代表团在这一届亚运会田径比赛中出尽风头，其归化运动员的成绩放在世界田径赛场上亦可名列前茅。原籍尼日利亚的20岁女运动员纳赛尔在本届亚运会上，一人获得400米、4×100米接力、男女混合4×400米接力3枚金牌。亚运会田径比赛一结束，纳赛尔立刻乘飞机赶赴比利时布鲁塞尔参加国际田联钻石联赛总决赛，又获得年度400米总冠军。纳赛尔把亚洲纪录提高到49秒08，这一成绩足以在2000年以来的历届亚运会上获得金牌。

巴林在2018年雅加达亚运会上所获得的12枚金牌全部来自田径，这一战绩排在田径项目金牌榜第二，差点把传统的亚洲田径老大中国掀下马去。中国队的田径战绩也是12金，田径比赛最后一个项目是女子4×400米接力，赛前中国与巴林在田径项目上各以12枚金牌战平，幸亏印度队在决赛中战胜巴林队，否则田径金牌榜的老大就将是巴林队而不是中国队，最后中国队仅以银牌多过巴林队排在第一。巴林依靠归化运动员在田径项目上强势崛起，彻底改变了亚洲田坛原来中日争霸的传统格局，有研究者认为："可以预见在未来的很长时间内，亚洲田坛将会出现'中巴争霸'的新格局。"[2]

---

[1] 佚名：《归化运动员》，《新体育》，2014年第10期，第18页。
[2] 辛坤宗等：《第18届亚运会田径比赛综述》，《四川体育科学》，2019年第3期，第25页。

历届亚运会巴林所获奖牌

届　数	举办时间与举办地	金　牌	银　牌	铜　牌	总　计	备　注
1	1951年印度新德里	/	/	/	/	未参赛
2	1954年菲律宾马尼拉	/	/	/	/	未参赛
3	1958年日本东京	/	/	/	/	未参赛
4	1962年印度尼西亚雅加达	/	/	/	/	未参赛
5	1966年泰国曼谷	/	/	/	/	未参赛
6	1970年泰国曼谷	/	/	/	/	未参赛
7	1974年伊朗德黑兰	0	0	0	0	
8	1978年泰国曼谷	0	0	0	0	
9	1982年印度新德里	0	0	1	1	
10	1986年韩国汉城	1	0	1	2	
11	1990年中国北京	0	0	0	0	
12	1994年日本广岛	0	0	0	0	
13	1998年泰国曼谷	0	0	0	0	
14	2002年韩国釜山	3	2	2	7	
15	2006年卡塔尔多哈	7	10	4	21	
16	2010年中国广州	5	0	4	9	
17	2014年韩国仁川	9	6	4	19	
18	2018年印度尼西亚雅加达	12	7	7	26	
总　计		37	25	23	85	

七、不丹

国名：不丹王国

首都：廷布

面积：约3.8万平方公里

人口：约74.9万（2020年数据）

参加亚运会届数：9届（10—18）

承办亚运会届数：0届

不丹是位于喜马拉雅山麓的一个小国，但还算不上是蕞尔小国，论国土面积不丹将近4万平方公里，大约排在世界第130多位，比不丹还小的国家尚有七八十个。

不丹是中国周边邻国中唯一没有与中国建交的国家。虽说不丹没有与中国建交，但不丹与中国的渊源却很久远，当年它曾是吐蕃王朝的属地，后来一度成为中国西藏的藩属国。我们只要看看当今不丹王国的国旗，再看看当年大清国的国旗，比较一下两面国旗上那只形象酷肖的飞龙，就会感受到历史岁月遗留的雪泥鸿爪。

近代时期印度成为英国的殖民地，英国势力在进入印度的同时也进入不丹，最终不丹成为英国的保护国，不丹就此与中国脱离藩属关系。1947年印度独立后，印度认为理应由它继承英不之间这一隶属关系，"2007年两国虽然修约，签订了新的、更趋平等性的《印不友好条约》，但不丹对印度在各个领域的依赖并未降低"[1]。不丹的国防与外交仍然受到印度的控制，所以不丹是一个并未拥有完全外交和国防自主权的国家。

由于地理环境的限制，不丹的经济发展水平很低，是全球最不发达国家之一，但是这并不妨碍不丹人乐观的生活心态。居住在喜马拉雅山脉的不丹人声称自己"离世界最远，离太阳最近"，20世纪70年代，不丹年轻的第四世国王旺楚克提出："国民幸福总值比国民生产总值更重要。"由这个毫不起眼的国家不丹提出衡量人类精神生活的"幸福指数"

---

[1] 陈翔：《中国与不丹关系发展现状与前景探析》，《国际研究参考》，2015年第3期，第17页。

这一概念，逐渐被世界所接受，并且公认不丹是全球幸福指数最高的国家之一。

不丹人对于竞技体育运动也持有平和心态。不丹国内开展最为广泛的运动是射箭，作为不丹的传统体育活动，"射箭竞赛既是大众喜闻乐见的娱乐项目，也代表了不丹的文化特色"①。不丹自1984年开始参加奥运会，当时派出的就是一支由3男3女组成的射箭队，之后不丹在每届奥运会上都派遣射箭选手参赛。

不丹第一次亮相亚运会赛场是1986年第10届汉城亚运会，他们派出的运动员平均年龄为31.5岁，排在各体育代表团之首，被媒体戏称为"老爷兵"②。在男子射箭比赛中，不丹出场选手名叫多兹·芬尼，此人身份是"驸马爷"——不丹国王的女婿。不丹自参加亚运会以来从未得过任何奖牌，排名总是垫底，对于这一点，前来参加1990年北京亚运会的不丹体育代表团团长在接受中国记者采访时说："我们虽然只派了四名运动员，参加一个项目的比赛，也无夺魁的希望，但是我们还是来参加了。目的是要寻求友谊，是要让世界知道，在亚洲人民团结友谊进步的行列中，有一个国家叫不丹。"③他的讲话很好地诠释了不丹人对于"重在参与"奥林匹克精神的理解。

有趣的是，比赛成绩太差排名垫底也会被人惦记，不丹就被人家惦记上一回。话说荷兰有一位名叫Kessels Kramer的制片商，在2002年足球世界杯决赛前忽然间灵感来袭，"脑洞"大开。他认为：世界杯是世界上足球水平最高的比赛，但只要想看，通过电视转播人人都可以观看；但是，世界上水平最低的两支球队之间的国际比赛，这世界上恐怕没人看过也没地去看吧？这位老兄于是找来国际足联公布的当年世界足球排名表，把排名最末尾的两支球队挑了出来——确实还都是地球上犄角旮旯的地方。排名倒数第一的叫作蒙特塞拉特，此乃加勒比海之中一个小岛，属于英国的海外领地，全岛人口只有几千人，绝对的弹丸之地；排名倒数第二的就是咱们亚洲的不丹王国。足球恰恰是不丹最受民众欢迎的体育项目之一，④他们还拥有一个由10支球队组成的不丹足球联赛，只是不丹地处偏僻，球队很少参加国际赛事，不丹队第一次参加洲一级的大型国际足球赛事是2000年亚洲杯预选赛，结果让科威特队灌了个0∶20。荷兰制片商选择2002年6月30日，也就是世界杯足球赛世界顶级球队冠亚军决赛的同一个时刻，安排这两支球队在不丹的首都廷布打一场

---

① ［澳］Lonely Planet公司编：《不丹》，中国地图出版社，2019年，第242页。
② 肖明：《亚运会花絮》，《当代体育》，1986年第10期，第25页。
③ 王保石：《贯彻亚运会宗旨，赢得千万听众——记国际台对南亚各国的亚运报道》，《国际广播论文集》（第2辑），中国国际广播出版社，1992年，第398页。
④ 第16届亚运会组委会宣传部：《亚运历史与文化》，广东世界图书出版公司，2010年，第76页。

世界垫底球队之间的决赛，比赛过程拍成一部纪录片，取名为《另一个决赛》。垫底队的决赛结果，不丹以4∶0打败倒数第一的蒙特塞拉特，倒也对得起倒数第二的名头。不丹用这种很另类的方式，也算是参加了2002年这一届世界杯。

历届亚运会不丹所获奖牌

届 数	举办时间与举办地	金 牌	银 牌	铜 牌	总 计	备 注
1	1951年印度新德里	/	/	/	/	未参赛
2	1954年菲律宾马尼拉	/	/	/	/	未参赛
3	1958年日本东京	/	/	/	/	未参赛
4	1962年印度尼西亚雅加达	/	/	/	/	未参赛
5	1966年泰国曼谷	/	/	/	/	未参赛
6	1970年泰国曼谷	/	/	/	/	未参赛
7	1974年伊朗德黑兰	/	/	/	/	未参赛
8	1978年泰国曼谷	/	/	/	/	未参赛
9	1982年印度新德里	/	/	/	/	未参赛
10	1986年韩国汉城	0	0	0	0	
11	1990年中国北京	0	0	0	0	
12	1994年日本广岛	0	0	0	0	
13	1998年泰国曼谷	0	0	0	0	
14	2002年韩国釜山	0	0	0	0	
15	2006年卡塔尔多哈	0	0	0	0	
16	2010年中国广州	0	0	0	0	
17	2014年韩国仁川	0	0	0	0	
18	2018年印度尼西亚雅加达	0	0	0	0	
	总 计	0	0	0	0	

八、朝鲜

国名：朝鲜民主主义人民共和国

首都：平壤

面积：12.3万平方公里

人口：约2500万

参加亚运会届数：10届（7—9、11、13—18）

承办亚运会届数：0届

朝鲜位于朝鲜半岛的北部。古代时期，朝鲜半岛曾出现若干个国家，其间分分合合。"10世纪初，高丽王朝统一朝鲜半岛；14世纪末，李氏王朝取代高丽，国号朝鲜，经历约500年。"[①]1894年甲午战争之后，朝鲜被日本逐步吞并。1945年第二次世界大战结束，日本战败，美国和苏联分区占领朝鲜，朝鲜得以摆脱殖民地身份。在美苏对抗的国际政治背景下，朝鲜半岛未能形成统一的国家，分裂为朝鲜与韩国两个国家。1948年9月9日，朝鲜民主主义人民共和国成立，定都平壤。

在冷战的年代，朝鲜和韩国分属于社会主义和资本主义两个对抗的阵营。正是因为朝鲜半岛的分裂和两大阵营的对抗，导致1950年朝鲜战争的爆发。1953年朝鲜战争停战之后，朝鲜和韩国各自走上发展之路。1991年9月17日，朝鲜和韩国同时加入联合国，成为联合国第160个和第161个成员国。

两大阵营冷战对抗的背景以及朝鲜半岛朝韩关系的紧张局面，使得朝鲜没有参加1970年之前的6届亚运会，同时它也极少参加国际性的体育比赛，所以朝鲜的竞技体育实力总让世人有雾里看花扑朔迷离的感觉，但是偶露峥嵘，却会技惊四座。其中最典型的案例，当属朝鲜足球队在1966年第8届世界杯决赛圈中的表现。这一届世界杯亚洲区预选赛，只有朝鲜和韩国两支球队竞争，韩国队在比赛前宣布弃权。韩国队弃权原因，一种说法是因

---

① 世界知识年鉴编辑委员会：《世界知识年鉴1982》，世界知识出版社，1982年，第50页。

为朝韩这两兄弟在政治上是死对头，没有交往，国际足联于是安排两队到第三国柬埔寨的中立场地进行比赛，但是韩国队认为柬埔寨与朝鲜之间关系很热乎，这种安排等于送半个主场给朝鲜，因而以弃权表示不满；还有一个说法，就是论当时朝鲜半岛这两兄弟的足球实力，韩国足球还不是朝鲜足球的对手，鉴于两国所处的敌对状态，若在球场上输给"北部敌人"，对韩国人心理打击太大，所以韩国情愿向国际足联缴纳5000美元罚款也决意弃权。这样，朝鲜在预选赛中一场球没踢就来到世界杯决赛圈。在小组赛中，朝鲜队首战负于苏联队，次战与智利队战平，最后与老牌世界冠军意大利队争夺小组出线权。朝鲜队在没有任何人看好的情况下，出人意料地以1：0战胜意大利队，将对手淘汰出局，进入前8名（当时世界杯决赛圈为16队）。这一战被国际足联称为"世界杯历史上最大的冷门之一"[1]，朝鲜创造了亚洲球队第一次战胜世界冠军级别球队的纪录。

朝鲜与中国同步，自1974年第7届亚运会开始参加亚运会的比赛。朝鲜在射击和举重等项目上实力不凡。朝鲜射击队中不少选手来自朝鲜人民军，他们在第7届亚运会射击项目总共22枚金牌中拿下10枚，成为这一项目的王者。关于朝鲜在第7届亚运会获得的奖牌数和奖牌榜上的位次，存在着不同说法。中国出版的书籍中，朝鲜获得的奖牌数为金牌15，银牌13，铜牌18，排在奖牌榜第5位，前4位分别是日本、伊朗、中国和韩国；朝鲜方面公布的金牌数是18，超过韩国的16枚金牌，因而奖牌榜上位次正好与韩国颠倒一下。统计数据之所以出现3枚金牌的出入，在于举重项目110公斤以上级的比赛中，朝鲜运动员金仲一获得抓举、挺举和总成绩三项第一名，但"亚运会竞赛部宣布金仲一服禁用药物，未将其成绩列入亚运会成绩公报。朝鲜代表团提出抗议，否认服用药物，并指出化验程序及方法均不符规定，拒绝接受这一决定"[2]。

朝鲜在之后所参加的数届亚运会上，继续扮演着黑马角色或频频制造爆冷场面。

1978年第8届曼谷亚运会，朝鲜力压东道主泰国，奖牌榜位次排在日中韩之后名列第4。这一届亚运会女子体操比赛，朝鲜冒出来一个年仅12岁的小将崔贞实（有的资料中为崔真实），这位亚运会参赛选手中年龄最小的运动员从当时女子体操的亚洲霸主中国队手中夺走跳马冠军，使中国女队未能包揽全部金牌。

1982年新德里亚运会，朝鲜又力压东道主印度，奖牌榜位次排在中日韩之后仍是第4。崔贞实继续上演4年前同样一幕，这次她获得自由体操冠军，使中国女队又没能包揽全

---

[1] 国际足联世界足球博物馆：《世界杯官方传记》，北京日报出版社，2018年，第99页。
[2] 中国体育年鉴编辑委员会：《中国体育年鉴1973—1974》，人民体育出版社，1982年，第77页。

部金牌。这届亚运会朝鲜代表团中最闪亮的人物是来自朝鲜人民军的男子射击运动员西吉山（有的资料中为徐吉山或平吉山）。这位29岁的选手1971年入伍，参赛时是朝鲜人民军的一名排长。西吉山自上届曼谷亚运会开始参赛，当时成绩并不理想，但这届亚运会他在射击比赛中获得4枚个人金牌，和队友合作又获得3枚团体金牌，7次登上冠军领奖台，成为亚运会历史上在一届比赛中获金牌最多的运动员。[1]

由于朝韩关系的紧张状态，朝鲜缺席了1986年汉城亚运会。1990年第11届亚运会在北京举行，朝鲜觉得这是一个比较友好和适宜的环境，有利于取得好成绩。为此，朝鲜专门搞了一个"亚运工程"计划，"朝鲜政府增拨体育经费300万美元，并采用封闭式强化训练法对300名选手进行集训"[2]；派出500多人的体育代表团和1300名啦啦队员前来北京，计划在亚运会上获得20—25枚金牌，力争奖牌榜第4。朝鲜方面积极备战，将足球队派往巴西巡回训练和比赛；将体操、赛艇、举重、摔跤等项目的运动员送到苏联等地训练；聘请苏联等国教练前来指导艺术体操、游泳等项目的训练。[3]朝鲜最终实现了继续保持奖牌榜第4名这一目标，但是金牌数只有12枚，与计划目标差距较大。被寄予厚望的著名射击选手西吉山，由于朝鲜连续抵制1984年洛杉矶奥运会、1986年汉城亚运会和1988年汉城奥运会，使他失去续展辉煌的机会，待到1990年北京亚运会时，他的运动巅峰期已过，又缺少世界大赛的磨炼，最终仅在气手枪比赛中获得1枚个人铜牌。

到北京亚运会为止，朝鲜在亚运会上始终处于第二集团领头羊的地位，从这以后朝鲜在亚运会上再也无法达到这样的高度。朝鲜缺席了1994年第12届广岛亚运会，参加了1998年第13届亚运会以来的历届亚运会，在奖牌榜上的位次一般处在第二集团的中游。

朝鲜体育的管理体制与中国源出同门，因国力有限，经济投入和训练条件与中国相比有天壤之别，但朝鲜运动员在国际体育比赛中屡屡爆出冷门创出佳绩，引起中国媒体的重视。1998年曼谷亚运会时，新华社记者关注和探析了这一现象："朝鲜队频创佳绩……还不知朝鲜选手又在何处冒出来。近年来，朝鲜体育界的大门几乎是关闭的，很少有队出国参赛，出外训练也不多。而缺乏交流的朝鲜人却能在'闭门'的情况下造出'好车'来，靠的是什么？竞技体育发展需要资金，需要训练，更需要良好的精神状态。从'闭门'可以看出，朝鲜体育界资金不足，但他们训练的刻苦是出了名的。更令人交口称赞的是，他们在赛场上沉着坚定、不畏强手、敢于搏杀、斗志高昂，也正因为

---

[1] 肖振荣、高殿民：《独得四块金牌的神枪手》，《新体育》，1983年第1期，第39页。
[2] 筱文：《亚洲雄风——亚运会主要会员国体育实力简谱》，《辽宁体育》，1990年第7期，第21页。
[3] 李春花：《朝鲜的"亚运工程"》，《新体育》，1990年第8期，第42页。

如此，常能超水平发挥。"①

朝鲜虽然经济实力不强，但在体育设施建设和运动员待遇方面还是舍得投入的。朝鲜的五一体育场因为经常上演大型团体操"阿里郎"而国际知名，"其实，五一体育场原本是一座约可容纳15万观众的足球场，自1989年5月1日建成后，便成为世界上最大的足球场，至今仍保持这一桂冠"。"朝鲜国家运动员的待遇很好，衣食住行都会得到政府的充分保障，还会被安排进入体育大学学习……因此，成为一名优秀的国家级运动员，是很多朝鲜青少年的梦想。"②

朝鲜参加亚运会的历程，也是东亚地区地缘政治与朝鲜半岛地区国际关系演变的真实写照。朝鲜自1974年开始参加亚运会，其间所缺席的1986年汉城亚运会和1994年广岛亚运会，就是与东亚地区以及朝韩之间的对抗密切相关。体育赛会并非世外桃源，现实国际关系中的对峙与冲突常常会被带入赛场。朝鲜第一次出现在1974年德黑兰第7届亚运会时，赛会组织方为防备朝鲜与韩国两方在赛场发生不愉快事件，可谓煞费苦心，在赛程安排上尽量将朝鲜和韩国运动员分在不同小组，尤其是一些身体接触的比赛项目更是如此，以免发生冲突或罢赛。从赛况来看：排球、乒乓球等非身体接触的比赛，朝韩双方在赛场相遇时相安无事。最让主办方担心的是足球，好在那时韩国足球水平有限，小组赛一平二负，根本无法出线，也就无缘与朝鲜相遇。男篮则相反，朝鲜男篮小组没出线，碰不上韩国。唯一的例外是女篮比赛，一共只有5个队（中国、日本、伊朗、朝鲜与韩国），参赛队太少没法分组，只能打循环赛，结果朝鲜女篮对韩国女篮那场比赛，朝鲜队宣布弃权，理由是裁判不公。

其实，朝韩双方在赛场上也会展现出乎主办方意料之外的友好表现。1978年第8届曼谷亚运会，进入足球冠军决赛的正是朝鲜队与韩国队。泰国方面为此高度紧张，担心两方在足球比赛时因为身体接触造成情绪失控引发冲突事件，组委会调集将近3000名防暴警察到场以防不测。结果比赛场面让组委会大大松了一口气：运动员们完全遵守竞赛规则，互相搀扶对方倒地球员，友好场面层出不穷。比赛结束时比分为0：0，根据那时的规则，双方并列冠军，可谓皆大欢喜。登台领奖时，朝韩双方用抛硬币决定上台领奖顺序，朝鲜队首先登上领奖台，双方队员热烈鼓掌，相互握手祝贺。③

---

① 梁金雄、王俊璞：《"闭门"也能造"好车"——朝鲜运动员屡爆冷门的启示》，郭超人主编：《新华社优秀新闻作品选集·体育新闻选（1949—1999）》，新华出版社，1999年，第372页。
② 王木可：《举国体制下的朝鲜体育》，《世界知识》，2010年第14期，第33页。
③ 雷青峰：《阅尽沧桑话亚运》，新世纪出版社，2009年，第39页。

"体育运动作为一种文化符号是反映朝韩关系的风向标。"①虽然朝韩关系的紧张状态影响朝鲜参加亚运会的历程，但从宏观视角看，亚运会在朝韩关系中更多是发挥润滑剂和缓冲带的作用。正是通过亚运会这个平台，朝韩双方的紧张状态得以缓和，朝鲜也通过亚运会让韩国和世界增进了对朝鲜的了解，在一定程度上改变了原有的认知，2002年釜山亚运会是其中最经典的案例。在釜山亚运会之前，朝韩两国已经有过频繁的体育交往：1991年组建朝韩联队参加在日本举行的第41届世界乒乓球锦标赛，在决赛中击败中国女队夺得女子团体冠军；2000年悉尼奥运会，朝韩双方运动员身着统一服装，共举朝鲜半岛旗出席开幕式。不过，朝鲜派遣体育代表团赴韩国参加亚运会这样规模的大型综合性运动会还是第一次。这次朝韩双方不仅共举朝鲜半岛旗一同进场，而且还各自选派一名运动员担任最后一棒火炬手，由两人携手点燃主火炬台。这两名火炬手，朝鲜派出的是22岁的桂顺姬，她是1996年亚特兰大奥运会女子柔道48公斤级金牌和2000年悉尼奥运会女子柔道52公斤级铜牌获得者；韩国派出的是52岁的河亨柱，他是1984年洛杉矶奥运会男子柔道95公斤级金牌得主（参见：列传·韩国）。这里有一个有趣的民族文化现象：点燃圣火的一男一女两名火炬手，是按照朝鲜半岛传统的"南男北女"习俗安排的。所谓"南男北女"，是朝鲜民族认为生长在半岛南方的男性比较强健，有男子气概；女性则是越往北越温柔、越具女人味，因为寒冷贫寒的土壤往往能孕育出美人，所以朝鲜半岛北方盛产美女。②"南男北女"这一特点在朝鲜啦啦队身上得到极好展现：啦啦队由年轻女性组成，个个相貌俊美、青春逼人，助威动作整齐划一、姿态优美。朝鲜啦啦队已成为朝鲜体育文化的重要组成部分，在国际上享有盛名。

中国观众第一次欣赏到朝鲜啦啦队是1990年北京亚运会。当朝鲜的美女啦啦队与韩国的观众啦啦队出现在同一个看台时，北京亚运会组委会还挺紧张，赶紧派出保安力量打算将两边的人分分开，防止意外事故，结果看到"他们双方拥抱在一起，不是打架，而是亲近"，他们说"我们啦啦队是一家，不用隔开"③，组委会于是将保安人员撤换下来。朝鲜啦啦队活跃于北京亚运会的各个赛场表演、助威。最精彩的一幕出现在乒乓球团体半决赛赛场，体育馆场地中央的两张球台上，男子团体半决赛的双方是朝鲜队与中国队，女子

---

① 邵凯：《命运共同体：奥林匹克背景下的朝韩体育关系研究》，《沈阳体育学院学报》，2018年第3期，第24页。
② ［韩］赵英焕：《天哪！男人这样看我们——资深毒舌男首度披露的女性观察报告》，漓江出版社，2011年，第202页。
③ 肖复兴：《开幕式前后的张百发》，《新体育》，1990年第10期，第17页。

团体半决赛的双方是朝鲜队与韩国队，4支上场比赛的球队中竟然有3支来自朝鲜半岛。朝鲜美女啦啦队与韩国观众啦啦队成为体育馆看台上的主角，两方一边竞争对抗，一边又协同合作：女团半决赛，两方啦啦队各自为自己的球队加油；男团半决赛，两方的啦啦队又一起为朝鲜队呐喊，口号声、歌声、响板声充斥着体育场。在啦啦队的助威声中，朝鲜男队气势如虹，亚运会开赛后第一个大冷门爆出来：朝鲜男队以5∶1战胜中国男队，这也是他们第一次在重大国际比赛中战胜中国队。比赛结束时，"两支啦啦队都不约而同地摇旗呐喊，欣喜若狂，继之，共同唱起了那支南北双方都喜欢的民歌《阿里郎》"[①]。

据媒体报道，朝鲜啦啦队员的选拔非常严苛，"成员都经过了层层选拔、严格考核政审，入选后进行了表演、形体和礼仪等专业训练"[②]。啦啦队跟随朝鲜运动队出没于世界各个赛场，釜山亚运会当然是展现形象的最佳时机，朝鲜派出由200多名年轻女性组成的啦啦队，所到之处无不成为关注焦点，绝对是看台上和赛场中最靓丽的风景，媒体称之为"惊艳韩国"。

2018年第18届雅加达亚运会时，朝韩之间的联手又玩出新花样：朝鲜与韩国既分别派出体育代表团参加亚运会，还另行组建一支朝韩联队前来参赛，也就是说，这两个国家共派出3支队伍。这种场景的发生，非常直观地表现出亚洲体育与地缘政治的贴合度——亚洲的国家和体育组织为了亚洲地区国际关系的良性发展，乐于将游戏规则做出相应的调整。

朝韩联队共参加雅加达亚运会赛艇、龙舟和篮球3个大项6个小项的比赛，都是合作性的集体比赛项目，获得1金1银2铜总计4枚奖牌，分别是：龙舟男子500米直道竞速金牌；女子篮球银牌；龙舟女子200米直道竞速铜牌和男子1000米直道竞速铜牌。其中女篮这块银牌得来不易，朝韩女篮联队由3名朝鲜选手和9名韩国选手组成，都是双方的顶尖高手。她们虽然在小组赛中以85∶87负于中国台北队，但之后一路奏凯，打进决赛，与中国女篮进行了一场紧张激烈的决赛，双方在上半场38∶38战平，最后以65∶71微弱分差输给中国女篮，获得亚军。

---

① 王家力：《哦，亚运啦啦队……》，《新体育》，1990年第10期，第47页。
② 冯彬：《体育能让朝鲜半岛"哥俩好"》，《廉政瞭望》，2018年第2期，第86页。

历届亚运会朝鲜所获奖牌

届 数	举办时间与举办地	金 牌	银 牌	铜 牌	总 计	备 注
1	1951年印度新德里	/	/	/	/	未参赛
2	1954年菲律宾马尼拉	/	/	/	/	未参赛
3	1958年日本东京	/	/	/	/	未参赛
4	1962年印度尼西亚雅加达	/	/	/	/	未参赛
5	1966年泰国曼谷	/	/	/	/	未参赛
6	1970年泰国曼谷	/	/	/	/	未参赛
7	1974年伊朗德黑兰	15	13	18	46	
8	1978年泰国曼谷	15	13	15	43	
9	1982年印度新德里	17	19	20	56	
10	1986年韩国汉城	/	/	/	/	未参赛
11	1990年中国北京	12	31	39	82	
12	1994年日本广岛	/	/	/	/	未参赛
13	1998年泰国曼谷	7	14	12	33	
14	2002年韩国釜山	9	11	13	33	
15	2006年卡塔尔多哈	6	9	16	31	
16	2010年中国广州	6	10	20	36	
17	2014年韩国仁川	11	11	14	36	
18	2018年印度尼西亚雅加达	12	12	13	37	
总 计		110	143	180	433	

九、东帝汶

国名：东帝汶民主共和国

首都：帝力

面积：1.5007万平方公里

人口：132万（2020年数据）

参加亚运会届数：5届（14—18）

承办亚运会届数：0届

东帝汶位于帝汶岛上，它的地理位置非常特殊，处于两个大洲（亚洲和大洋洲）与两个大洋（太平洋和印度洋）的交界处。在殖民主义时代，东帝汶地区曾经先后被葡萄牙、荷兰、英国等若干国家统治，最后成为葡萄牙的海外省。1975年11月28日，东帝汶脱离葡萄牙的统治宣布独立，9天之后，印度尼西亚大举出兵，占领东帝汶，并将其列为印度尼西亚的第27个省。对于印度尼西亚的行为，联合国与国际社会基本上都不予承认，东帝汶境内一直存在反对印度尼西亚占领的武装活动。进入20世纪90年代之后，在国际社会的制裁和东帝汶内部武装反抗的双重压力下，印度尼西亚开始让步。联合国派出多国维和部队与维和警察来到东帝汶，在联合国主持下，东帝汶终获真正独立。2002年5月20日，东帝汶民主共和国举行盛大的独立日庆典，东帝汶也成为当时世界上最年轻的国家；这个纪录后来被非洲于2011年建立的南苏丹共和国打破。虽然世界纪录被打破，最年轻国家的亚洲纪录仍是东帝汶的。

独立之初的东帝汶国力衰弱，作为一个农业人口占总人口90%的国家，建国前夕2001年的人均国内生产总值只有478美元。但是这个新生国家表现出积极进取的外向态势，2002年5月才获得真正独立，3个月之后的8月18日，东帝汶竞技联盟向亚奥理事会表示，他们希望加入亚奥理事会并派运动员参加9月份举行的釜山亚运会。亚奥理事会也毫不含糊，9月5日通报釜山亚运会组委会：东帝汶入会申请已获临时批准。釜山亚组委于是向东帝汶发送参加釜山亚运会的正式邀请信。2002年9月开幕的釜山亚运会上，出现了一支由

24名运动员组成的东帝汶体育代表团，参加拳击、羽毛球、乒乓球、举重、跆拳道、空手道、自行车和田径的比赛。就在釜山亚运会期间，东帝汶成为亚奥理事会的正式成员。

东帝汶的加入使亚奥理事会成员数达到45个，这个数目一直保持到今天。同时，东帝汶参加亚运会，也使釜山亚运会参赛国家和地区的数量达到史无前例的44个，缺少的那一个是伊拉克，因为当年入侵科威特受到处罚，此时还处在暂停会籍期间（参见：纪事本末·度尽劫波亚运在）。

东帝汶独立以来共参加5届亚运会，由于竞技体育的底子太薄实力太弱，在奖牌方面一无所获。2010年广州亚运会上，东帝汶男子举重运动员雅辛托·巴罗斯参加77公斤级比赛，这位31岁的选手是两个孩子的父亲，在一家公司当保安队长，在参加亚运会之前的3个月才开始练举重，他在亚运会上的比赛成绩还不如获得女子48公斤级冠军的中国运动员王明娟，但巴罗斯乐在其中，他说："我希望让人知道我们东帝汶选手也可以站在亚运会的举重赛场上。"①

中国对东帝汶体育事业发展给予了一定的支持。中国与东帝汶有着深厚的历史渊源，在早年闯南洋的过程中，有不少中国人来到此地，至今仍有不少华侨华人在东帝汶定居生活。在联合国主持东帝汶事务时期，中国先后派遣5批总共113名维和警察参与联合国在东帝汶的维和行动；东帝汶宣布独立后，中国是世界上第一个与东帝汶建交的国家。2006年，第1届葡语系运动会在中国澳门举行，中国奥委会与东帝汶奥委会签署合作协议，加强双方体育方面的联系。根据协议，东帝汶体育代表团在中国澳门参加2006年第1届葡语系运动会和在北京参加2008年第29届奥运会前，都将在澳门进行集训，由中国澳门奥委会为东帝汶运动员提供技术上的协助，东帝汶运动员在第1届葡语系运动会上终于获得1枚宝贵的铜牌。②

---

① 佚名：《声音》，《新体育》，2010年第12期，第8页。
② 王士录：《2007—2008东南亚报告》，云南大学出版社，2008年，第262页。

历届亚运会东帝汶所获奖牌

届 数	举办时间与举办地	金 牌	银 牌	铜 牌	总 计	备 注
1	1951年印度新德里	/	/	/	/	未参赛
2	1954年菲律宾马尼拉	/	/	/	/	未参赛
3	1958年日本东京	/	/	/	/	未参赛
4	1962年印度尼西亚雅加达	/	/	/	/	未参赛
5	1966年泰国曼谷	/	/	/	/	未参赛
6	1970年泰国曼谷	/	/	/	/	未参赛
7	1974年伊朗德黑兰	/	/	/	/	未参赛
8	1978年泰国曼谷	/	/	/	/	未参赛
9	1982年印度新德里	/	/	/	/	未参赛
10	1986年韩国汉城	/	/	/	/	未参赛
11	1990年中国北京	/	/	/	/	未参赛
12	1994年日本广岛	/	/	/	/	未参赛
13	1998年泰国曼谷	/	/	/	/	未参赛
14	2002年韩国釜山	0	0	0	0	
15	2006年卡塔尔多哈	0	0	0	0	
16	2010年中国广州	0	0	0	0	
17	2014年韩国仁川	0	0	0	0	
18	2018年印度尼西亚雅加达	0	0	0	0	
总 计		0	0	0	0	

十、菲律宾

国名：菲律宾共和国

首都：大马尼拉市

面积：29.97万平方公里

人口：1.08亿

参加亚运会届数：18届（1—18）

承办亚运会届数：1届（1954年第2届，马尼拉）

菲律宾是一个群岛国家，由7000多个岛屿构成。14世纪时期这一地区陆续出现一些土著部落和马来移民建立的王国，其中最知名的是苏禄王国。明朝永乐皇帝年间，苏禄王国的三王（东王、西王和峒王）来中国朝贡，其中东王在归途中病逝于山东德州。东王随行的3个儿子，长子归国继位，二子和三子随王妃留居在德州，明朝赐二子为安姓，三子为温姓。①之后郑和下西洋又多次来过苏禄国。1521年，麦哲伦在环球航行期间率西班牙船队抵达菲律宾，与当地岛民发生冲突，大名鼎鼎的航海家麦哲伦丧生于此。1565年菲律宾沦为西班牙的殖民地，1898年西班牙在美西战争中败给美国，美国接管菲律宾。美国在菲律宾实行间接统治，菲律宾民选政府受美国政府派遣的总督辖制。1946年7月4日，菲律宾宣布独立。

菲律宾现代体育事业的开展受美国影响很深，美国的军人、学生、商人、传教士将棒球、篮球、排球、田径等竞技体育项目带进菲律宾。1929年菲律宾继日本、印度之后成为国际奥委会的第三个亚洲会员。在体育组织建设方面，菲律宾可谓得亚洲风气之先，1910年，曾经在美国伊利诺伊大学担任过篮球教练的艾尔伍德·斯坦利·布朗被派遣到菲律宾担任马尼拉青年会体育部主任，在布朗的推动下，1911年1月，全国性体育组织"菲律宾

---

① 赵尔巽等撰：《二十五史全书》（第10册），《清史稿》，内蒙古人民出版社，1998年，第1514页。

业余体育联盟"成立，美国驻菲律宾总督担任主席，布朗担任实际上管事的秘书长。1913年2月，第1届远东运动会在马尼拉举行，以国际奥委会组织架构为蓝本的"远东奥林匹克委员会"（后更名为"远东体育协会"）也在马尼拉成立（参见：纪事本末·亚运由来细盘点）。远东运动会与1934年在印度举行的南亚运动会被认为是现代亚运会的源流，而远东亚运会的历史早于南亚运动会20多年，从这个意义上说，菲律宾推动创建的远东运动会"被视为现代亚洲运动会之先声"①。

作为亚运会的开创先祖之一，菲律宾参加了所有18届亚运会，并于1954年承办第2届马尼拉亚运会。这一届亚运会举办时间选在5月份，据说这是因为每年四五月份为菲律宾马尼拉最热的时候，正值学校放暑假，此时办赛会不但可以吸引大量的青少年观众，而且还可以从学生中招募赛会服务人员。②第1届新德里亚运会时，菲律宾在总共11个参赛国家和地区的奖牌榜上名列第4。第2届来了18个国家和地区，菲律宾挟主场地利，力压韩国、印度等国，占据奖牌榜第2，这也是菲律宾在历届亚运会中排名最高的一届。

在所有项目中，菲律宾最看重的是篮球金牌（马尼拉亚运会未设女子篮球项目）。菲律宾深受美国体育文化影响，篮球被称为菲律宾的"国球"，根据菲律宾体育发展基金会在全国范围内的调查结果显示，78%的菲律宾人选择篮球为第一运动项目；当受调查者被要求说出10名菲律宾的体育名将时，前10名中有8名是篮球运动员，③可见篮球运动在菲律宾深入人心。第2届亚运会篮球金牌之争在菲律宾和中国台湾这两队之间展开。篮球在我国台湾地区的普及性很广，竞技水平也很高，这场比赛遂成为这届亚运会最受菲律宾人关注的赛事，场内座无虚席，总统的女儿也到现场观战。马尼拉市华侨众多，他们是中国台湾队的啦啦队。比赛场面十分火爆，场上两队激烈对抗，场下两方观众之间冲突不断，可乐汽水瓶抛来飞去，有选手被击伤造成比赛中断，菲律宾赶紧调派宪兵与警察入场维护秩序。④比赛的结果菲律宾队34∶27获胜，赢得冠军。洲一级运动会的男子篮球比赛打出如此之低的比分，可以反映出比赛对抗的强度和赛况的混乱。

菲律宾篮球队是早期亚运会的霸主，20世纪50年代到80年代初是菲律宾篮球的辉煌时代，蝉联第1届至第4届亚运会冠军，还获得1954年第2届世界篮球锦标赛铜牌和5次亚洲锦标赛冠军。特别值得一提的是：在中国与菲律宾的外交关系方面，篮球还承载着重要的外

---

① 张鲁雅、周庆：《世纪情：中国与奥林匹克》，人民体育出版社，1993年，第14页。
② 范江怀、李吟：《历届亚运会博览》，科学普及出版社，1990年，第10页。
③ 归通昌：《菲律宾》，辽宁教育出版社，2000年，第159页。
④ 范江怀、李吟：《历届亚运会博览》，科学普及出版社，1990年，第12页。

交使命。1971年的"乒乓外交"，中国用"国球"乒乓球打开中美交往的大门，菲律宾与中国之间也开始进行外交接触，菲律宾用的是"国球"篮球开道。1974年3月，由菲律宾驻美国大使罗穆亚尔德（曾任菲律宾财政部长，总统夫人的堂兄）率领菲律宾国家男篮访华，与中国队、北京队和八一队比赛4场，菲律宾队1胜3负。比赛结果并不重要，重头戏在外交。访问期间，邓小平副总理和周恩来总理先后会见菲律宾代表团，菲律宾客人转告其总统的口信，希望与中国正式建交。5月，中国男篮回访菲律宾。在"篮球外交"的助力下，中菲关系进展迅速，1974年9月，菲律宾总统夫人访华；1975年6月，中国与菲律宾正式建交。

菲律宾国内竞技体育运动开展广泛，各个项目发展比较均衡，在亚运会里呈现广种薄收的态势，于奖牌榜上一般处在中游位置。除篮球外，田径也曾是菲律宾的优势项目之一，其人其事给亚运会新闻报道增添了不少素材，其中有两件值得一叙。

其一，"亚洲女飞人"性别悬案。1962年第4届亚运会上，菲律宾横空出世一名女子短跑运动员莫纳·苏莱曼。她此时还是18岁的中学生，却接连打破短跑纪录，并获得100米、200米和4×100米接力3块金牌。苏莱曼是亚洲首个100米破12秒大关和200米破25秒大关的运动员，号称"亚洲女飞人"。她的100米成绩11秒8，200米成绩24秒5，这个成绩放在两年前的罗马奥运会上，100米可以排进前8名，200米则可以获得铜牌。不过，她横空出世的来头和出类拔萃的成绩也引起非议，怀疑点主要围绕着苏莱曼的性别。1966年第5届曼谷亚运会时首次推出性别检查制度，苏莱曼拒绝接受性别检查，自行退出比赛。到1970年第6届亚运会，苏莱曼再次拒绝性别检查，这一次她被直接禁赛。打这以后，苏莱曼在体坛销声匿迹。①

其二，"亚洲女飞人"菲印大战。距苏莱曼1962年亚运会百米夺冠之后20年，1982年亚运会菲律宾又冒出一位占尽风头的女飞人德维加（亦译为维加）。与苏莱曼引起性别争议不同，德维加是如假包换的女子运动员，因为相貌姣好，赛场出名后受到娱乐界追捧，参与拍摄影视作品，又成为影视明星。德维加出生于1965年，1982年来到亚运会赛场时年仅17岁，她在100米短跑决赛中战胜印度名将乌莎，两人分获金银牌。德维加和乌莎称得上是20世纪80年代亚洲女子短跑的绝代双骄，她们在田径赛场上的竞争成为媒体争相报道的热点，两人关系颇有些"既生瑜，何生亮"的场景。1985年是乌莎年，她在当年的第6届亚洲田径锦标赛上囊括所有女子短跑项目金牌，把德维加遮盖得星光黯淡。次年便是

---

① 胡新民等：《历届亚运会集锦》，中国奥林匹克出版社，1990年，第85页、第92页。

1986年汉城亚运会，亚洲女飞人大战自然是焦点话题，两人你争我夺果然也对得起观众。200米决赛乌莎获得冠军，德维加亚军；乌莎还夺得400米冠军；在分量最重的100米大战中，根据记者报道："貌美身段佳"的德维加打扮得花枝招展，在决赛时"不仅化了妆，还戴上耳环"①，一举击败乌莎夺得金牌，让乌莎捧着银牌伤心不已。汉城亚运会后德维加退出赛场结婚成家，并于1989年7月生育一个女儿。由于菲律宾希望她在1990年北京亚运会上继续建功立业，德维加宣布复出，她表示不仅要为菲律宾夺牌，甚至还打算向由中国台湾运动员纪政保持20年之久的女子100米短跑亚洲纪录发起冲击。②但是"由于维加产后体重直线上升，无法恢复训练"，竞技水平一落千丈，如果勉强出征亚运会，成绩可能会非常难看。权衡再三，德维加宣布"因健康原因不能参加亚运会"③，万众期待的亚洲女飞人大战也就此落幕。

---

① 肖明：《亚运会花絮》，《当代体育》，1986年第12期，第26页。
② 佚名：《亚运短波·"维加大嫂"要当"纪政第二"》，《新体育》，1990年第7期，第42页。
③ 王平、尹奎兰：《维加喜得千金 却与北京亚运无缘》，《新体育》，1990年第9期，第32页。

历届亚运会菲律宾所获奖牌

届 数	举办时间与举办地	金 牌	银 牌	铜 牌	总 计	备 注
1	1951年印度新德里	5	5	8	18	
2	1954年菲律宾马尼拉	14	14	17	45	
3	1958年日本东京	8	19	21	48	
4	1962年印度尼西亚雅加达	7	6	25	38	
5	1966年泰国曼谷	2	15	25	42	
6	1970年泰国曼谷	1	9	12	22	
7	1974年伊朗德黑兰	0	2	12	14	
8	1978年泰国曼谷	4	4	6	14	
9	1982年印度新德里	2	3	9	14	
10	1986年韩国汉城	4	5	9	18	
11	1990年中国北京	1	2	7	10	
12	1994年日本广岛	3	2	8	13	
13	1998年泰国曼谷	1	5	12	18	
14	2002年韩国釜山	3	7	16	26	
15	2006年卡塔尔多哈	4	6	9	19	
16	2010年中国广州	3	4	9	16	
17	2014年韩国仁川	1	3	11	15	
18	2018年印度尼西亚雅加达	4	2	15	21	
总 计		67	113	231	411	

十一、哈萨克斯坦

国名：哈萨克斯坦共和国

首都：阿斯塔纳（2019年3月曾更名为努尔苏丹，2022年9月改回原名）

面积：272.49万平方公里

人口：1887.7万（2020年数据）

参加亚运会届数：7届（12—18）

承办亚运会届数：0届

哈萨克斯坦这一区域历史上经历过多个帝国的统治，中国的大唐帝国强盛时期其势力范围也曾延伸到这一区域的部分地区。近代时期这一区域被沙皇俄国吞并，之后成为苏联下属的加盟共和国。1991年12月16日哈萨克斯坦宣布独立。

在中亚5国里，哈萨克斯坦国土面积最大（是其他4个中亚国家面积总和的两倍），经济实力最强，也是中亚5国中的体育大国和强国。"哈萨克斯坦的体育事业在苏联时期打下了较好基础……在中亚各国中是体育水平最高的国家。"[1]在苏联时期举行的全苏运动会（类似于我国的全运会）上，哈萨克斯坦代表队的总分一般排在第五、第六位，属于中等偏上的水平，在历届奥运会苏联代表团夺牌的名单上，都有来自哈萨克斯坦的运动员。[2]哈萨克斯坦拥有的体育设施比较充足，体育运动的群众基础较好。根据21世纪10年代的资料，哈萨克斯坦拥有400多座少年体校，7座高级体校，7座国家奥林匹克体育培训中心，16座地区级奥林匹克体育训练中心。[3]

独立之后哈萨克斯坦在1992年加入亚奥理事会，参加了自1994年广岛亚运会以来的历届亚运会。新兴的中亚国家进入亚运会体系，给亚运会带来新面貌，一方面带入不同文化，丰富了亚运会的内涵，另一方面提升了亚洲体育一些弱项的竞技水平，媒体将这一变

---

[1] 胡振华：《中亚五国志》，中央民族大学出版社，2006年，第51页。
[2] 杜利军、易人：《中亚五国新挑战》，《新体育》，1994年第9期，第38页。
[3] 海力古丽·尼亚孜：《中亚五国国情》，西安交通大学出版社，2013年，第53页。

化誉为"亚运会升值"。

哈萨克斯坦第一次亮相1994年广岛亚运会就来个开门红,尽管立国不久,万事待兴,备战不足,仓促出征,但依然以25金、26银、26铜总计77枚奖牌的成绩,位列广岛亚运会奖牌榜第4名,排在中日韩第一梯队之后,成为第二梯队的排头兵。从1994年广岛亚运会到2014年仁川亚运会20年间的6届亚运会,哈萨克斯坦始终保持这个势头,在奖牌榜的位次都在第4或第5。

哈萨克斯坦的加入尽管不会威胁到中国亚洲体坛一哥地位,但带来的冲击也是实实在在,中国某些优势项目再也难以称雄。以男子水球为例:中国自第7届亚运会参赛之后,除了在第7届亚运会上因为外交因素的考虑让出冠军(参见:列传·中国),之后从第8届到第11届亚运会,连拿4届冠军,展现出垄断级别的实力。自第12届亚运会哈萨克斯坦参赛,中国水球的好日子就此结束,从第12届到第18届的7届亚运会,哈萨克斯坦获得6届冠军,中国只得过1届冠军,眼睁睁地看着哈萨克斯坦登上亚运会水球的王座。

中亚5国作为亚洲体坛新成员,融入的过程并非一帆风顺,磕磕绊绊的情况时有发生。媒体注意到,新成员加入之后对亚运会传统格局产生的冲击,亚洲体坛缺乏足够心理准备,亚洲体坛的"老同学"对于"新同学"也缺乏足够的热情和公正。例如:1994年广岛亚运会上频频发生裁判风波,哈萨克斯坦一再抱怨遭到不公待遇。[①]再如:中亚5国独立后集体加入了亚洲足球联合会,哈萨克斯坦的足球水平比较高,可以算得上是亚洲准一流水平,哈萨克斯坦本打算在亚洲大干一场。然而没过几年,哈萨克斯坦就退出亚足联,改换门庭加入欧足联。根据媒体的相关报道,其原因一是哈萨克斯坦认为自己在亚洲足坛的一些赛事安排当中遭受到不公正待遇;二是哈萨克斯坦觉得亚洲足球整体水平不高,老在亚洲混着影响自己的提高。究竟是因为"新同学"被"老同学"欺负心生不满,还是担心自己总是混在差生堆里成绩无法提高,具体原因尚不清晰。哈萨克斯坦要想通过预选赛获得进军世界杯决赛圈的入场券,在亚洲可比在欧洲要容易,但哈萨克斯坦情愿舍弃近水楼台,脱亚入欧,正式加入欧足联,从中我们也可以感受到一些竞技场之外的因素。

近些年来,哈萨克斯坦的体育竞技实力出现下滑。2018年雅加达亚运会似乎是哈萨克斯坦的滑铁卢,它在本届亚运奖牌榜的位次滑落到第9,这其实也是哈萨克斯坦体育实力缺乏后劲的真实反映。我们看这样一个数据:从哈萨克斯坦作为独立国家参加1996年亚特兰大奥运会到2016年里约热内卢奥运会,它在奖牌榜的排名分别是:1996年第24名,2000

---

① 许基仁:《亚运会升值》,《新体育》,1994年第11期,第24页。

年第22名，2004年第39名，2008年第29名，2012年第12名，2016年第22名，每届奥运会都有金牌入账。但在最近一届的2020年东京奥运会（因疫情延期到2021年举行）上，哈萨克斯坦表现得相当低迷，只获得区区8枚铜牌，在奖牌榜上排名跌到第83名，是独立以来最惨的一次。

近些年，哈萨克斯坦在体育方面与中国有过一次重大的交集，这就是申办2022年第24届冬奥会。这一届冬奥会起初有5座城市申办，分别是中国北京、波兰克拉科夫、挪威奥斯陆、哈萨克斯坦阿拉木图和乌克兰利沃夫。2014年7月7日，国际奥委会宣布中国北京、挪威奥斯陆和哈萨克斯坦阿拉木图这3座城市正式入围2022年冬奥会候选城市。从这三家的情况来看，挪威奥斯陆最有竞争力：一来挪威在冰雪运动方面的实力堪称世界第一，二来由于2018年冬奥会是在韩国平昌举行，通常情况下，国际奥委会一般会遵循同一大洲不能连续举办两届奥运会的原则。但挪威的民众对于申办冬奥会热情不高，入围之后出现很多反对的声音，甚至不断举行示威抗议。奥斯陆方面审时度势，在2014年10月1日宣布退出申办，这样候选城市只剩下北京和哈萨克斯坦的阿拉木图。哈萨克斯坦曾经在2011年承办过第7届亚洲冬季运动会，并且连续申办过2014年和2018年冬奥会，不过无论是体育业内人士，还是普通民众，都认为北京比起阿拉木图领先的优势实在太大，北京应该稳操胜券。国际奥委会评估委员会在投票表决前发布的《评估报告》中，指出北京有优势45条、风险17条，阿拉木图有优势46条，风险30条。2015年7月31日，国际奥委会第128次全会在马来西亚吉隆坡举行，投票选出2022年冬奥会举办城市。经过85位国际奥委会委员的投票，支持北京申办的有44票，支持阿拉木图的有40票，1票弃权，事先被认为申办实力优势巨大的北京看来只是险胜。

历届亚运会哈萨克斯坦所获奖牌

届 数	举办时间与举办地	金 牌	银 牌	铜 牌	总 计	备 注
1	1951年印度新德里	/	/	/	/	未参赛
2	1954年菲律宾马尼拉	/	/	/	/	未参赛
3	1958年日本东京	/	/	/	/	未参赛
4	1962年印度尼西亚雅加达	/	/	/	/	未参赛
5	1966年泰国曼谷	/	/	/	/	未参赛
6	1970年泰国曼谷	/	/	/	/	未参赛
7	1974年伊朗德黑兰	/	/	/	/	未参赛
8	1978年泰国曼谷	/	/	/	/	未参赛
9	1982年印度新德里	/	/	/	/	未参赛
10	1986年韩国汉城	/	/	/	/	未参赛
11	1990年中国北京	/	/	/	/	未参赛
12	1994年日本广岛	27	25	27	79	
13	1998年泰国曼谷	24	24	30	78	
14	2002年韩国釜山	20	26	30	76	
15	2006年卡塔尔多哈	23	19	43	85	
16	2010年中国广州	18	23	38	79	
17	2014年韩国仁川	28	23	33	84	
18	2018年印度尼西亚雅加达	15	17	44	76	
总 计		155	157	245	557	

十二、韩国

国名：大韩民国

首都：首尔

面积：10.4万平方公里

人口：约5200万

参加亚运会届数：17届（2—18）

承办亚运会届数：3届（1986年第10届，汉城；2002年第14届，釜山；2014年第17届，仁川）

韩国位于朝鲜半岛南部，历史悠久。1894年甲午战争之后，朝鲜半岛被日本逐步吞并。1945年第二次世界大战结束，日本战败，朝鲜半岛得以摆脱殖民地身份。在冷战的政治大背景下，朝鲜半岛未能形成统一的国家，分裂为韩国与朝鲜两个国家。1948年8月15日，大韩民国成立，定都汉城（2005年中文翻译名称更改为首尔）。

在冷战年代，韩国和朝鲜分属于资本主义和社会主义两个对抗的阵营。正是因为朝鲜半岛的分裂和两大阵营的对抗，导致1950年朝鲜战争的爆发。1953年朝鲜战争结束后，韩国与朝鲜各自走上不同的发展之路。1991年9月17日，朝鲜和韩国同时加入联合国，成为联合国第160个和第161个成员国（参见：列传·朝鲜）。

日本占领时期，朝鲜半岛在竞技体育方面就显露出不凡的水准。例如，当时全日本足球水平最高的地区，就是被日本吞并的朝鲜半岛。1936年日本足协组织了一次全日本足球锦标赛，计划以锦标赛冠军队为班底组建出征柏林奥运会的足球代表队，结果获得全日本足球锦标赛冠军的是一支来自朝鲜半岛名为"全京城蹴球团"的球队，这支由朝鲜人组成的球队在决赛中以6∶1横扫东京文理大学队，日本足协见状只能食言，最后参加柏林奥运会的足球队中只有一名朝鲜球员。在这届柏林奥运会上，来自朝鲜半岛的马拉松运动员孙基祯大放异彩，他以2小时29分19秒2打破当时马拉松赛跑的世界最好成绩，荣获金牌，只是这块金牌在奥运奖牌榜上被记在日本名下。孙基祯出生地为新义州（今属朝鲜），后来生活在韩国，1948年伦敦奥运会孙基祯以韩国旗手的身份出席开幕式。

韩国对于发展体育运动和参加大型体育赛会有着很高的热情。韩国在1946年成立奥委会，1947年加入国际奥委会，参加了1948年伦敦奥运会，直到伦敦奥运会举行的时候，韩国还没有正式建国。韩国初战告捷，在伦敦奥运会上实现了奖牌零的突破，获得2枚铜牌。也是在伦敦奥运会期间，韩国派代表参加筹办"亚洲业余体育联合会"的会议，并成为筹备委员会的委员之一。1951年首届亚运会举办之时，正赶上朝鲜战争，韩国因而缺席首届亚运会。1952年赫尔辛基奥运会举行的时候，虽然朝鲜战争尚未结束，韩国还是设法组团参加，并且再获得2枚铜牌。自1954年第2届亚运会起，韩国开始参加亚运会，再也没有缺席过。

韩国是亚洲的经济大国，也是体育强国，韩国的竞技体育在普及方面可以说是百花盛开，许多项目放在亚洲都具有争冠实力；同时韩国又有技艺突出的项目，例如射箭，韩国一直处在世界前列，所以韩国体育在亚洲体坛具有很强的竞争力。韩国参加亚运会初期，成绩还不稳定，但从第3届亚运会开始，韩国的名次就稳定在前三甲（唯一一次例外是第7届德黑兰亚运会，伊朗借东道主之利排在韩国前面），使亚运会呈现中日韩三强争霸的精彩局面。韩国对于奖牌有着强烈的渴望，最让韩国遗憾的是至今未能坐上亚运会奖牌榜的第一把交椅。

韩国体育界很能造势，虽然国土不大，面积与中国浙江省差不多，但蕴含能量无限，经常在国际体坛吹起"韩风"。例如，1988年汉城奥运会时，韩国利用东道主优势，成功地将本土的传统体育项目跆拳道列为奥运会表演项目，先和世界人民混个脸熟，再经过不懈努力，终于自2000年悉尼奥运会起，跆拳道列入奥运会正式比赛项目，成为韩国在奥运会上的一个奖牌宝矿。纵观奥运会120多年的历史，正式比赛项目中起源于亚洲的很少，只有韩国的跆拳道与日本的柔道和空手道。虽然中国多年来极力推动武术入奥，但因为各种因素始终未能如愿，现在看来武术入奥依然很遥远。

当年日本通过举办亚运会和奥运会，对国家形象的重塑和国内经济的推动产生巨大作用，为邻国韩国树立了榜样。因此，承办和主办大型赛会，成为韩国体育扬名立万的一条路径，而且越是世界知名的大型赛会越是要倾力争办。亚运会、奥运会、冬奥会、世界大学生运动会、世界田径锦标赛……韩国把世界知名大型赛事几乎办了个遍。最典型的例子是2002年世界杯足球赛的主办权之争，在日本几乎稳操胜券的情况下，韩国奇兵突出，最后硬生生地从日本手中挖走一半主办权，把这一届世界杯变成两国合办的韩日世界杯。为办好汉城亚运会和汉城奥运会，韩国特地设立体育部这一政府机构，"以中央行政机关的资格负责有关体育的一切事物"①。

韩国承办过3届亚运会，仅次于泰国的4届，是亚洲承办亚运会次数第二多的国家（杭州亚运会的举办，使中国的承办次数也达到3届）。韩国第一次承办亚运会是1986年汉城亚运会，其实韩国早在16年之前的1970年就可以办一届亚运会，1966年亚运会联合会通过决议，同意韩国申办1970年亚运会的请求。然而2年之后的1968年，韩国表示出于安全因素的考虑，宣布放弃承办1970年亚运会，并情愿因此承受10万美元罚款。②韩国突然弃办给亚运会造成极大冲击，好在泰国力挽狂澜，主动接过承办权，从而解除危机（详见：纪事本末·度尽劫波亚运在）。从20世纪60年代开始，韩国经济进入快速发展时期，70年代之后更是呈现腾飞状态，成为著名的"亚洲四小龙"之一。韩国推行外贸出口主导型经济，"GDP对出口比率也由1960年的1.4%跃升为1980年的28.3%"③。进入80年代后，韩国热切希望举办大型国际性赛会，使之成为"经济高速发展的新起点"和"加入世界发达国家行列的始发点"④。韩国一出手便一鸣惊人，1981年9月30日在德国巴登巴登举行的国际奥委会执委会会议上，韩国汉城以52票对27票的压倒优势击败日本名古屋，获得1988年第24届奥运会主办权。2个多月后的1981年11月26日，亚运会联合会在印度新德里开会决定1986年第10届亚运会主办地。提出申办这一届亚运会的有韩国汉城、朝鲜平壤和伊拉克巴格达。这三家中，平壤其实尚不具备举办的基本条件，而伊拉克与伊朗之间的两伊战争正打得热火朝天，所以这两家在会议之前都退出申办行列，这样汉城作为唯一的申办城市自动获得1986年第10届亚运会主办权。

汉城亚运会是韩国建国以来承办的最大型综合性体育赛会，"亚运会使韩国实现了空前的国民认同"⑤，韩国方面顺水推舟将其作为两年之后汉城奥运会的预演，全国上下齐动员，体育场馆设施等按照奥运会标准建设，"拿出了几十亿美元用来新建、改建、整修体育比赛场、馆、亚运村、新闻中心以及广播中心和其他设施，可谓不惜工本，全力以赴"⑥。从开幕式到赛会组织，韩国都按照奥运会的模式运作，按照韩国官员的说法：

---

① 郑基永、姜允哲：《韩国体育概况》，《当代韩国》，2002年夏季号，第71页。
② ［韩］金云龙：《盛大的汉城奥林匹克运动会》，奥林匹克出版社，1993年，第29页。
③ 崔文、金华林：《现代韩国经济》，延边大学出版社，2018年，第162页。
④ ［韩］朴世直：《我策划了汉城奥运会》，中信出版社，2005年，第15页。
⑤ 董向荣：《关于汉城奥运会与韩国政治转型的关系问题》，北京大学韩国学研究中心编：《韩国学论文集》（第17辑），辽宁民族出版社，2009年，第134页。
⑥ 程志明：《汉城亚运会的五光十色——采访散记》，《体育博览》，1986年第12期，第34页。

"汉城亚运会是奥林匹克式的。"①这一届亚运会确实办得花团锦簇,美联社记者认为汉城亚运会"给人的印象是竞争激烈、场面热烈、接待热情、管理有力、资金充足"②。参加汉城亚运会的国家和地区共27个,虽低于上届新德里亚运会的33个,也排在历史第二;而采访汉城亚运会的各国媒体记者,据相关资料,达到4008人。各国通讯社中日本共同社阵容最大,为52人,第二是美联社42人,中国新华社30人排在第三,合众国际社和法新社也各派出21人。③从媒体的参与热情可以看出这届亚运会受重视的程度,这其中有一个非常重要的因素——中国前来汉城参赛。中国作为没有与韩国建交而且与朝鲜保持友好关系的国家,能够前来参加汉城亚运会,是中韩双方共同努力的结果(详见:纪事本末·"亚运外交"写传奇)。当然,这也让韩国方面既紧张又兴奋,由于中韩之间几乎没有交往,中国方面的任何举动,都会给他们带来新鲜感。担任中国体育代表团联络官的许放先生记述了这样一件趣闻:中国代表团入住亚运村后,在村内的国际活动中心举行了一个小型招待会,邀请亚运村内各部门负责人参加,彼此熟悉一下,便于开展工作。原来只安排30个座位,谁知涌入100多人,韩国人士都希望能参加中国代表团的招待会,没有座位站着也行。会场上的几瓶茅台酒一会工夫就喝了个底朝天,韩国人士告诉许放,喝过这个茅台酒,才发现他们以前喝的产自中国台湾的茅台酒全是假的。汉城亚运会组委会主席朴世直闻讯后,也派人来亚运村向中国代表团索要茅台酒一饱口福。④

汉城亚运会留给亚洲竞技体育运动最深刻的印痕,应该是中国和韩国之间金牌争夺形成惊心动魄的绞杀场面,直到比赛的最后一天,中国军团才以94∶93多于韩国1枚金牌的成绩惊险胜出(详见:纪事本末·亚洲一哥属谁家)。不过韩国的这个战绩也把日本挤到第三的位置,从这一届汉城亚运会到第18届雅加达亚运会总共9届亚运会,韩国7次排在金牌榜第二,日本只有2次。

韩国第二次承办亚运会是2002年第14届釜山亚运会。1995年5月23日,在韩国釜山举行亚奥理事会全体代表大会,决定2002年亚运会的举办地。提出申办的是韩国的釜山和中国台湾的高雄。釜山的优势比较突出:它是韩国最大的港口城市,也是世界第五大港。釜山体育设施优良,拥有几十座各类体育场馆,并将于1997年举办第3届东亚运动会。釜山的申办得到韩国政府大力支持,韩国计划投入资金2200亿韩元。釜山当局还表示,如果申

---

① [韩]金云龙:《盛大的汉城奥林匹克运动会》,奥林匹克出版社,1993年,第91页。
② 程志明:《汉城亚运会的五光十色——采访散记》,《体育博览》,1986年第12期,第34页。
③ 肖明:《亚运会花絮》,《当代体育》,1986年第12期,第25页。
④ 许放:《联络官日记》,《新体育》,1986年第11期,第15页。

办成功，将向亚奥理事会基金会捐资1200万美元。[①]韩国拥有举办过亚运会和奥运会的经验，这也是釜山申亚的加分项。当时亚奥理事会一共有43个成员，前来釜山出席会议的有41个成员（朝鲜和老挝没有参加）的130名官员。最终投票表决结果，高雄仅获得2票，釜山以绝对优势胜出。

釜山亚运会最令人印象深刻的，是展现了亚洲体坛对亚洲地缘政治的影响力和地区国际关系良性发展的贡献度。釜山亚运会为世界上演了一个经典场面：开幕式上，韩国与朝鲜两国选手共擎朝鲜半岛旗帜入场，并且由两国运动员共举一支火炬一起点燃亚运圣火。朝鲜战争结束之后，朝鲜半岛局势依然处于紧张之中，并且不时地碰撞出对抗的火花，体育赛场在这种对抗中，发挥出奇特的双面作用。一方面，体育赛场有时会成为敌对情绪的发泄地，通过抵制行动表达出来，例如，朝鲜抵制了1986年汉城亚运会和1988年汉城奥运会；另一方面，体育赛场又可以有效地消弭危机，以东方体育文化的积极内涵，修正和完善人们的社会政治行为，缓和甚至弥合对立情绪，这一积极因素在釜山亚运会上得到很好的体现。朝韩联合组团参加大型运动会入场式始于2000年悉尼奥运会，但那是在第三国的土地上，釜山亚运会是在韩国土地上举办，情况有着巨大区别。韩国提出"让亚洲融为一体"的亚运会主题词，在这一理念指引下，并经过多方工作，朝鲜首次派团参加在韩国举办的大型国际综合性运动会，从而奉献出朝韩两国运动员在朝鲜半岛旗引导下，手拉手入场和共同点燃圣火这样一个让世界动容的画面。釜山亚运会圣火火种分别采自朝鲜半岛最北端的白头山和最南端的汉拿山，两支火苗在朝鲜与韩国边界地区的临津阁融合为最终的圣火火炬。在釜山亚运会开幕式上，由朝鲜与韩国选派的一女一男两名火炬手共同携手点燃主火炬台（参见：列传·朝鲜）。

韩国第三次承办亚运会是2014年第17届仁川亚运会。提出申办这一届亚运会请求的是韩国仁川和印度新德里，两家在申亚过程中唇枪舌剑，针锋相对。新德里方面认为：韩国2002年才办过釜山亚运会，不能又由仁川来争办，印度已经好多年没有举办过亚运会，应该换换了。仁川方面则表示：韩国虽然不久前在釜山办过亚运会，但这次是仁川，是一个国家两个城市，不像印度，还是新德里，老面孔。2007年4月亚奥理事会在科威特首都科威特城开会，决定2014年亚运会的举办地，表决结果仁川以32∶13的票数胜出，获得主办权。7年之后，这届亚运会如期在仁川举行。

然而，在韩国所承办的各类大型赛事中，仁川亚运会总体评价不高。从媒体报道中可

[①] 石磊：《高雄申办2002年亚运会失败内幕》，《当代体育》，1995年第8期，第4页。

以看到负面评价主要有：其一，赛会办得过于节俭，导致一些场馆设施陈旧出现故障；其二，民众关注度太低，"开幕前，有民意调查显示，半数仁川市民对亚运会不感兴趣。仁川之外的韩国民众关注亚运的就更少了"[①]；其三，赛会组织工作比较粗疏，出现翻译不足、车辆调度失灵、工作人员餐饮短缺等许多问题；其四，太注重娱乐成分，例如开幕式上最后点燃圣火的不是体育界人士而是影视界女演员李英爱（韩国电视剧《大长今》中女主角扮演者），连韩国媒体对此都颇有微词，言道："韩国恐怕是各种运动会唯一一个最后一棒敢让娱乐明星点圣火的国家了。"[②]

2014年仁川亚运会出现质量下滑的原因出自多方面，既有韩国自身的国内因素，也有亚运会本身面临的发展困境。从韩国自身原因来看，主要是韩国朝野对亚运会的重视度下降，兴趣降低。仁川亚组委副秘书长孙天泽在接受新华社记者采访时也承认这一事实。根据他的分析，仁川亚运会是韩国在不到30年的时间里第三次举办亚运会，仁川亚运会之前韩国举办过1988年奥运会和2002年世界杯足球赛，之后韩国平昌还要承办2018年冬奥会。在家门口见惯了国际综合性体育大赛的韩国民众，对于亚运会没有表现出较高的关注度当属情理之中。[③]韩国当年接二连三争办和承办国际大型体育赛事，与韩国的国家政治诉求和经济追求有关。从20世纪80年代到21世纪10年代，韩国已经举办过世界上最重要的体育赛会，亚运会所能带来的国家形象塑造和经济刺激作用已经不明显。再有就是与亚运会本身面临的发展有关。进入21世纪之后，亚运会比赛项目和参赛人数不断增加，"身躯"日益庞大，造成办赛门槛高，小国或穷国无法承受；同时，赛会竞技水平却呈下滑趋势，亚洲一流体育强国如中日韩等着眼于奥运会等世界级大赛，并非都选派一流强手参加亚运会。亚运会经济效益本身就不足，如此这般便形成一种恶性循环：优秀运动员不愿参赛降低了亚运会的竞技水平，由于缺乏激烈竞争与对抗，使亚运会赛会过程缺乏看点，而缺乏看点又难以吸引商业因素大举介入。仁川亚运会暴露出太多问题，引发媒体连连"吐槽"，并继而出现亚运会是否还有必要举办、亚运会如何自我救赎的热烈讨论。所以，关于仁川亚运会的负面评价，实际上与亚运会在21世纪所面临的可持续发展问题密切相关。

---

① 辛江：《漫笔韩国体育》，《新体育》，2014年第10期，第52页。
② 佚名：《别开"生"面》，《新体育》，2014年第10期，第17页。
③ 新华社首尔9月3日体育专电（新华社记者张青）：《韩国民众"冷观"亚运》，http://sports.sina.com.cn/yayun2014/o/2014-09-03/09417320169.shtml。

历届亚运会韩国所获奖牌

届 数	举办时间与举办地	金 牌	银 牌	铜 牌	总 计	备 注
1	1951年印度新德里	/	/	/	/	未参赛
2	1954年菲律宾马尼拉	8	6	5	19	
3	1958年日本东京	8	7	12	27	
4	1962年印度尼西亚雅加达	4	9	10	23	
5	1966年泰国曼谷	12	18	21	51	
6	1970年泰国曼谷	18	13	23	54	
7	1974年伊朗德黑兰	16	27	15	58	
8	1978年泰国曼谷	18	20	31	69	
9	1982年印度新德里	28	28	37	93	
10	1986年韩国汉城	93	55	76	224	
11	1990年中国北京	54	54	73	181	
12	1994年日本广岛	63	56	64	183	
13	1998年泰国曼谷	65	47	52	164	
14	2002年韩国釜山	96	80	84	260	
15	2006年卡塔尔多哈	58	53	82	193	
16	2010年中国广州	76	65	91	232	
17	2014年韩国仁川	79	71	84	234	
18	2018年印度尼西亚雅加达	49	58	70	177	
总 计		745	667	830	2242	

十三、吉尔吉斯斯坦

国名：吉尔吉斯共和国（简称吉尔吉斯斯坦）

首都：比什凯克

面积：19.99万平方公里

人口：663.68万（2021年数据）

参加亚运会届数：7届（12—18）

承办亚运会届数：0届

吉尔吉斯地区历史上经历过契丹、蒙古和浩罕汗国的统治，1876年被沙皇俄国吞并，苏联成立之后为其下属的一个加盟共和国。1991年8月31日，吉尔吉斯斯坦在苏联走向解体时宣布独立。

吉尔吉斯斯坦在中亚5国中，面积最小，人口最少，竞技体育运动水平也比较低，苏联时期在历届全苏运动会上排名均在最后三名的队伍中。吉尔吉斯斯坦从1994年开始参加亚运会，强项是现代五项和马术，在举重、摔跤和个别田径项目上也有一定实力，苏联时代有一位以2.41米创造当时世界纪录的跳高名将帕克林，就是吉尔吉斯斯坦人，不过这已经是1985年的往事。世事沧桑，江山易主，在吉尔吉斯斯坦所参加的7届亚运会里，它的成绩不佳，排名始终在中下游里徘徊着。

虽然吉尔吉斯斯坦竞技体育水平不高，但民间传统体育开展得非常红火，颇具特色。"古代吉尔吉斯族是生活在广袤草原上、逐水草而居的游牧民族。他们的传统体育运动具有反映游牧生活以及抗击敌人、保护自己的特点。"[①]在民族体育事业方面，吉尔吉斯斯坦享有一项世界之最的荣誉——创办了世界游牧民族运动会。2014年，在吉尔吉斯共和国前总统阿坦巴耶夫的倡议下，第1届世界游牧民族运动会在吉尔吉斯斯坦的旅游胜地、世界第二大高山湖伊塞克湖畔举行，参加赛会的有俄罗斯、韩国、阿富汗等17个国家和地

---

① 胡振华：《中亚五国志》，中央民族大学出版社，2006年，第106页。

区的代表队，进行赛马、猎鹰、叼羊、摔跤等11个项目的角逐。运动会办得很成功，大受好评，这一来事情就搞大了，吉尔吉斯斯坦接连举办了3届世界游牧民族运动会，规模也越来越大。2018年第3届世界游牧民族运动会有80个国家和地区的2000多名运动员参加，比赛项目发展到37个，中国也派出一支以蒙古族选手为主体的38人（30名运动员和8名官员）代表团参赛。第4届世界游牧民族运动会于2022年9月移师土耳其举行，第5届定于2024年在哈萨克斯坦举行。吉尔吉斯斯坦创办世界游牧民族运动会的宗旨，在于保存和复兴全世界游牧民族的历史文化遗产，发展世界民族体育运动。每一届游牧民族运动会既有观赏性，又有趣味性，吸引世界各地的观众和游客云集于此，这可算得上是小国吉尔吉斯斯坦对世界文化和体育事业做出的一项重要贡献。

历届亚运会吉尔吉斯斯坦所获奖牌

届 数	举办时间与举办地	金 牌	银 牌	铜 牌	总 计	备 注
1	1951年印度新德里	/	/	/	/	未参赛
2	1954年菲律宾马尼拉	/	/	/	/	未参赛
3	1958年日本东京	/	/	/	/	未参赛
4	1962年印度尼西亚雅加达	/	/	/	/	未参赛
5	1966年泰国曼谷	/	/	/	/	未参赛
6	1970年泰国曼谷	/	/	/	/	未参赛
7	1974年伊朗德黑兰	/	/	/	/	未参赛
8	1978年泰国曼谷	/	/	/	/	未参赛
9	1982年印度新德里	/	/	/	/	未参赛
10	1986年韩国汉城	/	/	/	/	未参赛
11	1990年中国北京	/	/	/	/	未参赛
12	1994年日本广岛	0	4	5	9	
13	1998年泰国曼谷	0	3	3	6	
14	2002年韩国釜山	1	5	6	12	
15	2006年卡塔尔多哈	0	2	6	8	
16	2010年中国广州	1	2	2	5	
17	2014年韩国仁川	0	2	4	6	
18	2018年印度尼西亚雅加达	2	6	12	20	
总 计		4	24	38	66	

十四、柬埔寨

国名：柬埔寨王国

首都：金边

面积：18.1万平方公里

人口：约1600万

参加亚运会届数：12届（2—4、6—7、12—18）

承办亚运会届数：0届

柬埔寨于公元1世纪建国，到吴哥王朝（802—1432）发展到鼎盛时期。吴哥王朝盛极一时，成为东南亚的强国，今天的越南中部以南区域都曾是它的版图。15世纪后柬埔寨国势衰落，世界文化遗产吴哥窟遗址湮没在热带丛林中400多年，直到1861年才被发现，如今已成为柬埔寨文化和东方神秘之美的象征。

近代时期随着法国殖民势力的进入，柬埔寨在1863年沦为法国的保护国。法国在柬埔寨实行间接统治，仍然保留着柬埔寨的王族。1941年，19岁的诺罗敦·西哈努克登基成为柬埔寨新国王。西哈努克虽是一个被法国殖民机构严密控制的国王，但他竭力树立开明进步的王族形象，为柬埔寨的独立不懈努力，积极争取国际社会支持，与法国展开持久谈判。1953年11月9日，柬埔寨终于以和平方式获得完全独立，年轻的国王西哈努克也因此成为东南亚乃至亚洲的一颗政治新星。

西哈努克执政时期的柬埔寨受到地缘政治斗争牵累，可谓多灾多难，20世纪60年代越南战争爆发，社会主义与资本主义两大阵营的百万大军在柬埔寨的邻国厮杀10多年，柬埔寨亦难逃劫数。1970年柬埔寨首相朗诺发动政变，西哈努克政权被推翻，得到中国和国际社会支持的西哈努克在北京建立流亡政权继续他的领导。朗诺政权的统治随着1975年越南战争结束而告终结，西哈努克回国，仅仅3年之后，1978年柬埔寨又陷入与越南的战争，这就是著名的"柬埔寨战争"。战争持续到1991年，交战各方在联合国主持下签署柬埔寨和平协定，柬埔寨从此开始逐步恢复和平生活。

柬埔寨与亚洲体坛以及亚运会的关系，与西哈努克时期统领柬埔寨这一历史阶段紧密相关，也因此产生许多历史恩怨。西哈努克宣称自己"是个喜欢体育的国王。我在王国里，提倡体育运动，并以身作则"[①]。作为国王，他主要爱好有着贵族气息的马术运动，柬埔寨第一次出现在奥运会赛场是1956年第16届墨尔本奥运会，派去的就是一支马术队。西哈努克还尽力推动建设体育设施，他在回忆录中说：到20世纪60年代初，柬埔寨修建了40多个省级体育场，几百个足球、篮球和排球场。[②]

尽管国王极力推动柬埔寨体育事业发展，鉴于柬埔寨是一个贫穷的农业国，经济落后，柬埔寨竞技体育运动在亚洲可以说毫无地位可言。1953年柬埔寨独立之后，连续参加了1954—1962年间的第2届至第4届亚运会，由于实力实在太弱，一块奖牌未得，对于心高气傲的西哈努克而言，这个成绩未免有点难堪。想拿奖牌有一条捷径，就是争取举办诸如亚运会这样的大型国际赛事，东道主总是可以沾沾近水楼台的好处，不过对于柬埔寨这样体育实力和经济实力双双不足的国家，只能是望会兴叹。谁料机缘凑巧，亚洲地缘政治的对抗为柬埔寨提供了机会。在第4届亚运会期间，围绕中国台湾和以色列的参赛问题，亚洲体坛发生激烈冲突乃至分裂，在这样的背景下，一项与亚运会分庭抗礼的体育赛事诞生——亚洲新兴力量运动会（简称亚新会），柬埔寨被选中作为第1届亚新会举办国。柬埔寨自己本没有实力举办这样的大型赛会，然而这个亚新会对柬埔寨而言是一个从天而降的大馅饼，赛会主要经费由中国承担，中国还为柬埔寨援建一个现代化的国家综合体育场和大量体育设施，并为柬埔寨培训各个项目运动队（详见：纪事本末·亚洲体坛叹分合）。柬埔寨以倾国之力投入亚新会：亚新会开幕式持续4个小时，大型团体操的背景台组织2万名青少年担任背景图案组字表演，开幕式和闭幕式都安排大型焰火晚会，凡此种种，营造出流光溢彩花团锦簇的场景。由于亚新会是政治对抗的产物，所以在竞技方面也讲求均衡与友谊，最后，在17个国家和地区上千名运动员参加的亚新会中，柬埔寨共获得13枚金牌、33枚银牌、57枚铜牌，以总计103枚奖牌仅次于中国和朝鲜的成绩，排在奖牌榜第3位。[③]根据西哈努克本人的记述，柬埔寨总奖牌数与朝鲜相同，并列奖牌榜第2，以

---

① ［柬］诺罗敦·西哈努克：《西哈努克回忆录——甜蜜与辛酸的回忆》，黑龙江人民出版社，1987年，第109页。
② ［柬］诺罗敦·西哈努克：《西哈努克回忆录——甜蜜与辛酸的回忆》，黑龙江人民出版社，1987年，第368页。
③ 中国体育年鉴编辑委员会：《中国体育年鉴1966—1972》，人民体育出版社，1983年，第480页。

金牌少于朝鲜排列金牌榜第3位。①这样的成绩，无疑是柬埔寨体育事业的巅峰。

亚新会既然是与亚运会唱对台戏的赛事，柬埔寨自然就不会去参加1966年第5届亚运会。1970年柬埔寨发生首相朗诺发动的军事政变，西哈努克被迫流亡国外。由于朗诺是通过政变推翻合法的西哈努克政权上台，所以朗诺政权没有获得广泛的国际承认，西哈努克亲王在国外领导柬埔寨流亡政权进行抗战，中国政府在外交上继续承认西哈努克政权，不承认朗诺政权。这一外交行为反映到体育领域，在国际比赛中，中国运动员遇到朗诺政权的运动员就一律弃权退赛。其中最著名的事件，是1971年4月在日本举行的第31届世界乒乓球锦标赛上，中国曾获三届男子单打世界冠军的运动员庄则栋，在男子单打第二轮比赛时遇到朗诺政权运动员柯武，庄则栋宣布弃权退赛。②

政变上台的朗诺政权组团参加1970年和1974年亚运会，国内出版的亚运会资料中称其为"柬埔寨朗诺集团"③。之后由于陷入柬埔寨战争，柬埔寨缺席了1978—1990年间的第8届至第11届亚运会。

1991年柬埔寨战争结束之后，柬埔寨重返亚洲体坛，多年战乱使柬埔寨体育事业一片萧条，全国甚至找不出一座铺设草皮的足球场，国际足联为此还特别向柬埔寨提供40万美元以改善设施。柬埔寨派出十几名运动员出席1994年第12届亚运会，参加羽毛球、拳击、柔道和乒乓球4个项目比赛；1998年第13届亚运会，柬埔寨派出70名运动员参加11个项目的比赛角逐。"由于受国家经济条件的限制，柬埔寨代表团实际需要9万美元的运动员参赛费用，但政府只筹集到7万美元。有一些项目完全靠商人和其他国家的赞助，比如足球队由当地商人出资，藤球队的费用则由泰国赞助。"④

在1994—2010年间5届亚运会中，柬埔寨于奖牌上一无所获，直到2014年仁川亚运会，女子跆拳道运动员索恩在73公斤以上级比赛中夺得1枚金牌。这枚金牌对柬埔寨而言可谓含金量十足：这是柬埔寨自参加亚运会以来获得的第一枚金牌，也是自1970年亚运会之后时隔44年，柬埔寨获得的又一枚亚运会奖牌，索恩因此得到柬埔寨政府约2万美元的奖金。4年之后2018年雅加达亚运会，柬埔寨选手又夺得2枚金牌和1枚银牌，再次创造柬

---

① ［柬］诺罗敦·西哈努克：《西哈努克回忆录——甜蜜与辛酸的回忆》，黑龙江人民出版社，1987年，第370页。
② 谭学书：《第三十一届世乒赛中国运动员弃权始末》，王泰平：《乒乓外交的回忆——纪念第三十一届世界乒乓球锦标赛四十周年》，中央文献出版社，2011年，第144—155页。
③ 《中国体育年鉴》编辑委员会：《中国体育年鉴1966—1972》，人民体育出版社，1983年，第710页。
④ 李晨阳等：《柬埔寨》，社会科学文献出版社，2005年，第336—337页。

埔寨体育运动的历史。

柬埔寨与中国近年来在体育事业合作上也有新进展。2023年5月，柬埔寨作为东道主举办第32届东南亚运动会，柬埔寨声称办赛费用超过2亿美元。根据中国新闻网的报道："为帮助柬埔寨举办和备战第32届东南亚运动会，中国政府不仅承担了柬埔寨举办2023年东南亚运动会体育场建设项目，而且还实施了援柬体育技术援助项目，邀请柬国家队运动员赴华集训。"[①]柬埔寨共派出12支不同项目160名国家队运动员、教练员来中国训练。中国援建的柬埔寨国家体育场在2021年9月12日正式竣工移交，这座体育场占地面积约16公顷，建筑面积约8公顷，可容纳6万名观众，是中国政府迄今对外援助中规模最大、等级最高的体育场，作为2023年柬埔寨东南亚运动会的主场馆使用。[②]

---

① 欧阳开宇：《中国援柬体育技术援助项目柬运动队赴华训练欢送仪式举行》，中国新闻网，2022年9月13日，https://baijiahao.baidu.com/s?id=1743858379703671436&wfr=spider&for=pc.
② 赵益普：《中国援建柬埔寨国家体育场项目通过竣工验收》，人民网，2021年12月19日，https://baijiahao.baidu.com/s?id=1719544445479795357&wfr=spider&for=pc.

历届亚运会柬埔寨所获奖牌

届　数	举办时间与举办地	金　牌	银　牌	铜　牌	总　计	备　注
1	1951年印度新德里	/	/	/	/	未参赛
2	1954年菲律宾马尼拉	0	0	0	0	
3	1958年日本东京	0	0	0	0	
4	1962年印度尼西亚雅加达	0	0	1	1	
5	1966年泰国曼谷	/	/	/	/	未参赛
6	1970年泰国曼谷	0	2	3	5	
7	1974年伊朗德黑兰	0	0	0	0	
8	1978年泰国曼谷	/	/	/	/	未参赛
9	1982年印度新德里	/	/	/	/	未参赛
10	1986年韩国汉城	/	/	/	/	未参赛
11	1990年中国北京	/	/	/	/	未参赛
12	1994年日本广岛	0	0	0	0	
13	1998年泰国曼谷	0	0	0	0	
14	2002年韩国釜山	0	0	0	0	
15	2006年卡塔尔多哈	0	0	0	0	
16	2010年中国广州	0	0	0	0	
17	2014年韩国仁川	1	0	0	1	
18	2018年印度尼西亚雅加达	2	0	1	3	
总　计		3	2	5	10	

十五、卡塔尔

国名：卡塔尔国

首都：多哈

面积：1.1521万平方公里

人口：288.1万（2020年数据）

参加亚运会届数：11届（8—18）

承办亚运会届数：1届（2006年第15届，多哈）

卡塔尔历史上曾经是阿拉伯帝国的一部分，之后历经葡萄牙、奥斯曼帝国和英国的统治，1971年9月获得独立。卡塔尔是君主制国家，实行家族世袭，国家元首称埃米尔，埃米尔有人说是酋长，我们习惯上理解为国王，埃米尔家族类似于王室。

卡塔尔国土面积不大，在亚洲48个国家中排名倒数第7，与我国天津市的面积相当；全国200多万人口中，卡塔尔本国公民只占约15%，其余都是外籍人口。作为一个土地面积和人口数量都极不起眼的小国，卡塔尔却以其不同寻常的内政外交方针和治国理政实践，独步海湾国家与阿拉伯世界。

地处海湾地区的卡塔尔遍布沙漠，地表荒凉，但是石油和天然气储量相当丰富，石油储量居世界第13位，天然气储量居世界第3位，整个国家仿佛坐在一只油盆子或气罐子上，往地底下打井不会出水只会出油和冒气（天然气）。卡塔尔的饮用水主要依靠海水淡化，水比汽油还贵。卡塔尔不差钱，石油和天然气产业是他家的聚宝盆和摇钱树，人均国内生产总值6.17万美元（2020年数据），出手办事绝对财大气粗。

卡塔尔的政治倾向和外交方针也是不同寻常。作为信奉伊斯兰教的阿拉伯国家，卡塔尔在社会文化和国际关系方面，与西亚其他阿拉伯国家相比显得有点另类，或者说，开放度更高一些。中东地区的阿拉伯国家与得到美国支持的以色列之间由于经年对抗，使得阿拉伯世界弥漫着反美情绪，阿拉伯国家政府在处理与美国的关系时一般比较谨慎。不过海湾六国（科威特、沙特阿拉伯、巴林、卡塔尔、阿联酋和阿曼）则有所不同，因为海湾六国地理上与伊拉克和伊朗挨得很近,有的国家还吃过两伊的大亏,所以海湾国家在自身安全方面,需要美国的帮助。这当中排第一号的是科威特,因为是以美军为主的多国部队在海湾战争中帮助科威特复国;卡塔尔则是另一个与美国走得很近的阿拉伯国家。最能说明关系紧密程度的就是军事关系,在20世纪90年代海湾战争和2003年对伊拉克萨达姆政权战争期间,卡塔尔成为美军中央司令部的前线指挥中心。战后美军常驻卡塔尔,卡塔尔乌代德基地是美国空军在海外最大的军事基地,卡塔尔埃斯萨利亚陆军兵营则是美国中央司令部最重要的陆军基地,"卡塔尔美军基地承担实施美国地区战略的核心地位……卡塔尔是美当前在海湾地区最可靠的盟国"[1]。

卡塔尔拥有一家在阿拉伯世界乃至全世界都具有重要影响力的电视媒体——半岛电视台。1996年,卡塔尔投资1.37亿美元创立半岛电视台。半岛电视台将英国广播公司(BBC)阿拉伯语频道全部设备买下,用高薪聘用BBC多年培育的阿拉伯频道著名主持人、记者、技术人员,再加上从其他渠道招募的人才,半岛电视台因而聚集了众多阿拉伯世界电视新闻业界精英,迅速成长为国际性大媒体,绰号"中东CNN",是世界上收视人口跨度最广的新闻频道之一。半岛电视台的播送内容和方式既时尚又大胆,在国际新闻界独树一帜,被称作"最富有争议性的电视台"。在阿拉伯地区,半岛电视台的影响力已经远远超过美国新闻网。有这样一种说法,在海湾地区,无论走到哪里,只要有阿拉伯人在看电视新闻,基本上都是在看半岛电视台的新闻节目。

我国驻中东地区国家大使馆官员对卡塔尔进行考察后做出这样的评价:"卡塔尔的神奇表现在各个方面:国小人少而人均国民收入或者说人均国民生产总值长期处于世界前列;富甲天下而不过分炫耀,更少财大气粗的傲慢之状……在各方面向现代化建设迈进之中,十分注意保持自己的民族特色、传统和风俗习惯;在为数有限的人口中,四分之三为外籍人,但相互共处和睦并相得益彰;虽出于历史传统为男人的天下,而妇女受教育的程度并不逊于须眉……如此等等,充分反映了卡塔尔与众不同的特色,在各种矛盾之中享有和谐的平衡,令人刮目相看。"[2]

再看在卡塔尔国家发展战略中具有重要地位的体育领域,这是卡塔尔非常喜欢也舍得下大手笔的领域,"是卡塔尔扩大全球影响力的几个重点领域之一。1995年以来,凭借雄厚的财力支持,卡塔尔的体育事业发展很快,形成了独特的卡塔尔体育现象"[3],取得了

---

[1] [英]休·迈尔斯:《意见与异见——半岛电视台的崛起》,学林出版社,2006年,序。
[2] 孙培德、史菊琴:《卡塔尔》,社会科学文献出版社,2009年,自序1。
[3] 李绍先:《卡塔尔》,大连海事大学出版社,2018年,第42页。

不俗成就。

卡塔尔竞技体育水平起点很低，并且由于人口少，难以形成雄厚基础，卡塔尔为此采取多种举措优先发展竞技体育。

第一，逐步健全加大对体育场馆的投资。卡塔尔体育场馆建设有两个高潮：一是为举办2006年多哈亚运会，卡塔尔从原来全国只有1座可以投入使用的场馆，发展到30个配备一流的场馆；二是为举办2022年世界杯足球赛，卡塔尔新建和翻建8座世界一流体育场，设计之精妙、设施之完备令人叹为观止。8座体育场全部使用最新设计的制冷系统，要建设这么多座安装全空调设施的国际标准足球场——注意，是"场"不是"馆"——这个钞票还真不是一般"土豪"出得起的。

第二，大力引进体育人才，按照通俗的说法，就是"归化"。卡塔尔大量吸纳外国运动员入籍，达到在短期内提高本国竞技体育水平之目的。2000年，卡塔尔从保加利亚引进8名举重运动员，其中的阿萨德在悉尼奥运会上获得1枚铜牌，根据媒体计算，引进费用加上其他开销，这块铜牌足足价值1亿美元。2003年，卡塔尔又将肯尼亚3000米障碍赛世界纪录保持者切诺拉引进卡塔尔，为安抚肯尼亚方面，卡塔尔承诺为其建设一座造价1000万美元的体育场。获得卡塔尔国籍后仅17天，切诺拉就为卡塔尔拿到历史上首枚田径世界锦标赛金牌。[①]2021年东京奥运会，卡塔尔实现奥运会金牌零的突破，而且一拿就是2枚。这2枚金牌的获得者都是外来移民后裔：第1枚金牌获得者是男子举重96公斤级运动员埃及裔的法里斯·易卜拉欣·埃尔巴赫，他的父亲曾代表埃及队参加过1984、1988、1992年三届奥运会；第2枚金牌获得者是男子跳高运动员苏丹裔的穆塔兹·伊萨·巴希姆。

第三，积极申办和承办大型国际体育赛事，这是一招可以立竿见影的战略举措。在承办赛事方面，卡塔尔并不挑肥拣瘦，即便是国际上比较小众的运动项目也来者不拒。例如卡塔尔乒乓球公开赛，这项赛事创办于1994年，是国际乒联举办的职业巡回赛系列赛中的一站，本属于稀松平常的比赛，但是卡塔尔设立高额奖金，比同级别的比赛奖金高出数倍。卡塔尔乒乓球公开赛自2019年起又将总奖金额从30万美元提升到40万美元，其中单打冠军4.4万美元，亚军也有2.2万美元，成为国际乒坛奖金总额最高的国际公开赛，吸引世界顶尖高手纷纷前来参赛，将卡塔尔乒乓球公开赛办成了仅次于世界大赛的乒乓球赛事。

卡塔尔从1978年第8届亚运会开始参赛，虽然国小人少，但体育实力却不俗，在亚运会奖牌榜的位次基本维持在中流水平。2006年多哈亚运会，卡塔尔借助东道主地利，把奖

---

① 唐磊：《卡塔尔：小国的体育大国梦》，《中国新闻周刊》，2006年12月11日，第81页。

牌榜位次提高到第9名这一前所未有的高度。

卡塔尔田径运动水平比较高，在该国尚未大规模引进外籍运动员之前，就拥有很多优秀的本土选手，卡塔尔体育界人士对此的解释是："我们坚信沙漠中的卡塔尔人具有天生的爆发力和耐力，最适合田径运动。"① 卡塔尔先后从20多个国家聘请田径教练前来执教，平均每3名卡塔尔国家田径队员就有1名外教，使卡塔尔田径水平迅速提升，其中最著名的运动员就是号称"亚洲飞人"的曼索尔。曼索尔在1986年第10届汉城亚运会上夺得男子100米金牌，这是卡塔尔亚运会历史上的首枚金牌。之后，曼索尔在1990年北京亚运会和1994年广岛亚运会上蝉联该项目冠军，成为亚运会历史男子百米三冠王，"亚洲飞人"实至名归。曼索尔因此成为卡塔尔的民族英雄，他身为卡塔尔军队军官，军阶伴着成绩不断提升，汉城亚运会是少尉，北京亚运会是中尉，广岛亚运会晋升为上尉，并得到卡塔尔政府奖励的住宅和豪车。② 在北京亚运会上，曼索尔领衔的卡塔尔田径队获得3金2银战绩（男子100米、1500米、5000米金牌和男子400米、4×400米接力两枚银牌），排在中国和日本之后，力压韩国，跃居亚洲田坛第三名。进入21世纪之后，归化运动员开始成为卡塔尔夺牌的主力军，2018年雅加达亚运会田径赛场，以归化运动员为主的卡塔尔田径队获得男子400米、400米栏、4×400米接力比赛的金牌。③

让卡塔尔一举名满天下的是2006年第15届多哈亚运会。2001年11月，亚奥理事会就2006年亚运会举办权进行表决，当时提出申办的有卡塔尔多哈、中国香港、马来西亚吉隆坡和印度新德里这几家。卡塔尔政府从国家发展战略的政治和经济层面出发，为争取主办权做了大量工作。亚奥理事会的多数成员认为历届亚运会除伊朗德黑兰之外，基本都在亚洲东部举办，出于地域平衡考虑，最后在投票时把票投给多哈，这也是亚运会第一次于冬季举办。卡塔尔作为第一个承办亚运会的阿拉伯国家，非常希望借助亚运会使本国经济上一个台阶。多哈与阿联酋的迪拜隔着波斯湾遥遥相望，迪拜的第三产业非常发达，是海湾地区的中心旅游商贸城市，海湾上的一颗明珠，世界知名度极高，多哈与之相比不免相形见绌。卡塔尔不差钱，希望通过举办亚运会让多哈也成为海湾西边的一颗新明珠。④ 卡塔尔政府为举办多哈亚运会投入巨款，根据媒体报道，花费的金额28亿美元打底。"奢华，

---

① 陈建华：《在卡塔尔跃居亚运田坛老三的幕后》，《新体育》，1990年第11期，第28页。
② 杨明：《中尉父亲》，《新体育》，1994年第11期，第26—27页。
③ 田兵：《从西亚的二度崛起看亚洲田径新格局》，《新体育》，2018年第10期，第28页。
④ 方达儿等：《亚运掘金：广州亚运会赞助商营销历程》，华南理工大学出版社，2010年，第6页。

是多哈亚运的一大看点。"①多哈亚运会"电视转播制作标准人为地提高到与奥运会差不多的程度"②。开幕式的恢宏场面和科技含量，被认为超过历届亚运会，甚至超过奥运会的开幕式演出。有媒体进行了比较：2000年悉尼奥运会开幕式澳大利亚耗资6500万美元，2004年雅典奥运会开幕式希腊花费1.2亿欧元，2006年多哈亚运会开幕式的资金则超过1.8亿美元。卡塔尔聘请悉尼奥运会开幕式导演作为多哈亚运会开幕式导演，从世界各地聘请1000多名专家组成团队。自己没有交响乐团的卡塔尔干脆聘请中国广州交响乐团为亚运会演出。卡塔尔准备了30个配备一流的场馆；上万名运动员和5000多名记者都住进高档公寓，并免费提供堪称亚运会历史上最丰盛的食谱。主新闻记者餐厅24小时营业，餐饮风格包括阿拉伯、中国、日本、印度等，每天品种超过200个。组委会甚至还免费用卡塔尔航空公司的头等舱接送亚洲记者参加新闻发布会。③

大型运动会开幕式上的点火仪式，往往构思巧妙充满悬念，卡塔尔人就在多哈亚运会向世人奉献出一幕颇具阿拉伯文化风情的"王子策马点火"经典场景。担任点火手的是卡塔尔王室18岁王子阿勒萨尼，排行老五，中国观众戏称其为"五阿哥"。只见这位"五阿哥"在雨中手持火炬纵马冲上火炬台，在临近台顶时，王子的坐骑跟跄打滑："骑士阿勒萨尼努力压低自己的重心，身体紧贴在马背上，夹马肚回马鞭，人马合一，终见一跃，冲上平台，圣火点燃……那雨夜中瞬间的绽放，苍凉美丽，悲壮震撼。"④

选择地处西亚的多哈举办亚运会原被认为是一个带有政治含义的选择，卡塔尔倾国之力，将多哈亚运会办成一届气势宏大色彩斑斓并带有奢华之气的体育和文化盛会，媒体称其为"真正的大漠盛宴"⑤。尤其具有里程碑意义的是：随着2003年12月1日亚奥理事会恢复伊拉克会员资格，多哈亚运会终于第一次实现亚奥理事会所有45个成员全部到会，也就是亚洲体坛期盼已久的"全家福"。从这之后历届亚运会，均保持着这一纪录。

多哈亚运会还有一个重要意义，就是对于西亚国家尤其是阿拉伯国家妇女参加体育运动和体育比赛带来的推动作用。卡塔尔是阿拉伯世界第一个允许女运动员穿短裤参加比赛的国家；2006年多哈亚运会组委会几乎每个岗位都有女性，志愿者队伍中妇女占相当比例，她们大大方方地露出面庞和男性一起工作；在观看比赛的人群中，常可以看到穆斯林

---

① 罗京军、李婉芬：《向亚洲出发》，广州出版社，2009年，第6页。
② 宁肖周：《筑梦海心沙：宁肖周的亚运日记》，花城出版社，2011年，第130页。
③ 唐磊：《卡塔尔：小国的体育大国梦》，《中国新闻周刊》，2006年12月11日，第80页。
④ 丁瑶瑶：《多哈亚运开幕式成永恒经典 王子与马惊心动魄》，《沈阳日报》，2014年9月19日。
⑤ 老王：《多"哈"亚运》，《新体育》，2007年第1期，第2页。

妇女的身影，而且和男性同坐在一个看台上。"亚运会使卡塔尔妇女掀开了面纱，走上了体育舞台，尽管仅仅是掀开了一角，仅仅是走了一步，但这一步弥足珍贵。"①

再放眼西亚地区：2000年悉尼奥运会上，来自巴林的法蒂玛·格拉什和也门的希娜·阿里·艾哈迈德，成为阿拉伯半岛历史上首次参加奥运会的女子运动员；2002年釜山亚运会，卡塔尔体育代表团出现了首批女性运动员；2002年科威特3名女子跆拳道选手参加在伊朗举行的国际跆拳道比赛；2005年在多哈举行的第3届西亚运动会首次允许妇女参加；2006年多哈亚运会，许多来自阿拉伯和西亚国家的女子选手参加10多个项目的比赛，科威特女子运动员数量达到54人；约旦派出西亚第一个女子足球队参加多哈亚运会的比赛；伊拉克女子沙滩排球运动员首次亮相亚洲大赛的舞台；多哈亚运会之后的2007年，科威特公主萨巴赫担任海湾阿拉伯国家女子体育运动委员会主席职务，在她的努力下，2008年3月在科威特举办了首届海湾阿拉伯国家女子运动会，比赛项目包括篮球、乒乓球、跆拳道、田径和射击等项目，参赛者甚至可以自由选择是否佩戴面纱，这一赛事成为西亚妇女体育发展史上一个里程碑。②凡此种种，都是进入21世纪之后阿拉伯国家女性地位改变的一个缩影。

多哈亚运会期间，卡塔尔代表团中还出现了一个中国人面孔，这就是曾获国际象棋女子世界冠军的诸宸。诸宸与卡塔尔棋手穆罕默德结婚后，加盟卡塔尔国际象棋队，卡塔尔把国际象棋设为多哈亚运会比赛项目，希望能够靠她获得1枚金牌。按照规定，所有参加亚运会的运动员都应该住在亚运村，但诸宸夫妇被特许亚运会期间可以住在家里。遗憾的是诸宸最终获得第三名，没有能够为卡塔尔夺得冠军。③

多哈亚运会的成果让亚洲和世界加深了对卡塔尔这个国家和民族的了解，多哈亚运会的成功也给予卡塔尔强大的自信心和竞争力。2020年12月16日，亚奥理事会在阿曼首都马斯喀特召开全会，会议的重要议程是确定2030年亚运会主办地。多哈再次提出申办亚运会，在与沙特阿拉伯首都利雅得的竞争中，多哈胜出，又一次赢得亚运会主办权。利雅得虽然在与多哈的竞争中落败，但亚奥理事会顺水推舟，将2034年亚运会主办权授予利雅得。

卡塔尔获得2022年足球世界杯决赛地举办权的过程，更是充满戏剧性。卡塔尔的竞争

---

① 安莉：《光荣与梦想》，长春出版社，2008年，第82页。
② 谭新莉、戴志鹏：《管窥西亚体育近二十年之发展》，《山东体育学院学报》，2011年第2期，第37页。
③ 第16届亚运会组委会宣传部：《亚运人物志》，广东世界图书出版公司，2010年，第36页。

对手是澳大利亚、日本、韩国和美国,原本卡塔尔的呼声最低,卡塔尔人运筹帷幄,纵横捭阖,最终大爆冷门,后来居上,夺得主办权。由于在此之前卡塔尔足球队从未参加过世界杯决赛圈的比赛,国际足联为此也破了世界杯主办国必须具备曾打入决赛圈经历的潜规则。能举办世界杯足球赛这样全球顶级的单项体育赛事,卡塔尔为自己国家的发展又争取到新动力。

历届亚运会卡塔尔所获奖牌

届 数	举办时间与举办地	金 牌	银 牌	铜 牌	总 计	备 注
1	1951年印度新德里	/	/	/	/	未参赛
2	1954年菲律宾马尼拉	/	/	/	/	未参赛
3	1958年日本东京	/	/	/	/	未参赛
4	1962年印度尼西亚雅加达	/	/	/	/	未参赛
5	1966年泰国曼谷	/	/	/	/	未参赛
6	1970年泰国曼谷	/	/	/	/	未参赛
7	1974年伊朗德黑兰	/	/	/	/	未参赛
8	1978年泰国曼谷	0	0	0	0	
9	1982年印度新德里	0	0	1	1	
10	1986年韩国汉城	1	0	3	4	
11	1990年中国北京	3	2	1	6	
12	1994年日本广岛	4	1	5	10	
13	1998年泰国曼谷	2	3	3	8	
14	2002年韩国釜山	4	5	8	17	
15	2006年卡塔尔多哈	9	12	11	32	
16	2010年中国广州	4	5	7	16	
17	2014年韩国仁川	10	0	4	14	
18	2018年印度尼西亚雅加达	6	4	3	13	
总 计		43	32	46	121	

十六、科威特

国名：科威特国

首都：科威特城

面积：1.7818万平方公里

人口：477万（2020年数据）

参加亚运会届数：12届（7—18）

承办亚运会届数：0届

科威特历史上曾是阿拉伯帝国的一部分。公元18世纪萨巴赫家族在此地建立科威特酋长国，19世纪被奥斯曼帝国所统治。1939年科威特成为英国的保护国。1961年6月19日宣布独立。

科威特国土遍布沙漠戈壁，国内没有一条河流，据说连一口水井都没有，但是石油蕴藏量极其丰富，已探明石油储量居世界第7位，石油、天然气出口占科威特出口总收入的92%，石油美元使科威特富甲一方。"西方经济学家估计，科威特人即使不再生产石油而只吃银行利息，也可以世世代代无忧无虑地生活下去。"①

科威特在许多方面与卡塔尔相类似：两国均位于波斯湾沿岸，国小人少，都是一万多平方公里国土，几百万人口；都是依靠石油天然气产业形成雄厚的经济实力；两国体育实力也相差不大，都处于亚洲中游水平。不过，在亚洲体育界，科威特却有着两项谁都比不了的地位和荣耀，其一："亚奥理事会从一成立起就把总部设在科威特，因为总部设在这里，科威特王室一直在亚洲体育领域扮演着重要角色"②；其二：迄今为止担任亚奥理事会主席职位的只有两人，他们都是科威特人，而且是父业子承。

科威特1974年与中国同步第一次出现在亚运会赛场，虽然科威特亮相亚洲体坛的历史

---

① 董漫远：《科威特的历史变迁》，《中国民族》，1991年第3期，第38页。
② 袁越：《亚洲之路：第16届广州亚运会亚洲宣传之旅的故事》，中国经济出版社，2010年，第115页。

并不长，但对于亚洲体坛的职位还是很有想法。20世纪80年代之前，亚洲体坛一直没有一个具有权威性的组织机构，1949年成立的亚运会联合会是一个松散型组织，亚洲的国家和地区陆续建立起奥委会，但缺少一个全亚洲洲一级总部。1981年11月26日，亚运会联合会理事会在新德里开会，决定成立亚洲奥林匹克理事会。1982年12月5日，在新德里亚运会结束日，亚洲奥林匹克理事会正式成立，取代亚运会联合会。第一任亚奥理事会主席，是科威特的谢赫·法赫德·阿尔-艾哈迈德·阿尔-萨巴赫亲王，①这名字实在太长，媒体一般就称他为法赫德亲王。

法赫德亲王出生于1945年，是科威特埃米尔（相当于国王）的弟弟，据说排行老八，所以中国民间也趣称他为"八贤王"。法赫德亲王毕业于英国陆军学院，不过他志向不在军界而是体育界。他在体育组织的头衔都相当显赫：科威特奥委会主席，亚洲手球联合会主席和国际手球联合会副主席，科威特足协主席，国际足联副主席，阿拉伯运动会联合会副主席，1981年又当选为国际奥委会委员，是个标准的体育活动家和体育领袖。②在亚运会联合会改组为亚奥理事会的过程中，法赫德亲王确实尽了力，他主张亚洲必须有一个与国际奥委会挂钩的奥林匹克组织，亚运会要按照奥运会那样办，以推动全亚洲体育运动发展。法赫德亲王的想法得到亚洲各国奥委会普遍赞同，加上他作为体育活动家的活动能量和科威特王室的雄厚财力，尽管科威特体育实力很有限，国家影响力在亚洲也很微弱，但法赫德亲王却顺风顺水地成为亚奥理事会第一任主席。然而世事难料，法赫德亲王上任8年之后，一场亡国的灭顶之灾和个人的杀身之祸骤然袭来——伊拉克萨达姆政权入侵科威特。

在中世纪阿拉伯帝国扩张时期，科威特曾被归并到阿拉伯帝国版图，公元750年，阿拉伯阿巴斯王朝定都巴格达（今伊拉克首都），科威特人被视为阿巴斯王朝的臣民。之后历史几经变迁，科威特与伊拉克之间早就物是人非并脱离关系，但伊拉克仍记挂着这笔历史旧账，尤其随着现代石油工业兴起，科威特丰富的石油蕴藏量意味着滚滚财源。科威特宣布独立之时，伊拉克政府立刻发表官方声明，不承认科威特独立，宣称科威特是伊拉克巴士拉省的一部分。③1990年8月2日夜，伊拉克发动吞并科威特的战争，10万大军越境而来，小小的科威特顷刻间全境沦陷。

根据法赫德亲王长子艾哈迈德亲王的回忆，伊拉克军队大举入侵之夜，法赫德亲王并

---

① 国际奥林匹克委员会：《国际奥委会一百年》（第二卷），奥林匹克出版社，1998年，第205页。
② 任锡训：《中外体育名人大辞典》，警官教育出版社，1995年，第1页。
③ 钟志成：《中东国家通史·海湾五国卷》，商务印书馆，2007年，第171—172页。

不在王宫，本可以及时撤离，但他却"不顾家人劝阻，立即驱车直奔王宫，同正在那里反击入侵者的王室卫队并肩作战"①，坚守王宫吸引伊拉克的兵力，以掩护王室成员逃难。法赫德亲王本身就是伊拉克军队的重要目标人物，当时伊拉克奥委会主席是总统萨达姆的长子乌代，他对于小小的科威特居然担任亚洲最高体育机构的掌门人本就不服，而法赫德亲王也看不惯乌代的骄横跋扈，根本不买他的账，时常谴责乌代专横霸道，让他怀恨在心。乌代对伊拉克军队下令："提亚奥理事会主席法赫德的首级来见。"②在王宫保卫战中，法赫德亲王和他的部下，其中包括他的两个儿子，寡不敌众，全部战死。乌代命令伊拉克士兵必须要找到法赫德的尸体，幸好是科威特人先发现亲王遗体，给他换上平民衣服，用牛车拉到一家医院保存，又趁着深夜把遗体偷偷运到郊外的平民墓地埋葬，找块大石头写上一个假名字，留下记号，总算躲过伊拉克士兵的搜寻。法赫德亲王为国殉难，赢得科威特人民的尊敬，他成了科威特的民族英雄，就连万里之外的中国亦有诗人闻此事感而赋诗："敌来王子亦从戎，独率残军守禁宫。弹尽成仁忠血碧，皇家也有大英雄。"③

法赫德亲王对中国相当友好，多次访问中国，北京获得1990年第11届亚运会主办权之后，他率团来北京检查筹办情况，"当他了解到当时尚有8个国家还没有正式报名参加亚运会后，一回到科威特，立即同这些国家联系，最终说服这些国家参加这次亚洲体育盛会"。④所以，这样一个亚洲体坛最重量级人物罹难，为即将开幕的第11届北京亚运会带来严重危机。当时主要有两个问题亟待解决：一是大多数阿拉伯国家对伊拉克的行径极为不满，坚持要将伊拉克从亚奥理事会除名，否则就拒绝参加北京亚运会；二是亚洲体育最高体育机构掌门人之位空缺，由谁补位。

第一个问题处理方式是紧急召开亚奥理事会临时代表大会，会议通过决议，暂停伊拉克亚奥理事会会籍，禁止伊拉克参加亚运会；已经先期到达的伊拉克运动员被礼送出境（详见：列传·伊拉克；纪事本末·度尽劫波亚运在）。

第二个问题的处理略显微妙。当年亚奥理事会成立后，国际奥委会对亚奥理事会的工作并不满意，觉得只是在忙于处理一些日常事务，缺乏新想法，工作没有实质性进展。所以国际奥委会有意推动中国去接任主席职务，中国方面也就此事与法赫德亲王接触过，

---

① 黄菊英：《法赫德亲王为国殉难》，欧洋、晓闻主编：《新时期优秀国际通讯选》，新华出版社，1998年，第123页。
② 魏纪中：《我的体育生涯》，新华出版社，2008年，第167—168页。
③ 蒿峰：《云起楼诗存》，山东人民出版社，2019年，第228页。
④ 黄菊英：《法赫德亲王为国殉难》，欧洋、晓闻主编：《新时期优秀国际通讯选》，新华出版社，1998年，第123页。

"亲王的态度很好，但立场很坚定——不让"①。现在亲王遇难，主席位子空缺，加之亚运会又即将在北京举行，对于中国来说，应该是一个机会。不过，审时度势的结果，中国方面觉得"当时的政治条件还是不够成熟，小平同志'不扛旗、不当头'的指示是英明、有远见的"②。因此，就地取材，子承父业，亚奥理事会紧急推选已故法赫德亲王的长子艾哈迈德亲王接任亚奥理事会主席。这位小亲王也并非等闲之辈，他的全名是谢赫·艾哈迈德·阿尔-法赫德·阿尔-萨巴赫，③简称艾哈迈德亲王（亦译为阿赫迈德亲王），时年27岁（有的资料为29岁）。艾哈迈德拥有数个博士头衔，他接任其父亚奥理事会主席职务和科威特奥委会主席职务，又于1992年担任国际奥委会委员，还兼任一大堆政府和体育机构职务。艾哈迈德亲王对中国亦十分友好，1998年曼谷亚运会期间，艾哈迈德亲王接受中国国际广播电台记者采访时表示："我曾多次访问你们的国家。除了中国是个美丽的国度外，给我印象很深的是中国人民的友好。可以说，我既和中国的领导人结下了友谊，也成为中国人民的好朋友。因此，在科威特，很多人都称我为（科威特的）'第一中国人'。这也说明我与中国的关系非同一般。"④

直到现在，亚奥理事会的主席仍是这位艾哈迈德亲王。

1961年科威特独立之后，对体育事业发展非常关注。1962年科威特政府发布关于体育机构及公共福利协会的第24号法令，1966年成立国家奥委会，再加上有这么一位狂热喜爱体育事业的"八贤王"当主席，科威特体育上升势头很猛。1965年至1975年，被誉为科威特体育事业"繁荣的十年"⑤。自1974年科威特参加亚运会起，连续几届都有奖牌入账，在第9届新德里亚运会获得1金3银3铜，实现金牌零的突破。科威特在亚运会上得到的首枚金牌，来自女子运动员。这是科威特国防部长的两位千金纳·穆塔瓦和纳·杰米莉亚，在新德里亚运会马术障碍赛的比赛中，她俩以一分不失的成绩，包揽冠亚军。马术比赛是竞技体育中少有的不分男女可以混合参赛的项目，这对姐妹花战胜大老爷们夺冠，成为亚运会奇观之一。

第11届北京亚运会科威特原打算派出一支300人代表团前来，计划至少要夺取6枚奖牌。战祸突降，伊拉克发动战争将科威特吞并，伊拉克还打算组织一个包括被吞并的科威

---

① 魏纪中：《我的体育生涯》，新华出版社，2008年，第104页。
② 魏纪中：《我的体育生涯》，新华出版社，2008年，第104页。
③ 国际奥林匹克委员会：《国际奥委会一百年》（第二卷），奥林匹克出版社，1998年，第206页。
④ 杨滨源等：《亚奥理事会主席法赫德访谈录》，中国国际广播学会编：《'98中国国际广播电台优秀广播节目选评》，中国国际广播出版社，2000年，第182页。
⑤ 向培科：《科威特的体育协会和体育俱乐部》，《阿拉伯世界》，1982年第3期，第100页。

特在内的统一代表团来参加北京亚运会。科威特面临国家灭亡、大多数运动员陷在国内甚至死于战火的局面，但科威特人亡国不亡志，逃出战乱的部分运动员流落到其他国家坚持训练。科威特足球是强项，1980年夺得亚洲杯冠军，1982年世界杯亚洲区预选赛成为亚洲地区唯一出线队。眼下，科威特国家队有15人被困国内，连一支球队都很难组成。科威特究竟能否派出运动员参加北京亚运会成为悬念。在亚运会开幕那一天，科威特人如期出现在北京工人体育场："由54人组成的科威特代表团人人臂缠黑纱走进主会场，以悲壮的形式表达对危难中的祖国的忠诚。不仅是他们，沙特阿拉伯和阿拉伯联合酋长国代表团成员在走进主会场的时候，也纷纷挥舞科威特的旗帜，表示对科威特人民的声援。"[1]全场数万观众向科威特代表团发出热烈的欢呼声。由于亚奥理事会主席法赫德亲王已战死沙场，他在生前已写就的开幕词由斯里兰卡籍副主席罗埃·达西瓦尔代为宣读。达西瓦尔在宣读前说了这么一段话，表达对法赫德亲王的敬意："人们将沉痛怀念他的满腔热情与领导才能。他活着是为服务人类，死是为了保卫祖国。这是一个人死去的最好的方式。"[2]这番话激起全场掌声一片。虽然本届亚运会科威特代表团在奖牌上颗粒无收，但他们的出席，就是亚洲体育事业中民族尊严与和平精神的最好体现。

在1991年1月到2月的海湾战争中，多国部队击败伊拉克萨达姆政权，科威特亡国仅半年时间就得以复国，科威特体育也重新展现生机。科威特复国之后参加了历届亚运会，奖牌榜位置都在十几名，处于亚洲中偏上的地位。

中国与科威特有着密切的体育交往，科威特的体操事业可以说是在中国教练协助下得以开创。1973年，中国国家体操队赴科威特访问，中国体操选手的精彩表演在科威特引起轰动。在科威特方面盛情邀请下，1975年，中国派遣国家体操队教练苏师尧赴科威特出任科威特国家体操队教练。苏师尧在科威特执教10年，为科威特体操事业的发展立下了汗马功劳：1978年第8届和1982年第9届亚运会，科威特男子体操队连续获得团体第6名，进入亚洲6强，在西亚阿拉伯国家中成绩最好；1983年第2届阿拉伯体操锦标赛，科威特获团体冠军，男子项目总共8枚金牌，科威特夺得7枚。这些成绩"在科威特和阿拉伯体操界是史无前例的。这来之不易、引人注目的成绩对科威特体操队更是至高无上的荣誉，科威特埃米尔接见了体操队全体成员"，科威特体操协会秘书长称赞"苏教练是科威特体操的开拓

---

[1] 钱江、缪鲁：《激荡的亚洲魂——第11届亚运会纪实》，百花洲文艺出版社，1991年，第9页。
[2] 钱江、缪鲁：《激荡的亚洲魂——第11届亚运会纪实》，百花洲文艺出版社，1991年，第10页。

者……是科威特体操之父"①。

历届亚运会科威特所获奖牌

届 数	举办时间与举办地	金 牌	银 牌	铜 牌	总 计	备 注
1	1951年印度新德里	/	/	/	/	未参赛
2	1954年菲律宾马尼拉	/	/	/	/	未参赛
3	1958年日本东京	/	/	/	/	未参赛
4	1962年印度尼西亚雅加达	/	/	/	/	未参赛
5	1966年泰国曼谷	/	/	/	/	未参赛
6	1970年泰国曼谷	/	/	/	/	未参赛
7	1974年伊朗德黑兰	0	1	0	1	
8	1978年泰国曼谷	0	0	1	1	
9	1982年印度新德里	1	3	3	7	
10	1986年韩国汉城	0	1	8	9	
11	1990年中国北京	0	0	0	0	
12	1994年日本广岛	3	1	5	9	
13	1998年泰国曼谷	4	6	4	14	
14	2002年韩国釜山	2	1	5	8	
15	2006年卡塔尔多哈	6	5	2	13	
16	2010年中国广州	4	6	1	11	
17	2014年韩国仁川	3	5	4	12	
18	2018年印度尼西亚雅加达	3	1	2	6	
总 计		26	30	35	91	

---

① 苏师尧：《几分耕耘，几分收获》，吴富贵主编：《中国和科威特的故事》，五洲传播出版社，2019年，第188—189页。

十七、老挝

国名：老挝人民民主共和国

首都：万象

面积：23.68万平方公里

人口：727万（2020年数据）

参加亚运会届数：10届（7、9、11—18）

承办亚运会届数：0届

14世纪之前的老挝历史比较模糊，1353年建立的澜沧王国被认为是老挝历史上第一个统一国家，之后几经分分合合，18世纪之后老挝成为暹罗（今泰国）属国。根据1893年法国与暹罗签订的条约，这一地区成为法属殖民地。1947年法国承认老挝获得有限度的独立，1954年日内瓦协议之后老挝获得彻底独立。老挝独立后，长期陷入内战，之后又被卷入邻国的越南战争之中，部分国土成为越战战场，直到1975年随着越南统一，老挝结束国内的政权纷争，实现了民族和睦。

老挝是一个内陆国家，国内经济十分落后，属于世界最不发达国家之一，也是亚洲接受外国援助最多的国家之一。老挝与中国接壤，关系非常密切，老挝与中国一衣带水——发源于中国青海唐古拉山的澜沧江从云南流入老挝后，更名为湄公河。目前中国已经成为老挝第一大外资来源国、第一大援助国和第二大贸易伙伴；中国为老挝援建的项目有国家文化宫、医院等，中国为老挝无偿援建的国家体育场被称之为近些年来东南亚运动会中设施最好的体育场。

老挝的体育事业和竞技水平在亚洲处于末流之列，几乎没有什么说得响的竞技体育项目。为帮助老挝提高体育竞技水平，中国派出武术、排球、网球、羽毛球、游泳、跳水、乒乓球等教练，赴老挝帮助培训运动员。老挝首次参加亚运会是1974年，1978年亚运会缺席，1982年再次参加，1986年再度缺席，直到1990年北京亚运会开始才不再缺席亚运会。

老挝传统体育项目中有一项老挝拳，据说与泰拳系出同门，实战性很强，虽然老挝拳不是亚运会比赛项目，但是拳理相通，有助于老挝拳击、武术项目的开展，"对于老挝体育界来说，中国是老挝的福地，因为老挝在亚运会收获的第一枚奖牌就是在1990年北京亚运会上夺得的"[1]，这枚奖牌就是老挝男子拳击选手冯哥·金达获得的60公斤级铜牌。冯哥在赛后接受中国记者采访时表示："我今天之所以斗志昂扬，是因为中国观众兄弟们给我鼓劲加油，我受到了极大的鼓舞。"[2]武术项目进入亚运会之后，成为老挝夺牌主力项目，老挝聘请中国武术教练传授技艺，自1990年北京亚运会以来，老挝每届亚运会比赛都有奖牌入账，几乎全部来自武术项目。2006年多哈亚运会上，老挝选手阿佩拉一路打进武术56公斤级散打决赛，虽然因伤在决赛之前退赛，但他已经为老挝赢得亚运史上第一枚银牌。

---

[1] 《中国是老挝体育的"福地"》，大洋网－广州日报，http://sports.sina.com.cn/s/2009-06-10/04031565608s.shtml？from=wap.
[2] 陈益山：《老挝拳手冯哥·金达夺铜牌》，中国国际广播学会编：《中国国际广播电台1990年优秀广播节目选》，中国国际广播出版社，1992年，第421页。

历届亚运会老挝所获奖牌

届 数	举办时间与举办地	金 牌	银 牌	铜 牌	总 计	备 注
1	1951年印度新德里	/	/	/	/	未参赛
2	1954年菲律宾马尼拉	/	/	/	/	未参赛
3	1958年日本东京	/	/	/	/	未参赛
4	1962年印度尼西亚雅加达	/	/	/	/	未参赛
5	1966年泰国曼谷	/	/	/	/	未参赛
6	1970年泰国曼谷	/	/	/	/	未参赛
7	1974年伊朗德黑兰	0	0	0	0	
8	1978年泰国曼谷	/	/	/	/	未参赛
9	1982年印度新德里	0	0	0	0	
10	1986年韩国汉城	/	/	/	/	未参赛
11	1990年中国北京	0	0	1	1	
12	1994年日本广岛	0	0	0	0	
13	1998年泰国曼谷	0	0	1	1	
14	2002年韩国釜山	0	0	2	2	
15	2006年卡塔尔多哈	0	1	0	1	
16	2010年中国广州	0	0	2	2	
17	2014年韩国仁川	0	1	2	3	
18	2018年印度尼西亚雅加达	0	2	3	5	
	总 计	0	4	11	15	

十八、黎巴嫩

国名：黎巴嫩共和国

首都：贝鲁特

面积：1.0452万平方公里

人口：约607万（2020年数据）

参加亚运会届数：11届（8—18）

承办亚运会届数：0届

黎巴嫩位于地中海东岸，中世纪以后成为阿拉伯帝国的一部分，近代时期被奥斯曼帝国占领，第一次世界大战之后成为法国的委任统治地，第二次世界大战中又被英国占领。1943年黎巴嫩宣布独立，在亚洲属于较早独立的国家之一。

黎巴嫩是阿拉伯国家，阿拉伯国家普遍信奉伊斯兰教，黎巴嫩却是一个特殊的例外——国内人口中有46%信奉基督教，是阿拉伯国家中唯一将伊斯兰教和基督教都列为国教的国家。这种特殊国情，加上处于环地中海的地理位置和曾经被法国、英国统治过的经历，使黎巴嫩成为多元文化并存的国度。首都贝鲁特在1890年就作为自由港开放，国外船只、货物、人员自由免税进出，其繁华富裕的经济和复杂精彩的文化，使之享有"东方巴黎"美誉，成为中东地区金融、贸易、交通和旅游中心。

但是，这种特殊国情也使国土面积只有1万平方公里出头的黎巴嫩政治局势相当复杂。黎巴嫩政府职位和议会席位分属伊斯兰教和基督教两大宗教，国内党派林立，没有一家占绝对优势。1975年4月，黎巴嫩基督教和伊斯兰教两派围绕国家权力分配矛盾激化，黎巴嫩陷入内战。各党各派在国内斗争中都寻求周边国家和政治势力的支持，叙利亚、伊朗、以色列成为黎巴嫩党派纷争的外部背景，并以各种方式甚至出兵介入黎巴嫩内部事务。其间，一度将总部设在贝鲁特的巴勒斯坦解放组织也与以色列爆发激烈冲突，以色列于1982年出兵贝鲁特，将巴解组织总部驱离贝鲁特，此战史称"第五次中东战争"。

黎巴嫩内战直到1990年才随着各方和解与权力重新分配宣告结束。兵戈扰攘，加上各派之间依然依托外部势力各立门户,互相之间时不时发生矛盾冲突,黎巴嫩的昔日繁荣已如过眼云烟,繁华不再。

黎巴嫩独立较早,经济一度繁荣,文化受欧风影响较深,因此竞技体育底子还是不错的。黎巴嫩1946年成立国家奥委会,并于1948年开始参加奥运会,在1952年赫尔辛基奥运会上实现了奖牌零的突破,获得1银1铜2枚奖牌。相比之下,黎巴嫩参加亚运会就迟缓很多。黎巴嫩首次参加亚运会是1978年第8届曼谷亚运会,一出场就有点惊艳:在这届亚运会上,黎巴嫩只派来3名运动员,是参赛人数最少的国家,却在举重比赛中夺得男子75公斤总成绩金牌和100公斤总成绩银牌,3人参赛居然就得1金1银2枚奖牌,若按参赛运动员获奖人数比例计算,黎巴嫩堪称本届亚运会冠军。

由于黎巴嫩得西方风气之先,在西亚地区,黎巴嫩体育事业的开展领先于其他阿拉伯国家。"黎巴嫩的篮球、足球、游泳、滑雪、举重、摔跤、乒乓球、排球、射箭和高尔夫球等项目,都有自己的基层组织——俱乐部。俱乐部都均为私有性质,由大的公司或家族资助,以市场模式运作。""皮划艇、自行车、漂流、登山、游泳、帆船是黎巴嫩其他常见的休闲运动。贝鲁特每年秋天举行一次马拉松比赛,吸引众多国内外选手参加。"①从这些运作模式和运动项目,我们可以发现黎巴嫩体育与其他西亚阿拉伯国家的区别,感受到劲吹的浓浓欧风。

黎巴嫩地处西亚,但有高山有平川,地势高低悬殊,气候多样,高山滑雪场积雪达半年之久,这就使黎巴嫩成为阿拉伯国家中有条件从事高山滑雪运动的两个国家之一(另一个是叙利亚)。②"黎巴嫩从1948年开始参加冬季奥运会,参赛的主要项目是滑雪。"③黎巴嫩贝鲁特曾为争办2007年第6届亚洲冬季运动会(简称"亚冬会")主办权,与中国长春、伊朗德黑兰展开过竞争。黎巴嫩非常渴望得到这一届亚冬会主办权,而长春是贝鲁特最大的竞争对手,贝鲁特眼见竞争中处于下风,还提出愿意用支持武术项目进2008年北京奥运会,来换取2007年亚冬会主办权,中国方面不为所动。2002年10月3日,亚奥理事会在韩国釜山开会,决定2007年亚冬会主办权。会议之前,德黑兰退出申办,长春的优势明显高于贝鲁特,但黎巴嫩打出了西亚地域牌和阿拉伯感情牌,亚奥理事会采取擅长的折中处理方式,将2007年第6届与2009年第7届两届亚冬会主办权一并解决,并且不以投票表决而以鼓掌方式通过,将2007年亚冬会主办权交给中国长春,2009年亚冬会主办权交给贝

---

① 黎耀辉:《黎巴嫩》,大连海事大学出版社,2018年,第76—77页。
② [苏]别里亚也夫等:《现代叙利亚》,高等教育出版社,1958年,第241页。
③ 金瑞德:《奥林匹克运动百科全书》,中央民族大学出版社,1999年,第123页。

鲁特。黎巴嫩费好大劲总算争得一届亚冬会主办权，不料由于黎巴嫩国内及周边地区局势不稳，2005年亚奥理事会宣布取消黎巴嫩亚冬会主办权，第7届亚冬会延期至2011年由哈萨克斯坦承办，黎巴嫩第一次承办亚洲大型综合性运动会的机会就这么得而复失。

黎巴嫩体育水平在亚洲处于中下游区段。黎巴嫩最初的亚运会金牌和银牌都来自举重项目，篮球和足球也有一定的实力。黎巴嫩1947年加入国际篮联，国家男篮最高排名曾在世界第24位，在亚洲男篮锦标赛中也取得过三次亚军的好成绩。黎巴嫩足球在国际足联排名表上一般处于100名之后，水平不高，但有点像把"神经刀"，突然亮出一招，搞得其他强手有点难受。在2014年世界杯亚洲区预选赛小组赛中，这支不被看好的"鱼腩"球队居然将同组参加过世界杯决赛圈比赛的韩国、科威特和阿联酋全部击败，打进10强赛。

战争和动乱的影响，严重阻碍了黎巴嫩体育事业的复兴，2012年9月20日，在亚洲篮联确定2013年第27届亚洲男子篮球锦标赛主办地的投票中，黎巴嫩击败菲律宾和伊朗，获得主办权。没想到亚洲篮联之后思虑再三，觉得黎巴嫩及其周边的环境实在不够安全，遂改变主意，将主办权由黎巴嫩贝鲁特划给菲律宾马尼拉，这是黎巴嫩继第7届亚冬会主办权被取消之后遭受的又一次打击，黎巴嫩人倍感沮丧，对此发出感叹："频繁的战争严重地影响了黎巴嫩体育运动的发展，使其错过许多国际比赛的举办权。"[①]

[①] ［黎］Fares Faddoul：《黎巴嫩体育运动发展现状研究》，首都体育学院2013届硕士毕业论文，中国知网，第5页。

历届亚运会黎巴嫩所获奖牌

届 数	举办时间与举办地	金 牌	银 牌	铜 牌	总 计	备 注
1	1951年印度新德里	/	/	/	/	未参赛
2	1954年菲律宾马尼拉	/	/	/	/	未参赛
3	1958年日本东京	/	/	/	/	未参赛
4	1962年印度尼西亚雅加达	/	/	/	/	未参赛
5	1966年泰国曼谷	/	/	/	/	未参赛
6	1970年泰国曼谷	/	/	/	/	未参赛
7	1974年伊朗德黑兰	/	/	/	/	未参赛
8	1978年泰国曼谷	1	1	0	2	
9	1982年印度新德里	0	1	0	1	
10	1986年韩国汉城	1	0	1	2	
11	1990年中国北京	0	0	0	0	
12	1994年日本广岛	0	0	0	0	
13	1998年泰国曼谷	0	0	0	0	
14	2002年韩国釜山	1	0	0	1	
15	2006年卡塔尔多哈	1	0	2	3	
16	2010年中国广州	0	1	2	3	
17	2014年韩国仁川	0	1	1	2	
18	2018年印度尼西亚雅加达	1	1	2	4	
	总 计	5	5	8	18	

十九、马尔代夫

国名：马尔代夫共和国

首都：马累

面积：陆地面积298平方公里，总面积11.53万平方公里（含领海面积）

人口：55.7万（其中马尔代夫籍公民37.9万）

参加亚运会届数：10届（9—18）

承办亚运会届数：0届

马尔代夫历史上曾经被葡萄牙与荷兰统治，1806年之后被英国占领，沦为英国的保护国，之后获得有限的主权，直到1965年获得完全独立。

马尔代夫是一个主要由珊瑚环礁组成的小群岛，平均海拔仅1.2米，全国由19组环礁约2000个岛屿组成，陆地面积还不到300平方公里，排在亚洲最末一位，即便放在全世界，也在倒数10名之列。好在马尔代夫拥有秀丽旖旎风光无限的热带海洋景致，是世界著名的旅游胜地，旅游业成为马尔代夫第一大经济支柱。所以马尔代夫虽然曾长期被列为世界最不发达国家之一，但因为与外界交往频密，文化体育事业都发展得有声有色。

有几项体育运动在马尔代夫普及性和受欢迎程度较高。第一是板球，这项运动在南亚地区广泛流行，极受欢迎，竞技水平排在世界前列，这也是马尔代夫能在亚洲排得上号的运动项目。第二是"已经普及到马尔代夫每一个居民岛的乒乓球运动"[1]。早在1973年8月，马尔代夫就派出男子乒乓球队到中国来参加亚非拉乒乓球友好邀请赛，虽然在小组赛中排名垫底，毕竟也算是在国际大赛中初次露面。马尔代夫自己没有专业乒乓球教练，他们常年聘请中国、日本等外国教练，由于中国乒乓球运动水平高，中国教练在该国很受欢迎。根据中国被派遣到马尔代夫担任国家乒乓球队教练的记述：马尔代夫没有中国那样的专业队，乒乓球运动自始至终是业余性质，每次训练队员很难到齐，甚至还会有社会人员

---

[1] 张淑兰、高岑、王福香：《马尔代夫》，大连海事大学出版社，2018年，第93页。

进来参与训练,再加上训练经费不足,所以尽管有中国乒乓球教练指导,该国乒乓球水平在南亚地区中还是属于差生。[①]第三是足球,足球是深受马尔代夫民众喜欢并开展广泛的运动。虽然国小人少,也没有专业国家队,但马尔代夫在南亚足球锦标赛中曾经4次闯进决赛,并且在2008年获得过冠军。马尔代夫这支由业余球员组成的国家足球队曾给中国球迷留下记忆:2002年世界杯亚洲区预选赛时,中国队在客场对阵马尔代夫,中国足球界和广大观众都指望着中国国足痛扁马尔代夫,多多捞取净胜球,结果中国国足仅以1:0比分小胜,引起中国球迷和媒体一片哗然,外籍主教练米卢的帅位也因此摇摇晃晃。

  马尔代夫于1982年开始参加亚运会,迄今已有10届,但始终与奖牌无缘。1990年前来北京参加亚运会的马尔代夫体育代表团团长纳萨尔先生在接受中国记者采访时表示:"我们是小国……但我们是为了寻找友谊、为了亚洲的团结和胜利而来北京参加比赛的。参加比取胜更重要。"[②]2010年广州亚运会时,马尔代夫派出一对羽毛球选手参加男子双打比赛,第一轮遇上印度尼西亚选手,以悬殊比分败下阵来,比赛一共进行了12分钟,他们的广州亚运会赛场之旅也就这么12分钟。不过这对选手依然很乐观,他们表示:"我们不是以输赢来衡量体育的价值。只要我们敢于走上场地去挑战强者,这就是胜利。"[③]

[①] 陈秋喜:《马尔代夫乒乓球运动概况与存在的问题分析》,武汉体育学院学报,2004年第2期,第32页。
[②] 王保石:《贯彻亚运会宗旨赢得千万听众——记国际台对南亚各国的亚运报道》,《国际广播论文集》(第2辑),中国国际广播出版社,1992年,第399页。
[③] 新华社广东分社:《超越梦想》,广东人民出版社,2011年,第159页。

历届亚运会马尔代夫所获奖牌

届 数	举办时间与举办地	金 牌	银 牌	铜 牌	总 计	备 注
1	1951年印度新德里	/	/	/	/	未参赛
2	1954年菲律宾马尼拉	/	/	/	/	未参赛
3	1958年日本东京	/	/	/	/	未参赛
4	1962年印度尼西亚雅加达	/	/	/	/	未参赛
5	1966年泰国曼谷	/	/	/	/	未参赛
6	1970年泰国曼谷	/	/	/	/	未参赛
7	1974年伊朗德黑兰	/	/	/	/	未参赛
8	1978年泰国曼谷	/	/	/	/	未参赛
9	1982年印度新德里	0	0	0	0	
10	1986年韩国汉城	0	0	0	0	
11	1990年中国北京	0	0	0	0	
12	1994年日本广岛	0	0	0	0	
13	1998年泰国曼谷	0	0	0	0	
14	2002年韩国釜山	0	0	0	0	
15	2006年卡塔尔多哈	0	0	0	0	
16	2010年中国广州	0	0	0	0	
17	2014年韩国仁川	0	0	0	0	
18	2018年印度尼西亚雅加达	0	0	0	0	
总 计		0	0	0	0	

二十、马来西亚

国名：马来西亚

首都：吉隆坡

面积：约33万平方公里

人口：3275万（2020年数据）

参加亚运会届数：17届（2—18）

承办亚运会届数：0届

马来西亚的国土主要分为两大部分，一部分位于马来半岛的南部，亦称西马来西亚（简称"西马"）；另一部分位于加里曼丹岛的北部，亦称东马来西亚（简称"东马"）。历史上土著民族在这里先后建立过政权。16世纪之后，葡萄牙和荷兰殖民势力进入，从18世纪后期到20世纪初期，英国在东南亚地区逐步建立起英属马来亚殖民地。

在了解马来西亚与亚运会的关系时，我们必须先扼要梳理一下从英属马来亚到马来西亚独立这一历史过程的演变线索，这是因为英属马来亚时期其行政区域划分时常发生分化组合，演变过程错综复杂，各行政区域的独立进程亦时间不等。这种情况造成亚运会早期阶段参赛成员的相关统计资料中，出现了马来亚、马来西亚、北婆罗洲、沙捞越、新加坡等成员的名称，这些成员参加亚运会的届次既有不同又有重叠，在一定程度上造成早期亚运会成员名称和数量统计的混乱。

英属马来亚有广义和狭义之分：广义英属马来亚其范围包括今天的马来西亚、文莱和新加坡三个国家；狭义英属马来亚也称英属马来半岛，就是今天的西马地区以及新加坡。

英国在这一地区的殖民统治大致分为这么几个区域：

英属马来半岛：也就是上面所说狭义概念的英属马来亚或西马地区，其中新加坡在第二次世界大战之后英国将其划出来作为直属殖民地进行直接管理。

北婆罗洲：亦称沙巴，位于加里曼丹岛西北部，其地域范围大致是今天马来西亚东马地区的沙巴州。

沙捞越：位于加里曼丹岛北部，其地域范围大致是今天马来西亚东马地区的沙捞越州。

文莱：位于加里曼丹岛北部。

第二次世界大战之后，英属马来亚地区（广义）开始民族独立进程，其简要过程如下：

1957年，马来西亚的前身"马来亚联合邦"（亦译为"马来亚联邦"）宣布独立，其行政范围主要就是今天马来西亚的西马区域；沙捞越和北婆罗洲没有加入马来亚联合邦，仍由英国进行管理；新加坡与文莱也不属于马来亚联合邦，二者在1959年从英国手中获得自治权，但国防与外交仍由英国控制。

1963年9月16日，马来亚联合邦与沙捞越、北婆罗洲、新加坡宣布组成彻底独立的新国家，国名为马来西亚。北婆罗洲加入马来西亚后更名为沙巴；文莱没有加入马来西亚，仍在英国间接管理之下。

1965年8月9日，新加坡退出马来西亚，成为独立的新加坡共和国。

1984年1月1日，文莱宣布完全独立。

在马来西亚尚未获得完全独立之前的20世纪50—60年代，英属马来半岛、马来亚联合邦、北婆罗洲、沙捞越和新加坡曾分头参加过第1届至第4届亚运会的赛事：

北婆罗洲参加了1954年第2届、1958年第3届和1962年第4届亚运会，是作为英属马来亚的一个地区参赛。

沙捞越参加了1962年第4届亚运会，是作为英属马来亚的一个地区参赛。

马来亚联合邦在独立之前以英属马来半岛的身份参加了1954年第2届亚运会，独立之后以马来亚联合邦的身份参加了1958年第3届和1962年第4届亚运会，在相关统计资料中它的名称一般简写为"马来亚"，但有的统计资料将其写为"马来西亚"[①]，这种写法不符合历史实情，因为直到1963年马来亚联合邦才更名为马来西亚。

新加坡参加了第1届至第4届亚运会，但它在当时还不是一个独立国家，1951年第1届、1954年第2届和1958年第3届亚运会，新加坡是作为英国在马来亚地区的一个直属殖民地参赛，1962年第4届是作为取得自治权之后的新加坡参赛。

把英属马来亚按照今天的国家政区简单地归纳一下，那就是：马来西亚在独立之前，它的某些地区从第2届亚运会开始参赛，而新加坡作为直属殖民地是从第1届亚运会就开始

---

① 雷青峰：《阅尽沧桑话亚运》，新世纪出版社，2009年，第14、15、19页。

参赛；所以，马来西亚参加亚运会的历史，应该从第2届亚运会开始统计。

马来西亚独立之前，它下属的不同行政区域先后或者同时参加亚运会，最多的就是1962年第4届亚运会，同时出现马来亚、沙捞越、北婆罗洲、新加坡4个成员名称，这种状况虽说给后来亚运会参赛成员数量和名称的统计带来一定混乱，不过好处也有——这样一来早期阶段亚运会的参赛阵容显得比较壮观。

马来西亚是一个重视和喜爱体育运动的国家，在某些项目上也具有世界级水平，例如羽毛球。羽毛球运动形成于英国，并由英国人带入英属马来亚地区，在这一地区广为流行，成为马来西亚普及度最高的运动项目之一。马来西亚在世界羽毛球男子团体顶级赛事"汤姆斯杯"比赛中，共获得5次冠军：先是蝉联第1届至第3届冠军；第4个冠军是1967年获得第7届汤姆斯杯冠军；第5次也是最近的一次，为1992年第17届汤姆斯杯。这届比赛就在马来西亚吉隆坡举行，时隔25年之后马来西亚再捧汤杯，号称一号球迷的总理夫人推迟出国之旅亲赴现场观战，夺冠之后她又是热吻奖杯又是拥抱国手，泪洒赛场。马来西亚为夺冠举国欢庆，汤姆斯杯被护送着周游全国，队员们使用的球拍由国家博物馆作为历史文物收藏；马来西亚政府设国宴为球队庆功，队员们被誉为国家英雄；雪兰莪州宣布夺冠队员每人可领取土地2.25公顷，价值40万美元。[①]马来西亚人对于羽毛球运动的狂热可见一斑。

但是，亚洲地区的羽毛球水平实在太"牛"，中国、印度尼西亚、日本、韩国，哪一国都是高手如云，马来西亚四面受敌。羽毛球拥趸和观众津津乐道的中国选手林丹与马来西亚选手李宗伟之间的"林李大战"就是最好例证。李宗伟是马来西亚进入21世纪以来最杰出的羽毛球高手，数次夺得全英锦标赛男单冠军，早在2006年李宗伟的世界排名就位列第一。然而，正所谓"既生瑜何生亮"，李宗伟这个马来西亚的"瑜"偏偏遇上中国顶尖高手林丹这个"亮"。林李两人在赛场上纠纠缠缠十几年，据相关数据，他俩在正式成人组比赛中共交手40次，林丹以28胜对李宗伟12胜占据优势，而最让李宗伟郁闷的是遇到关键性赛事，几乎都是林丹取胜。2010年广州亚运会和2014年仁川亚运会，李宗伟都败在林丹手下，从未得过亚运会冠军。林李之间最经典的比赛是2008年北京奥运会和2012年伦敦奥运会，两人都正值球技巅峰时期，两次在奥运会决赛中相遇，林丹两连冠，李宗伟两连亚。待到2016年里约奥运会，李宗伟终于在半决赛中击败林丹，却在决赛中负于另一名中国选手谌龙，以三连亚成绩结束自己的奥运会历程。自羽毛球成为奥运会正式竞赛项目以

---

① 申明河：《马来西亚》，辽宁教育出版社，1998年，第154页。

来，马来西亚一金未得。

马来西亚在亚运会奖牌榜上的排名并不高，总是在第二梯队里面上下起伏，但是，马来西亚在亚洲体坛享有很高知名度，其中一个很重要的原因，就是马来西亚人在亚洲各类体育机构中广泛任职，而且有一些是关键与显赫的职位。例如，亚洲最大的单项体育组织亚洲足球联合会，总部设在马来西亚首都吉隆坡，在1958—2002年40多年时间里，都由马来西亚人担任主席（其间曾由伊朗人短暂代理过1年）；马来西亚人维拉潘从1978—2006年，一直担任亚足联掌握日常行政权力的秘书长一职，长达28年。这从一个侧面反映出马来西亚对于亚洲体坛行政岗位的重视程度。所以在亚洲体坛上，马来西亚绝对是一支不可忽视的力量。马来西亚有效地运用其在亚洲体坛的影响力，将两项比较小众然而却是马来西亚的优势项目成功列为亚运会正式比赛项目。

第一项是藤球。"藤球起源于15世纪苏丹国统治下的马六甲一带，是东南亚地区群众喜闻乐见的民间传统体育活动，早在公元891年就在民间流传了。"[①]藤球成为竞技体育项目的历史并不长，直到20世纪60年代才确定正式比赛规则，1982年新德里亚运会列为表演项目，1990年北京亚运会时终于成为正式比赛项目。1990年9月28日，马来西亚与泰国这两个藤球运动亚洲顶尖的队伍在决赛中相遇，冠亚军之战于晚上18：30在北京丰台体育馆开赛，战况极其胶着，双方竟然一直鏖战到29日凌晨0：40，马来西亚队最终险胜泰国队，夺得亚运会史上第一枚藤球金牌。[②]

第二项是壁球。壁球是一项起源于英国的运动，由英国人带入东南亚并流传开来。马来西亚在壁球项目上实力强劲，在马来西亚与有关国家大力推动下，壁球在1998年第13届亚运会时作为表演项目进入亚运会。自2006年第15届亚运会壁球转为正式比赛项目后，马来西亚当仁不让地成为夺金大户，夺得迄今为止全部14枚金牌中的9枚，其中女子壁球选手获9枚中的6枚。马来西亚拥有一位享有"壁球公主"美称的女运动员妮科尔，此女堪称世界壁球运动史上之传奇选手，她在2006年至2015年间连续超过100个月位居世界第一，8次获得世界锦标赛冠军。妮科尔在1998年壁球作为亚运会表演项目时就夺得女子单打冠军，当时她只有15岁；20年后的2018年第18届亚运会，她虽已35岁，依然神勇无比，再夺

[①] 刘修武：《亚洲体育》，人民体育出版社，1990年，第506—507页。关于藤球的起源地是一个有争议的问题，马来西亚、泰国和缅甸等国都声称起源于本国。参见［美］乔希·切特温德：《球的法则》，上海科学技术文献出版社，2020年，第143页；徐京生：《藤球运动理论与实践研究》，中国农业大学出版社，2018年，第2页。
[②] 徐楚辉：《来之不易的藤球冠军——记马来西亚队在第11届亚运会上勇夺第一枚金牌》，中国国际广播学会编：《中国国际广播电台1990年优秀广播节目选》，中国国际广播出版社，1992年，第445页。

女单冠军，实现亚运会女单4连冠。妮科尔与羽毛球运动员李宗伟都被视为马来西亚的民族英雄。

历届亚运会马来西亚所获奖牌

届　数	举办时间与举办地	金牌	银牌	铜牌	总计	备　注
1	1951年印度新德里	/	/	/	/	未参赛
2	1954年菲律宾马尼拉	0	0	0	0	参赛者：北婆罗洲、英属马来半岛（马来亚）
3	1958年日本东京	0	0	3	3	参赛者：北婆罗洲、马来亚联合邦（马来亚）
4	1962年印度尼西亚雅加达	2	4	8	14	参赛者：北婆罗洲、马来亚联合邦（马来亚）、沙捞越
5	1966年泰国曼谷	7	5	6	18	
6	1970年泰国曼谷	5	1	7	13	
7	1974年伊朗德黑兰	0	1	4	5	
8	1978年泰国曼谷	2	1	3	6	
9	1982年印度新德里	1	0	3	4	
10	1986年韩国汉城	0	5	5	10	
11	1990年中国北京	2	2	4	8	
12	1994年日本广岛	4	2	13	19	
13	1998年泰国曼谷	5	10	14	29	
14	2002年韩国釜山	6	8	16	30	
15	2006年卡塔尔多哈	8	17	17	42	
16	2010年中国广州	9	18	14	41	
17	2014年韩国仁川	5	14	14	33	
18	2018年印度尼西亚雅加达	7	13	16	36	
总　计		63	101	147	311	

二十一、蒙古

国名：蒙古国

首都：乌兰巴托

面积：156.65万平方公里

人口：约330万（2021年数据）

参加亚运会届数：11届（7—9、11—18）

承办亚运会届数：0届

"蒙古国原称外蒙古或喀尔喀蒙古。1911年12月蒙古王公在沙俄支持下宣布'独立'……1924年11月26日废除君主立宪，成立蒙古人民共和国。1945年2月，苏、美、英三国首脑签订雅尔塔协定，规定'外蒙古（蒙古人民共和国）的现状须予维持'。1946年1月5日，当时的中国政府承认外蒙古独立。1992年2月改国名为'蒙古国'。"[①]

在冷战时期两大阵营对抗的国际政治背景下，属于社会主义阵营的蒙古没有参加前6届亚运会。1974年，蒙古与中国、朝鲜等社会主义国家一起加入亚运会。

世代生长在茫茫草原的蒙古民族有着传统的体育项目。蒙古每年都要举行集文娱活动和体育比赛于一身的"那达慕"大会，"摔跤、赛马和射箭，是蒙古人最喜爱的三大民族体育项目。在一年一度全国各地的那达慕盛会上，都要进行这三项技能的比赛。在蒙古语中，'那达慕'就是'竞技'的意思"[②]。1997年6月13日蒙古政府做出决定，将每年7月11日国庆节更名为"国庆节—那达慕"，可见那达慕在蒙古国地位之崇高。那达慕分为大中小三种类型，每一类型参赛人员和马匹数量都有具体规定："大型那达慕，摔跤选手为512名，骏马300匹左右，会期3天；中型那达慕，摔跤手256名，马100—150匹，会期2—3

[①]《世界知识年鉴》编辑委员会：《世界知识年鉴2020/2021》，世界知识出版社有限公司，2021年，第130—131页。

[②] 李春芬：《世界各国知识图典》，浙江摄影出版社，1996年，第17页。

天；小型那达慕，摔跤手64名或128名，马30匹或50匹左右，会期2—3天。"①每年7月11日，首先在首都乌兰巴托举行规模最大的国家级那达慕盛会，各路高手纷纷登场献技，决出力挫群雄的全国冠军；之后再逐级举行不同类型的那达慕大会。

有着悠久历史传统和雄厚群众基础的摔跤运动，既是那达慕大会的头牌体育项目，也是蒙古在竞技体育领域披金斩银的拳头项目。1974年第7届亚运会上蒙古第一次亮相，就夺得2金5银8铜，获得奖牌榜第10名的好成绩，这2枚金牌来自摔跤90公斤以下级和100公斤以下级这两个小项。摔跤运动的基因似乎刻印在蒙古民族DNA之中，蒙古体育整体水平不高，多数项目在亚洲没有竞争能力，但蒙古在所参加的历届亚运会中，其奖牌榜位次始终保持在第二集团，有时还进入奖牌榜前10名，靠的就是夺牌大户摔跤项目。更高级别的奥运会也是如此：蒙古第一次参加奥运会是1964年东京奥运会，未获奖牌；第二次参加1968年墨西哥城奥运会，实现奖牌零的突破，获得1银3铜，这4枚奖牌全部来自古典式摔跤项目。之后蒙古在奥运会上所获得的奖牌，几乎全部来自摔跤以及与摔跤运动有着高度相似性的柔道项目。2008年北京奥运会上，奈丹·图布辛巴亚尔在男子柔道100公斤级比赛中为蒙古夺得史上第一枚奥运会金牌，消息传来，"整个乌兰巴托沸腾了，几十万人喜极而泣"②。图布辛巴亚尔4年后在2012年伦敦奥运会上又夺得该项目银牌，他的个人生涯因为这些辉煌成就随之发生巨大变化。根据媒体报道，图布辛巴亚尔获得"劳动英雄"和"功勋运动员"称号，以及代表蒙古最高荣誉的奖章，退役后他出任蒙古奥委会主席。2021年，图布辛巴亚尔因为谋杀罪被捕，并被判处16年徒刑，这一结局实在令人感慨不已。

与摔跤并列的赛马和射箭这两项运动虽然也深受蒙古民众喜爱，但在大型运动会中蒙古运动员就没有取得过什么佳绩。究其原因，摔跤和柔道不借用器械，纯粹依靠个人身体素质和运动技巧；而赛马和射箭在竞技体育中，马匹和器械的作用非常突出，竞赛的技术要求与民间体育之间存在着巨大区别，在这方面蒙古的资金和技术相形见绌，望尘莫及，出不了好成绩也是情理之中。

---

① 欧云：《蒙古国社会转型中的体育体制研究》，北京体育大学博士（毕业）学位论文，2007年，中国知网，第42页。
② 罗京军、李婉芬：《向亚洲出发》，广州出版社，2009年，第363页。

历届亚运会蒙古所获奖牌

届 数	举办时间与举办地	金 牌	银 牌	铜 牌	总 计	备 注
1	1951年印度新德里	/	/	/	/	未参赛
2	1954年菲律宾马尼拉	/	/	/	/	未参赛
3	1958年日本东京	/	/	/	/	未参赛
4	1962年印度尼西亚雅加达	/	/	/	/	未参赛
5	1966年泰国曼谷	/	/	/	/	未参赛
6	1970年泰国曼谷	/	/	/	/	未参赛
7	1974年伊朗德黑兰	2	5	8	15	
8	1978年泰国曼谷	1	3	5	9	
9	1982年印度新德里	3	3	1	7	
10	1986年韩国汉城	/	/	/	/	未参赛
11	1990年中国北京	1	7	9	17	
12	1994年日本广岛	1	2	6	9	
13	1998年泰国曼谷	2	2	10	14	
14	2002年韩国釜山	1	1	12	14	
15	2006年卡塔尔多哈	2	5	8	15	
16	2010年中国广州	2	5	9	16	
17	2014年韩国仁川	5	4	12	21	
18	2018年印度尼西亚雅加达	5	9	11	25	
总 计		25	46	91	162	

二十二、孟加拉国

国名：孟加拉人民共和国

首都：达卡

面积：14.7570万平方公里

人口：约1.6亿

参加亚运会届数：11届（8—18）

承办亚运会届数：0届

孟加拉国在独立之前，本是巴基斯坦的组成部分。1947年英国根据《印度独立方案》（也称"蒙巴顿方案"），将英属印度按照宗教信仰的原则，分为印度教教徒为主体的印度和伊斯兰教教徒为主体的巴基斯坦两个部分（参见：列传·印度）。由于伊斯兰教教徒主要聚居在印度次大陆西北部和东部，因此，1947年8月14日巴基斯坦宣布独立之时，它的国土分为互不相连的西巴基斯坦（简称西巴）和东巴基斯坦（简称东巴）两个部分，中间隔着印度。

东巴面积占巴基斯坦总面积的17%，而人口却占总人口的54.5%（1969年数据）[1]；东巴的主要民族是孟加拉族，西巴的主要民族是旁遮普族；巴基斯坦的权力掌握在西巴人手中，西巴经济水平也大大高于东巴。东巴与西巴之间长期存在矛盾，两地又被印度分隔开来，相距1600公里，来往十分不便，东巴与印度关系反而走得更近一些。长期以来，东巴存在着自治倾向，1971年3月26日东巴宣布独立，国名为孟加拉国，西巴立即派遣大批军队来到东巴试图平息事态。1971年11月21日，印度出兵东巴与西巴军队作战，第三次印巴战争爆发。这场战争以巴基斯坦失败告终，孟加拉国最终获得独立。巴基斯坦起初难以接受国家被肢解的现实，拒绝承认孟加拉国。1975年8月孟加拉国发生军事政变，内政外交方针有所变化，巴基斯坦亦改变外交策略，正式承认孟加拉国。

---

[1] 各国概况编写组编：《各国概况（上册）》，人民出版社，1972年，第158页。

孟加拉国是个以农业为主的国家，人口稠密，每平方公里平均人口约1100人，经济发展水平很低，是世界上最不发达的国家之一。孟加拉国政府在度过独立之初的混乱岁月后，开始在政策和资金方面对体育事业进行关照。孟加拉国从1978年第8届亚运会起开始参赛，直到8年之后的1986年第10届亚运会，才获得第一枚亚运会奖牌，是由拳击运动员穆·侯赛因在拳击81公斤级比赛中摘得的铜牌。1990年第11届北京亚运会时，孟加拉国希望更上一层楼，提前3个月组织运动员进行集训，"邀请了美国的田径教练、中国的射击教练、日本的柔道教练和巴基斯坦的摔跤教练，帮助其训练运动员"[①]。北京亚运会上虽然孟加拉国还是只获得1枚奖牌，但成色提高到银牌，这枚银牌来自新设立的卡巴迪比赛。孟加拉国队在循环赛中与巴基斯坦队积分相同并列第2，之后在第2、3名的附加赛中，以19：18险胜巴基斯坦队，获得亚军。从第11届到第15届亚运会，孟加拉国每届都是不多不少地入账1枚奖牌（银牌或铜牌）。2010年第16届广州亚运会，孟加拉国终于迎来一个可以实现金牌零的突破的项目——板球。

板球运动发源于13世纪的英国，到18世纪发展为很受欢迎的休闲运动，甚至"成了英国传统文化的重要组成部分。后来，随着英国殖民地的不断扩张，板球运动逐渐随着英国殖民地开拓者的脚步传到了北美、澳洲、南亚、非洲等英联邦国家，并在这些国家发展得十分迅速"[②]。板球是南亚地区具有世界高水平的少数运动项目之一，在孟加拉国，板球享有"国球"地位，竞技水平也相当高，但奥运会、亚运会等大型国际赛事未列入板球项目，使孟加拉国难得的体育优势项目没有表现机会。2010年广州亚运会首次将板球列入正式比赛项目，这就给孟加拉国这样夺金无门的国家带来机会。孟加拉国男女板球队在比赛中一路奏凯，双双闯入决赛，在首先举行的女子板球决赛中，孟加拉国队输给巴基斯坦队，只得到银牌。孟加拉国男队的决赛对手是阿富汗队，恰好这是两个到那时为止都没有尝过亚运金牌滋味的国家，所以这场比赛也被媒体称为"历史之争"。2010年11月27日下午，经过3个小时激烈对抗，孟加拉国男队最终以119：118极其惊险地战胜阿富汗男队。赛后，孟加拉国板球队在球场上一路狂奔，庆祝史上亚运金牌零的突破。

亚运会成为南亚地区国家展现在板球这个项目上垄断实力的绝佳场合。4年之后的2014年仁川亚运会，获得男子板球比赛金银铜牌的分别是：斯里兰卡、阿富汗、孟加拉国；获得女子板球比赛金银铜牌的分别是：巴基斯坦、孟加拉国、斯里兰卡。2018年雅加

[①] 胡光耀：《孟国少年志气高　绿茵场上逞英豪》，陈晓彬等编：《多彩生活》，中国农业出版社，1995年，第240页。
[②] 朱春平、刘静民：《板球教学与训练》，中国商务出版社，2009年，第5页。

达亚运会取消板球项目，2022年杭州亚运会又将板球设为正式竞赛项目。

历届亚运会孟加拉国所获奖牌

届　数	举办时间与举办地	金　牌	银　牌	铜　牌	总　计	备　注
1	1951年印度新德里	/	/	/	/	未参赛
2	1954年菲律宾马尼拉	/	/	/	/	未参赛
3	1958年日本东京	/	/	/	/	未参赛
4	1962年印度尼西亚雅加达	/	/	/	/	未参赛
5	1966年泰国曼谷	/	/	/	/	未参赛
6	1970年泰国曼谷	/	/	/	/	未参赛
7	1974年伊朗德黑兰	/	/	/	/	未参赛
8	1978年泰国曼谷	0	0	0	0	
9	1982年印度新德里	0	0	0	0	
10	1986年韩国汉城	0	0	1	1	
11	1990年中国北京	0	1	0	1	
12	1994年日本广岛	0	1	0	1	
13	1998年泰国曼谷	0	0	1	1	
14	2002年韩国釜山	0	1	0	1	
15	2006年卡塔尔多哈	0	0	1	1	
16	2010年中国广州	1	1	1	3	
17	2014年韩国仁川	0	1	2	3	
18	2018年印度尼西亚雅加达	0	0	0	0	
	总　计	1	5	6	12	

二十三、缅甸

国名：缅甸联邦共和国

首都：内比都

面积：67.6581万平方公里

人口：5458万（2020年数据）

参加亚运会届数：17届（1—9、11—18）

承办亚运会届数：0届

缅甸在1044年形成统一国家，到19世纪英国殖民势力进入，经过数次战争，缅甸沦为英国殖民地。起初英国将缅甸作为英属印度的一个组成部分，1886年又将缅甸划出由英国总督直接管理。第二次世界大战时缅甸被日军占领，在此期间中国为打通与外界联系的国际通道，组织远征军进入缅甸与日军作战。二战结束后英国重新占领缅甸，1948年1月4日，缅甸脱离英国殖民统治宣布独立，是亚洲较早获得独立的国家。

缅甸是个农业国，国家经济实力不强，但缅甸民众喜爱体育，独立之后的缅甸政府对发展体育事业也比较重视，缅甸于1948年成立国家奥委会，并从当年开始参加奥运会。缅甸对于亚洲体育事业的热情很高，积极推动亚运会联合会的建立，是亚运会创始成员国之一，在迄今为止所举行的总共18届亚运会中，缅甸只缺席过1届。

缅甸唯一缺席的那届亚运会是1986年第10届汉城亚运会。这事说来缅甸也有点憋屈，缅甸本是个与世无争的国家，完全因为亚洲其他国家之间的矛盾和对抗让其受到牵连，这就是举世震惊的"仰光爆炸案"。我国曾任驻缅甸大使陈宝鎏先生在他的回忆文章中谈及此案一些情况：1983年10月，韩国总统全斗焕一行访问缅甸，按照访问安排，10月9日韩国代表团将瞻仰坐落于首都仰光的烈士墓（2005年，缅甸将首都迁往内比都）。就在韩国总统抵达之前几分钟，烈士墓地突然发生炸弹爆炸，先期到达的韩国副总理和外交部部长等17名高级官员遇难，幸免于难的韩国总统立刻结束访问打道回国。缅甸有关部门展开全面调查，结果证实此案为朝鲜所为。"调查结果出来后，缅甸政府在1983年11月4日宣布跟朝鲜断交。"虽然爆炸事件被证明与缅甸无关,但毕竟让客人韩国方面这么多政府高官丧生,起码表明主人缅甸方面的安全保卫工作很失败,因此这事让缅甸与韩国的关系变得有些微妙。"事后,缅甸派出外交部官员出面道歉,但韩方不予接见。"①这边韩国怒火中烧,那边缅甸灰头土脸,3年之后汉城亚运会举办时,缅甸缺席,从一个侧面说明两国之间的芥蒂尚未完全消除。

缅甸是亚运会的积极参与者,虽然缅甸竞技体育实力不强,但在亚运会早期阶段(第7届之前),因为参赛成员不多,缅甸的成绩还不错,可以排在奖牌榜中间位次。当时缅甸夺牌的重要项目是举重,在第2届亚运会上缅甸一举拿下2枚金牌,都拜举重选手所赐。不过,最让缅甸人引以为豪的,还是缅甸足球队在亚运会上创下的佳绩,别看现在缅甸足球队在亚洲纯粹是支"鱼腩"球队,当年也曾有过光辉岁月。缅甸人喜欢足球,为了在亚洲足坛崭露头角,缅甸调集全国足球高手,聘请苏联教练进行训练,形成了技术细腻、风格灵巧的特点。1966年第5届亚运会时,缅甸足球队在决赛中以1∶0战胜伊朗队,首次登上亚运会足球冠军领奖台。4年之后的1970年第6届亚运会,缅甸足球队再次打入决赛与韩国队相遇,双方0∶0战平,根据当时的竞赛规则,两队并列冠军,这也意味着缅甸队蝉联足球冠军。迄今为止,拥有蝉联亚运会足球冠军战绩的只有这么三支球队:缅甸、伊朗和韩国。20世纪50至70年代,缅甸足球在亚洲还是很有地位的——除这两次亚运会冠军外,缅甸足球队的光辉战绩还有:1954年第2届亚运会季军;1968年第4届亚洲杯亚军;参加1972年慕尼黑奥运会的3支亚洲球队之一。

1974年第7届亚运会之后,随着亚运会参赛成员增加,中国、朝鲜等体育实力强劲国家的进入,再加上缅甸国内不断发生动乱,缅甸在亚运会上的表现江河日下,得奖牌变得艰难起来。1998年第13届曼谷亚运会,在女子48公斤和53公斤级举重比赛中,缅甸选手获得1枚银牌和1枚铜牌,"缅甸队教练大喜过望,跳起来庆祝,没想到蹦跶一下猛坐下去,质量不过关的椅子竟然裂开了"②。由此也可见缅甸队夺牌后之兴奋程度。最近的2018年第18届亚运会是进入21世纪以来缅甸表现最差的一届,仅获得2枚铜牌,在45支参赛队伍中名列第36。

缅甸还有一项享有"国球"地位的传统体育项目——藤球。藤球运动流行于东南亚,它起源于何地颇有争议,例如马来西亚就坚持认为藤球起源于该地(参见:列传·马来

---

① 陈宝鎏:《我经历的两次仰光爆炸事件》,《同舟共济》,2013年第1期,第65页。
② 佚名:《26年,晚报记者的亚运记忆》,《钱江晚报》,2015年8月19日,A17版。

西亚），缅甸则认为"早在1200年前的骠国时期，藤球就已经出现了……到（19世纪）贡榜王朝时得到发展，全国到处都有人踢藤球"①。现在藤球在缅甸非常盛行，"不仅在工厂、学校、街道很流行，在农村也很普及，它不仅是男子的体育运动，而且女子也参加"②。2014年仁川亚运会，缅甸女子藤球队一路过关斩将，为缅甸夺得金牌。

中国与缅甸山水相连，中缅之间体育交流合作非常频繁。20世纪80年代，中国为缅甸援建一座万人体育馆。当缅甸在与菲律宾和越南的竞争中胜出，获得2013年第27届东南亚运动会主办权之后，中缅双方又进行了紧密合作。根据国务院新闻办公室网站的报道："应缅方要求，中方承担了本届运动会的技术合作项目。这是中国规模最大和投入最多的援外项目之一……中方援助项目涵盖了运动员培训、提供竞赛管理系统、提供训练和比赛用器材物资以及协助组织开闭幕式四个部分……中国政府对此次技术合作给予高度重视，共派遣教练员、赛事管理人员、舞美专家、技术人员近700人赴缅……在运动员培训方面，中方派遣了28名教练员赴缅工作1年，陆续邀请缅甸国家队运动员来华培训共176人次。"③"共计14个项目的缅甸运动员来中国进行了为期3—5月的赛前训练。"④得到来自中国的强力支持，缅甸最终在11个国家参加的第27届东南亚运动会上，战胜体育实力强于自己的越南和马来西亚，排在泰国之后列奖牌榜第2，创造了缅甸参加东南亚运动会以来的最佳战绩。

---

① 贺圣达：《当代缅甸》，四川人民出版社，1993年，第248页。
② 乔丹、程成：《外国体育史辞典》，远方出版社，2006年，第92页。
③ 国务院新闻办公室网站：《中国支持缅甸举办东南亚运动会》，2013年12月9日，http：//www.scio.gov.cn/zhzc/35353/35354/Document/1511551/1511551.htm。
④ 方桢、杨栋：《缅甸体育发展进程研究——基于缅甸曼德勒、仰光、茵莱实地调查的分析》，《军事体育学报》，2019年第3期，第56页。

历届亚运会缅甸所获奖牌

届　数	举办时间与举办地	金　牌	银　牌	铜　牌	总　计	备　注
1	1951年印度新德里	0	0	3	3	
2	1954年菲律宾马尼拉	2	0	2	4	
3	1958年日本东京	1	2	1	4	
4	1962年印度尼西亚雅加达	2	1	5	8	
5	1966年泰国曼谷	1	0	4	5	
6	1970年泰国曼谷	3	2	7	12	
7	1974年伊朗德黑兰	1	2	3	6	
8	1978年泰国曼谷	0	3	3	6	
9	1982年印度新德里	0	0	0	0	
10	1986年韩国汉城	/	/	/	/	未参赛
11	1990年中国北京	0	0	2	2	
12	1994年日本广岛	0	0	2	2	
13	1998年泰国曼谷	1	6	4	11	
14	2002年韩国釜山	1	5	6	12	
15	2006年卡塔尔多哈	0	4	7	11	
16	2010年中国广州	2	5	3	10	
17	2014年韩国仁川	2	1	1	4	
18	2018年印度尼西亚雅加达	0	0	2	2	
总　计		16	31	55	102	

二十四、尼泊尔

国名：尼泊尔联邦民主共和国

首都：加德满都

面积：约14.7万平方公里

人口：约3000万（2020年数据）

参加亚运会届数：16届（1、3、5—18）

承办亚运会届数：0届

尼泊尔历史悠久，但关于这个国家的历史记载相当凌乱和缺失，很难理出清晰的头绪。从18世纪起，廓尔喀族兴起，"本来很弱小的廓尔喀王国后来逐渐强大……建立了统一的沙阿王朝"[1]。随着英国殖民势力进入南亚地区，尼泊尔在与英国的战争中失败，被迫割让土地，国家部分权力受到英国的制约，与印度不同的是，它并没有成为英国殖民地。从现代尼泊尔的历史演变来看，第二次世界大战之后随着英国退出南亚地区，印度坚持认为自己应该继承英国在南亚地区的某些权力，尼泊尔国家的政治经济生活因此受到来自印度方面的强大制约。

尼泊尔是个典型的内陆山国，海拔900米以上的土地占尼泊尔全国总面积一半以上。位于喜马拉雅山麓的尼泊尔自然环境险恶，但也造就了尼泊尔在世界登山运动方面所享有的至高无上地位。严格说来，登山运动并不属于竞技体育范畴，是一项包含体育运动、极限运动、探险活动等各种元素在内的人类与大自然搏击的运动方式。尼泊尔依喜马拉雅山脉与中国为邻，世界最高峰珠穆朗玛峰位于中尼边界，吸引着全球登山爱好者前赴后继络绎不绝前来攀登。随着现代登山装备和技术的不断更新，登顶珠峰已从最初的探险冒险行为蜕化为常态性的登山活动，商业和娱乐业渗透其中，使之成为如今尼泊尔重要的经济来源之一。

---

[1] 何朝荣：《尼泊尔概论》，世界图书出版公司，2020年，第2页。

尼泊尔登山事业享誉世界得益于夏尔巴人。夏尔巴人的先人据考证是中国西夏王朝的建立者党项羌族，西夏"被蒙古族灭亡后，其中一支迁徙至西康木雅地区，后忽必烈南征云南时，他们逃往后藏，一部则翻越喜马拉雅山到达尼泊尔索卢昆布高寒地区，在此繁衍生息，形成了今天的夏尔巴人"①。他们原本过着逐水草而居的放牧生活，信奉藏传佛教，由于祖祖辈辈生活在高原高寒地区，当人类开始寻求征服世界最高峰珠穆朗玛峰之时，夏尔巴人就成为不可或缺的向导和搬运工。1953年5月29日，为庆祝英国女王伊丽莎白二世登基加冕，一支英国登山队完成了人类第一次征服珠穆朗玛峰的壮举，登顶成功的是英国登山队成员埃蒙德·希拉里和登山队的夏尔巴人向导丹增·诺尔盖，希拉里因此被英国女王封爵，诺尔盖也被授予英国乔治十字勋章和尼泊尔之星奖章。商业性登山活动发展起来后，夏尔巴人的生活方式得以改变，不少人担任"为登山者铺路、领路的职业向导，他们被称为'珠穆朗玛峰上的挑夫'，其工作危险性非常大。夏尔巴高山向导们负责清理、修整珠峰登山路线，他们打路绳，搭金属梯子，插路标，清理冰裂缝，搭建帐篷，建立前进营地以及运送登山装备、物资。现在，夏尔巴人登山向导已成为世界上最优秀的职业高山向导群体……可以说，没有夏尔巴人，就没有珠穆朗玛峰的登山运动"②。当世界各地登山者苦苦追求能在有生之年成功登顶珠穆朗玛峰一次的时候，夏尔巴人向导们已经多次地为登山者扛着物资攀上珠峰。据媒体报道，2023年5月23日，尼泊尔53岁的夏尔巴登山向导凯米·瑞塔·夏尔巴第28次从尼泊尔一侧登上珠穆朗玛峰，再次突破他本人创下的登顶珠峰世界纪录。③可惜奥运会没有登顶珠峰项目，否则此枚金牌大概率将被尼泊尔包揽。

尼泊尔竞技体育水平不高，但从官方到民间对于体育运动的热情都挺高。尼泊尔是参加1949年2月在印度首都新德里召开的亚洲业余体育联合会筹办会议和第一次代表大会的10个国家之一，参与亚运会的创建过程。尼泊尔是1951年第1届亚运会的参加者，不过有点乌龙的是，也不知道是记忆有误还是其他原因，尼泊尔在第1届亚运会规定的报名期限内没有报名，错过报名时间，直到报名截止后的第8天才提出申请。亚运会组委会开始没有同意尼泊尔的报名要求，于是尼泊尔国王以个人名义再次提出申请，对于初创时期的亚运会来说，国王的这个面子必须得给，大会组委会最终同意尼泊尔参加本届亚运会。④

---

① 中国大百科全书出版社编辑部：《中国大百科全书（简明版）》（第9卷），中国大百科全书出版社，1998年，第5286页。
② 徐永清：《珠峰简史》，商务印书馆，2017年，第242—243页。
③ 新华社加德满都5月23日电（记者易爱军）：《尼泊尔登山向导创造28次登顶珠峰新纪录》，新华网，https://sports.news.cn/c/2023-05/23/c-1129639595.htm
④ 刘文、关平：《亚运会大观》，中国华侨出版公司，1990年，第38页。

由于经济实力有限，尼泊尔体育运动的水平和硬件设施都比较落后。在20世纪80年代初期，尼泊尔没有一家生产体育器材的工厂，也没有体育用品商店，开全国体操大会时，因为缺乏单杠、双杠、鞍马、吊环等器材，只能进行自由体操项目的比赛。为此，中国和日本派出足球、羽毛球、田径和体操教练，帮助尼泊尔运动员提高竞技水平。[1]尼泊尔参加过16届亚运会，迄今为止从未获得金牌，银牌也只有区区2枚。1990年北京亚运会设置武术项目，不知尼泊尔是否受到中国武林传说的影响，他们派来参加太极拳比赛的，居然是一位名叫拉玛的喇嘛。这位拉玛喇嘛是尼泊尔全国武术比赛冠军，尽管在亚运会比赛中一无所获，但他在接受中国记者采访时兴奋地表示：他的身体原来很差，靠药物维持生命，通过习武，太极拳给他了第二次生命，收获真是太大了。[2]

虽然在亚运会上战绩不尽人意，但尼泊尔国内的体育活动依然开展得有声有色。1981年9月，尼泊尔举行第1届全国运动会，1460名运动员在为期9天的运动会期间进行田径、羽毛球、拳击、足球、排球、举重、体操、射击、乒乓球、游泳以及一些传统体育项目的比赛。尼泊尔全国体育运动委员会本来决定每两年举行一次全国运动会，但受经济和国内政局等各方面因素影响，未能完全如期举行。2022年10月，尼泊尔举行了第9届全国运动会。对于尼泊尔这样一个山国而言，实属不易。

尼泊尔还承办过3届南亚运动会，分别是1984年第1届、1999年第8届和2019年第13届。第13届南亚运动会共有7个国家参赛，尼泊尔借助东道主地利，在奖牌榜上排在印度之后名列第2。尤其是在足球决赛中，尼泊尔队以2∶1战胜不丹队获得冠军，让喜爱足球的尼泊尔民众着实过了一回冠军瘾。

中国与尼泊尔之间有密切的体育文化交流，尼泊尔邀请中国教练员前去执教，中国对于尼泊尔体育设施的建设也给予大力支持。位于首都加德满都的达什拉特体育场是尼泊尔最大的体育场，可容纳观众2.5万人，从1999年到2012年，由中国政府提供资金和技术，三次进行场所改建和技术提升。据新华社记者在改建完成移交现场的报道："中国驻尼泊尔大使杨厚兰对尼泊尔相关政府官员表示，体育是中尼两国交流合作的重要方面，中国公司为提升尼泊尔体育现代化水平所作的努力值得赞许。"[3]

---

[1] 张云方编译：《亚运会花絮·这和中日的帮助分不开》，《新体育》，1982年第12期，第6页。
[2] 李勤、王友唐：《武术已经成为他们生活的一部分》，中国国际广播学会编：《中国国际广播电台1990年优秀广播节目选》，中国国际广播出版社，1992年，第428页。
[3] 新华社加德满都2012年3月7日电（记者周盛平）：《中国第三次"扮靓"尼泊尔最现代化体育场》，https://news.ifeng.com/c/7fbcHlXeESa.

历届亚运会尼泊尔所获奖牌

届 数	举办时间与举办地	金 牌	银 牌	铜 牌	总 计	备 注
1	1951年印度新德里	0	0	0	0	
2	1954年菲律宾马尼拉	/	/	/	/	未参赛
3	1958年日本东京	0	0	0	0	
4	1962年印度尼西亚雅加达	/	/	/	/	未参赛
5	1966年泰国曼谷	0	0	0	0	
6	1970年泰国曼谷	0	0	0	0	
7	1974年伊朗德黑兰	0	0	0	0	
8	1978年泰国曼谷	0	0	0	0	
9	1982年印度新德里	0	0	0	0	
10	1986年韩国汉城	0	0	8	8	
11	1990年中国北京	0	0	1	1	
12	1994年日本广岛	0	0	2	2	
13	1998年泰国曼谷	0	1	3	4	
14	2002年韩国釜山	0	0	3	3	
15	2006年卡塔尔多哈	0	0	3	3	
16	2010年中国广州	0	0	1	1	
17	2014年韩国仁川	0	0	1	1	
18	2018年印度尼西亚雅加达	0	1	0	1	
	总 计	0	2	22	24	

二十五、日本

国名：日本国

首都：东京

面积：陆地面积约37.8万平方公里

人口：1.2562亿（2021年数据）

参加亚运会届数：18届（1—18）

承办亚运会届数：2届（1958年第3届，东京；1994年第12届，广岛）

古代时期日本以中国为师，隋唐时期派遣大量留学生和学问僧赴中国修学研习中国文化，体育文化交流也是这一时期中日交往的重要内容，"隋唐时期的中日体育交流，内容丰富多彩，涉及射箭、百戏技巧、蹴鞠、击鞠和围棋等许多项目"[1]。当今风行日本的许多传统体育项目，与古代时期中日体育文化交流有着密切关系。

日本自19世纪明治维新开启现代化历程，提出"文明开化""脱亚入欧"等口号和方针，在体育事业方面，日本是亚洲最早建立与西方现代竞技体育体系相匹配的国家。根据我国研究者的考证，汉语中本无现代语义的"体育"一词，是日本人将西方相关词语引进日本改造后于19世纪70年代形成，19世纪末由日本传入中国。"体育"一词最早出现在中国书籍中，是1897年由康有为收集和编纂的《日本书目志》，而最早见诸新闻媒体，则是1902年于杭州出版的《杭州白话报》。[2] "体育"一词就此正式进入现代汉语词汇。

1911年7月10日，日本成立全国性体育组织"日本业余体育协会"，简称"日体协"，同年，国际奥委会承认日体协为日本的奥林匹克委员会，[3]这也是亚洲诞生的第一

---

[1] 崔乐泉：《中国体育通史》（第一卷），人民体育出版社，2008年，第399页。

[2] 张天白：《"体育"一词引入考》，《体育文史》，1988年第6期，第15页；李宁：《关于"体育"一词在我国由来的商榷》，《成都体育学院学报》，1980年第2期，第19页。

[3] 1989年8月7日，日本奥委会从日体协中分离出来，成为独立的体育机构。刘修武：《亚洲体育》，人民体育出版社，1990年，第64页。

个国家奥委会。日体协成立的第二年,日本参加1912年第5届斯德哥尔摩奥运会,成为亚洲第一个参加奥运会的国家。可以说在20世纪早期,日本已经实现了与国际体育界的全面接轨。

在日体协初创时期,日本对于现代竞技体育的了解还很有限,1913年日本参加亚运会的前身第1届远东运动会时,连田径比赛要比些什么项目也不是很清楚,只知道要跑步,就选派两名选手来参加1英里跑和5英里跑这两个项目。两名选手名叫田舍片善次和井上辉二,是日体协从人力车夫当中找来的,这两人直到即将登场比赛前,才知道比赛中要跑多长距离。好在人力车夫平时就是靠腿吃饭,非常善于奔跑,结果田舍片善次夺得1英里跑和5英里跑两个项目金牌,井上辉二获得5英里跑银牌,为日本争得仅有的两枚田径金牌。[1] 由于日本竞技体育事业在全亚洲起步最早,又迅速地与奥林匹克体系接轨,因而成绩进步神速,在1928年阿姆斯特丹举行的第9届奥运会上,日本夺得2枚金牌实现了金牌零的突破:男子选手织田干雄获得三级跳远金牌,鹤田义雄获得200米蛙泳金牌。值得一提的是,日本19岁女选手人见娟枝在这届奥运会上获得800米跑银牌,成为亚洲女子获奥运奖牌第一人。人见娟枝曾在20年代创造女子200米跑和跳远的世界纪录,被认为是那个年代世界女子田径运动第1号明星。可惜的是1931年人见娟枝在24岁青春年华时就因病去世,"直到现在,她仍是日本最值得骄傲的女选手"[2]。之后日本女子田径选手与奥运奖牌无缘长达64年,直到1992年第25届奥运会女子马拉松选手有森裕子获得银牌,日本这才有了奥运会女子田径的第二枚奖牌。

第二次世界大战结束之后,战败国日本受到国际社会处置,投降后的日本由美国占领,对日本进行管制和改造,直到1951年9月8日签订《旧金山和约》,日本才得以重返国际社会。此时日本作为一个穷困潦倒的战败国,展开积极的外交活动,抓住机会树立日本新形象,推动日本经济复苏和发展。体育外交被视为日本战后外交的重要组成部分,"战后日本一直致力于改变由于军国主义侵略给国家形象造成的负面影响,在此过程中体育外交发挥了重要作用"[3],早期阶段的亚运会自然成为日本体育外交的重要舞台。第1届亚运会于1951年4月举行之时,旧金山和会还没有召开,《旧金山和约》尚未签订,从理论上说此时的日本还不是一个享有完全主权的国家,但日本仍然积极报名参赛,运动员在赛场

---

[1] 阮蔚村:《远东运动会历史与成绩》,上海勤奋书局,1936年,第45页;江西体育报社编:《亚运之光》,21世纪出版社,1990年,第202页。
[2] 吕圣荣、孙葆丽:《奥林匹克运动与妇女》,大众文艺出版社,2000年,第118页。
[3] 王洪映:《论战后日本体育外交》,《东北亚学刊》,2019年第1期,第128页。

上屡创佳绩,在首届亚运会上大放异彩,日本也成为迄今为止参加过全部18届亚运会的7个国家之一。

1954年第2届亚运会在菲律宾马尼拉举办期间,日本东京获得1958年第3届亚运会主办权。在此之前日本曾经获得过1940年奥运会的主办权,但是走上战争之路后的日本没能如愿,那一届奥运会因为战争也没有举办。《旧金山和约》签订之后仅仅数年,日本得到亚运会举办权,日本抓住这个重塑国家形象、推动经济发展的极好契机,举国上下对东京亚运会倾注极大热情。日本人的组织能力和工作效率一向出众,在这届亚运会中表现得淋漓尽致。日本将1924年兴建的"明治神宫外苑竞技场"拆除,投资13亿日元新建可容纳8万名观众的东京国立竞技场,作为东京亚运会主赛场。一共有20个国家和地区参加东京亚运会,亚洲一些国家的领导人和国际奥委会主席也应邀前来。开幕式表演充满仪式感,5000只和平鸽展翅飞翔,点燃主火炬台的是1928年奥运会三级跳远冠军织田干雄,包括3000人合唱团的大型团体操表演气势恢宏,被认为是最接近奥运会的盛会。亚运会举行的日子里,东京每天都上演几项精彩的表演节目,总共有35项,参加演出人员5万余人次。表演的节目主要有:鼓笛、乡土民谣、器械操、古武术、团体操、徒手操、舞蹈、游戏、民谣、古代舞、现代舞、吹奏乐、乐队进行曲、民族舞蹈、土风舞、音乐体操、警校体操等,成为亚运会一大特色。这样的艺术表演,一方面向各国来宾展示了本民族的文化艺术,为本国增光,另一方面又为亚运会增色不少。①

精心的组织、热情的服务、先进的设施、宏大的场面,通过1958年东京亚运会,日本将初创时期的亚运会与奥运会接轨,为亚运会带来活力与变化,将亚运会升格为仅次于奥运会的大型综合性洲级运动会。同时从实际效果来看,东京亚运会对于日本战后政治、经济、外交和体育诸方面都产生影响。东京亚运会举办的次年也就是1959年,国际奥委会开会决定1964年奥运会主办地,东京亚运会的成就毫无疑问给国际奥委会留下深刻印象,成为重要加分项,在最后的投票中,东京以绝对优势战胜美国底特律、奥地利维也纳和比利时布鲁塞尔,获得1964年第18届奥运会主办权。奥运会的组织工作极为庞大复杂,但东京亚运会的办会经历成为极好的演练,尤其是60年代之后日本进入经济腾飞,有雄厚资金托底,再加上日本人做事的精细和充沛的干劲,东京奥运会获得巨大成功。国际奥委会后来这样评述日本的办会工作:"日本在亚洲大地上举行的第一次奥运会,花费巨大。这个正

---

① 范江怀、李吟:《历届亚运会博览》,科学普及出版社,1990年,第23页。

在崛起的工业强国为了这届奥运会花了大约30亿美元,他们把这当成是国家荣誉。"①东京奥运会被公认是日本战后经济和社会发展的重要推动因素之一,正如日本学者所评价的:"东京奥运会是这一时期日本经济顺利发展的象征。"②

日本作为亚洲最早建立现代竞技体育体系的国家,既有竞技体育的经验积累,还有全民体育的社会普及,"几乎每一种传统的现代体育活动,在今日之日本都拥有大量的爱好者"③。所以在20世纪50年代到70年代年间,日本体育实力在亚运会乃至亚洲体育界,处于无可匹敌的地位。首届亚运会田径项目共设9个女子竞赛项目,结果被4名日本女将包揽9枚金牌,其中21岁杉村清子跳远成绩达到5.91米,比3年前伦敦奥运会女子跳远冠军5.69米的成绩超出22厘米。在中国没有参加的前6届亚运会上,一共决出640枚金牌,日本获得354枚,其他所有参赛国家和地区获得286枚,日本一国就夺走全部金牌的55%。

1974年第7届亚运会中国开始参加亚运会比赛,再加上韩国体育强势崛起,日本体育亚洲第一的垄断地位发生动摇。中国军团在各个运动项目中全面开花,来势凶猛。1978年第8届亚运会日本能够保住奖牌榜第一的地位,主要得益于游泳项目的强力维持。日本游泳运动员实力超群,曾经在第3届和第5届亚运会上包揽游泳、跳水和水球全部水上项目金牌。1982年第9届亚运会时,中国水上项目成绩突飞猛进,游泳获得3枚金牌,跳水包揽4枚金牌,水球决赛中国队11:10险胜日本队夺冠,水上项目总共获得8枚金牌。就在这届亚运会上,中国以61枚金牌超过日本的57枚金牌,坐上亚洲体坛第一把交椅(参见:纪事本末·亚洲一哥属谁家)。对这一结果,日本既沮丧也不太服气,日本亚运会代表团秘书长福田信义表示:"我们寄希望在1986年的汉城亚运会上,从现在起就要做好准备,要把亚洲第一体育王国的称号夺回。"④没想到4年之后的1986年第10届汉城亚运会,韩国挟东道主之威,取代日本坐上亚洲体坛第二把交椅,日本不仅没能夺回王座,反而被韩国超越掉落到亚运会第三,这对日本体育界刺激很大。第11届亚运会在北京举行,中国是东道主,中国体育实力上升势头非常迅猛,日本知道夺回第一已经无望,但希望能重回老二的位置,政府也投入大量体育补助资金,派出一支由721人组成仅次于东道主中国的体育代表团前来参赛,但最后仍以38枚金牌不敌韩国的54枚金牌排在第三。

---

① 国际奥林匹克委员会:《国际奥委会一百年》(第二卷),奥林匹克出版社,1998年,第172页。
② [日]古川隆久:《毁灭与重生——日本昭和时代1926—1989》,浙江人民出版社,2021年,第268页。
③ 曹书杰:《日本国概况》,大连出版社,2001年,第283页。
④ 佚名:《亚运会拾零·日本决心在下届亚运会上夺回"亚洲第一"称号》,《新体育》,1983年第1期,第44页。

虽然20世纪90年代之后日本在亚运会的成绩和地位低于中国与韩国，但对于日本体育界而言，亚运会的竞技体育重要性已大为下降，日本部分体育项目将亚运会作为锻炼年轻选手的场所，这种处理方式与日本的传统意识相关，日本《每日新闻》体育部部长野村隆宏认为："日本是较早参加奥运会的国家，在日本人的意识中，金牌争夺战的战场应该在以欧美为中心的世界而不是亚洲。"①北京亚运会时，日本游泳队就已经开始这般操作，日本方面的解释是："为了日本游泳以后的发展，培养年轻的选手，日本决定派遣一支年轻的队伍来参加这届亚运会。"②这反映出日本体育界更多地将目光投向奥运会等世界级大型赛事。在这方面，日本通过不懈努力终于将本土体育项目柔道和空手道列入奥运会正式比赛项目，可以说是成功案例之一。

先看柔道。柔道在日本起源很早，有的说法一直追溯到公元前。柔道原名柔术，1877年，嘉纳治五郎"取柔术各流派之精华，加以创新，组建了适应新时代要求的技术和理论，以比赛胜负、体育锻炼、修心养性为目的，由术而发展成道，故名曰柔道"③。柔道在第二次世界大战之后发展到海外，1956年由国际柔道联盟主办的首届世界柔道锦标赛大会在东京召开。1964年东京奥运会柔道被列为正式比赛项目；1992年巴塞罗那奥运会又将女子柔道设为比赛项目。柔道进入奥运会，使日本获得一个重要夺金点。说来有趣的是，许多中国民众对于柔道的知晓源自一部日本电视连续剧。中国柔道运动起步较晚，1979年4月我国开办第一期柔道训练班，1979年组建第一支柔道队，1980年9月在秦皇岛举办第一届全国柔道锦标赛。④恰在这一时期的1981年，一部名为《姿三四郎》的日本电视连续剧在中国播映，该剧以嘉纳治五郎为故事原型，讲述柔道在日本创立过程中的种种磨难。《姿三四郎》一剧在中国风靡一时，吸引电视观众的自然是跌宕的剧情，但正逢柔道运动在中国开展初期，这部日本电视剧无形之中向中国观众普及了柔道运动的知识。

再看空手道。空手道产生于琉球群岛，据称与古代时期中国武术传入有关，因此以"唐手"的名称流传。1929年，船越义珍"根据佛教《般若心经》中空的概念，将日语唐手的汉译定名为'空手'……1935年船越义珍出版了《空手道教学方式》一书，正式以空手道的命名取代唐手"⑤。2020年东京奥运会上，空手道被列为正式比赛项目。日本通过

---

① ［日］野村隆宏：《亚运会对日本变得重要》，《中国青年报》，2020年10月31日，第3版。
② 晓晶、张骥：《日本泳坛人士谈日本游泳"滑坡"真相》，《新体育》，1990年第10期，第26页。
③ ［日］醍醐敏郎：《柔道》，青岛海洋大学出版社，1992年，第2页。
④ 李其彪、郝承瑞编译：《柔道入门》，甘肃人民出版社，1982年，第5页。
⑤ 庞俊鹏：《空手道教程》，湖北科学技术出版社，2016年，第3页。

两次主办奥运会，分别将柔道和空手道成功地打进奥运会。源自亚洲而被列入奥运会正式比赛项目的，迄今为止也就是日本的柔道、空手道和韩国的跆拳道这三项。

日本第二次主办亚运会是1994年第12届广岛亚运会。在这之前日本已经举办过东京亚运会、东京夏季奥运会和札幌冬季奥运会，再举办亚运会已缺乏来自国家层面的动力和热情，所以这次申亚主要是广岛地方政府在竭力冲刺。广岛的本意是申办1990年亚运会，因为1990年是广岛建市100周年，广岛作为世界上第一个遭受核轰炸的城市，战后几十年后从废墟中得以重建，如果能在广岛建市100周年之际举办亚运会，可谓意义非凡，新任广岛市长在竞选时就把争取举办亚运会作为就任后的目标。由于北京也提出申办1990年亚运会，广岛在与北京的竞争中未能如愿，北京获得1990年亚运会主办权，亚奥理事会顺水推舟让广岛主办1994年亚运会（详见：列传·中国），这也是亚运会第一次由非首都城市承办。

1994年广岛亚运会从两个方面表现出独特的意义：首先，广岛是世界上第一座遭受原子弹攻击的城市，"据最终统计，广岛的35万居民中，共有14万人丧生"[①]，广岛因而一直将自己视为战争受害者。但广岛市市长平冈敬在筹办亚运会过程中意识到："如果广岛一味地强调自己是原子弹爆炸的受害者，而忽略之前侵略的历史，不改变自己的思考立场和精神面貌，就无法与亚洲的其他国家在这一问题上取得共识，一场团结而和平的体育盛会将无从谈起。"1991年在广岛举办的和平纪念大会上，平冈敬发表市长和平宣言，以广岛市长身份为日本的侵略历史向亚洲人民谢罪。他后来在接受中国记者采访时谈到："广岛亚运会绝不是普通的体育盛会，而必须是一个冰释前嫌的、向全世界呼吁和平的运动会。""把广岛人民的情感和亚洲人民的情感紧紧联系在一起……这也是广岛亚运会最值得称颂的理念。"[②]其次，随着苏联在1991年解体，新独立的哈萨克斯坦、乌兹别克斯坦、吉尔吉斯斯坦、土库曼斯坦和塔吉克斯坦等中亚5国首次加盟亚运会，使广岛亚运会成为亚运会历史上一个重要的里程碑。中亚国家中的许多运动员来自欧洲地区，欧洲面孔出现在亚运会赛场上成为一个新奇现象，为亚运会比赛赛场带来一种外观上的改变；苏联体制内培养出来的中亚运动员在一些运动项目中具有相当高的竞技水平，他们的加入又使亚运会的整体竞技质量得到提高。

为防止中亚5国临时加入让主办方压力过大，亚奥理事会对中亚5国的参赛人数做出了

---

① 关于广岛遭受原子弹打击后的死亡人数有多种数据，本文数据选自：[美]尼克·亚普：《改写历史的100天》，中国摄影出版社，2012年，第158页。
② 罗京军、李婉芬：《向亚洲出发》，广州出版社，2009，第128—131页。

一定限制，但广岛亚运会与上届北京亚运会相比，比赛大项由27项上升到34项，参赛的国家和地区由37个增加到42个，参赛运动员由6122人增长到6824人，还是给广岛亚运会的经费筹集、赛会组织等带来很大压力。广岛在日本并不是一个非常繁华的城市，当时西亚国家来的很多人是王室成员，他们提出宾馆住房要总统套间，外出乘坐的汽车品牌只认"奔驰"或"林肯"。当时整个广岛的宾馆加起来总统套间不足20套，连国际奥委会、亚奥理事会和日本皇室的贵宾都安排不过来；而全广岛奔驰牌出租车只有5台，林肯车根本就没有，这实在让广岛亚组委的日本官员叫苦不迭，无能为力。

日本在前两届亚运会奖牌榜上都被韩国压制屈居老三，这次一心借东道主之利夺回老二，日本运动员在比赛中竭尽全力奋勇争先。女子马拉松比赛中，日本运动员藤村信子作为金牌的有力竞争者，一马当先，跑到30多公里处，或许因为拼得太凶，她的例假提前到来。但是这位日本姑娘绝不放弃，居然用染血的双腿跑到终点，仅比冠军慢6秒半获得铜牌，到达终点之后因为流血过多，藤村信子倒地不省人事。①广岛亚运会最终结果，日本以65∶63两枚金牌的优势战胜韩国，重回奖牌榜老二。

不过日本的老二位置只坐了这么一届，接下来从1998年到2014年5届亚运会，全部都是韩国老二日本老三的格局，这无疑对日本体育界形成巨大压力。面对这样的局面，日本体育界也开始重新审视亚运会战略，认为"亚运会对日本变得重要""在'轻视亚洲就是放弃世界'这一点上已经取得了共识"②。2018年第18届雅加达亚运会，日本再一次击败韩国，而且金牌数之比75∶49，大幅度压倒韩国。日本体育代表团团长山下泰裕喜不自胜，在亚运会总结会上表示："日本代表团在本届亚运会上取得了远超想象的好成绩。"③这一届亚运会日本冒出一位足以载入亚运会史册的运动员，她就是女子游泳运动员池江璃花子。这位出生于2000年的日本姑娘当时只有18岁，她赢得所参加的所有个人项目金牌：50米蝶泳、100米蝶泳、50米自由泳和100米自由泳，加上4×100米自由泳接力和4×100米混合泳接力2枚团体赛金牌，总共6枚金牌，成为一届亚运会上获得金牌最多的女运动员；池江璃花子还获得女子4×200米自由泳接力和男女混合4×100米混合泳接力2枚银牌，以总计8枚奖牌的成绩打破朝鲜射击选手西吉山在1982年新德里亚运会上创造的7枚奖牌纪录。亚运会闭幕式上，她获得本届亚运会最佳运动员奖杯和5万美元奖金，这也是

---

① 许基仁：《亚运会升值》，《新体育》，1994年第11期，第25页。
② ［日］野村隆宏：《亚运会对日本变得重要》，《中国青年报》，2020年10月31日，第3版。
③ 腾讯体育：《75金！日本代表团总结亚运会：取得远超想像好成绩》，ttps://sports.qq.com/a/20180903/004332.htm？pgv_ref=aio2015_hao123new.

亚运会历史首位女性最佳运动员。此时池江璃花子已经回国，接到获奖电话时正在前往迪士尼乐园游玩的途中，她赶紧飞回雅加达领取奖杯和奖金。[①]日本媒体称池江璃花子为"新人类""超人"，指望她在2020年东京奥运会再展英姿。可惜这位风华正茂的游泳女将不幸患上白血病，运动生涯被迫中断。

日本爱知县及其所属的名古屋市于2016年5月宣布联合申办2026年第20届亚运会。9月25日，亚奥理事会在越南岘港召开全体会议决定第20届亚运会主办地。因为只有日本一家提出申办，没有竞争对手，大会以鼓掌形式表示通过，这一届亚运会被称为2026年爱知·名古屋亚运会。这样一来，进入21世纪后已经举行和尚未举行但已确定主办地的8届亚运会，有5届是由东亚的中日韩三国承办，而且在申办过程中频频出现无竞争申办（仅有一家报名申办）、申办后弃办等状况，暴露出亚运会可持续发展问题依然悬而未解。

[①] 王明琛：《池江璃花子 亚运6金王》，《新体育》，2018年第10期，第41页。

历届亚运会日本所获奖牌

届数	举办时间与举办地	金牌	银牌	铜牌	总计	备注
1	1951年印度新德里	24	21	17	62	
2	1954年菲律宾马尼拉	38	36	24	98	
3	1958年日本东京	67	41	30	138	
4	1962年印度尼西亚雅加达	73	55	24	152	
5	1966年泰国曼谷	78	53	33	164	
6	1970年泰国曼谷	74	47	23	144	
7	1974年伊朗德黑兰	74	50	51	175	
8	1978年泰国曼谷	70	59	49	178	
9	1982年印度新德里	57	52	44	153	
10	1986年韩国汉城	58	76	77	211	
11	1990年中国北京	38	60	76	174	
12	1994年日本广岛	64	75	79	218	
13	1998年泰国曼谷	52	61	68	181	
14	2002年韩国釜山	44	73	72	189	
15	2006年卡塔尔多哈	50	71	77	198	
16	2010年中国广州	48	74	94	216	
17	2014年韩国仁川	47	76	76	199	
18	2018年印度尼西亚雅加达	75	56	74	205	
	总 计	1031	1036	988	3055	

二十六、沙特阿拉伯

国名：沙特阿拉伯王国

首都：利雅得

面积：225万平方公里

人口：3481万（2020年数据）

参加亚运会届数：10届（8—12、14—18）

承办亚运会届数：0届

沙特阿拉伯位于阿拉伯半岛，公元7世纪穆罕默德在这里创建伊斯兰教，并且和他的继承者统一阿拉伯半岛，经过多年征战，最终建立起横跨欧亚非三大洲的阿拉伯帝国。此时正是东面的大唐帝国最为强盛时期，阿拉伯帝国扩张锋芒向东而来，进入中亚地区大唐帝国的势力范围。唐玄宗天宝十载即公元751年，两大帝国在怛罗斯城（位于今哈萨克斯坦境内）爆发一场恶战，结果唐军失败，退出这一地区。怛罗斯战役在历史上留下两大印痕：其一，据说由于被俘的唐军中有很多从事造纸行业的工匠，就此中国的造纸术传到阿拉伯，继而流传到欧洲，从而成为世界文化传播的重要物质基础；其二，大唐帝国于不久之后发生"安史之乱"，唐玄宗逃亡蜀地，唐朝经此一乱国力衰弱，再也无力反攻中亚，这一地区遂成为阿拉伯帝国势力范围，该地区居民宗教信仰亦从信奉佛教为主演变为信奉伊斯兰教为主。进入11世纪之后，阿拉伯帝国开始衰落，以后阿拉伯半岛历经奥斯曼帝国的统治、内部的分裂、英国势力的进入等等历史变迁，最终，于1932年9月23日建立沙特阿拉伯王国。

基于历史和现实的原因，尤其是作为伊斯兰教发源地，拥有穆斯林信徒必须朝拜的麦加和麦地那两大圣地，沙特阿拉伯成为在阿拉伯世界和伊斯兰世界占据重要话语权的国家。

沙特阿拉伯还是一个老天爷赏饭吃的最好例证。它是世界上石油储存量第二、出口量第一的国家，依靠石油经济得来的巨额财富，沙特人硬是在沙漠戈壁中营造出一个绿洲胜境+鲜花世界：首都利雅得到处"都能见到万紫千红的鲜花。商店、街道处处繁花似锦，所有这些使这个曾处于落后状态的游牧之地变成了一个潜在的花海观光胜地"①。

有雄厚的石油美元打底，沙特阿拉伯体育事业亦得到快速发展，政府斥资数十亿美元兴建各种体育设施，体育设施建得又多又豪华。1988年落成的法赫德国王国际体育场，坐落在利雅得北郊，号称"帐篷式体育建筑"，资料记载说耗资约4亿美元，"其独到之处是由24顶造型像帐篷似的建筑物构成的墙围和场顶。远处望去，恰似一座巨型帐篷耸立在原野上，既有民族风俗，又显得豪华气派"②。这24个"帐篷"总面积为7.7万平方米，由玻璃纤维钢组成，表面涂特氟隆，风雨不蚀，永不变形。"其标志性的顶棚既实用，又有象征意义。它不但可以为场内观众遮挡阿拉伯的热辣阳光，还可以唤起人们对沙特阿拉伯王室皇冠和沙漠中贝都因人帐篷这两种沙特核心元素的回忆。"③其超凡脱俗的建筑风格和奢华无比的硬件设施，使之成为世界知名建筑物之一。

沙特阿拉伯也是西亚地区王室体育的典型代表。国王法赫德（在位时间1982—2005）十分爱好体育，在传统体育中最偏好的是骆驼赛，于竞技体育中最热衷的是足球。在他的带领下，王室成员中足球迷众多，足球成为沙特阿拉伯在亚洲体坛最耀眼的名片。1981年，沙特足球队去马来西亚吉隆坡参加世界杯亚太区决赛，沙特阿拉伯包租了9架波音747专机，运送3000名观众到吉隆坡观看这场球赛并为本国队助威，光机票就花费500多万美元，这一豪举成了赛场外的热门话题。④迄今为止，沙特阿拉伯3次获得亚洲杯冠军，5次获得进军世界杯决赛圈资格，尤其是在2022年卡塔尔世界杯的小组赛中，沙特阿拉伯队居然以2∶1击败本届世界杯冠军得主阿根廷队。这些战绩放在亚洲足坛，的确是响当当的。

沙特阿拉伯自1978年开始参加亚运会，给亚运会观众留下深刻印象的仍是他们花钱的大手笔。1986年第10届汉城亚运会时，沙特阿拉伯王储由26位侍从陪同，乘坐私人飞机来到韩国光州市，沙特阿拉伯足球队小组赛在此举行，王储特来为球队加油助威。王子要求住3000美元一夜的房间，然而光州市当地最贵的房间只有700美元一夜，王子一听，连夜飞回汉城。还有一位参加保龄球比赛的王子，出手阔绰，花钱如流水，凡是为他服务的工作人员都可以得到50美元小费，此举让服务员受宠若惊，争先恐后要为王子服务。韩国有

---

① 沈洪：《鲜花，使沙特走出荒漠》，杨新杭主编：《世界花坛》，经济日报出版社，1994年，第196页。
② 孙宝玉、雷景魁：《世界旅游名胜词典》，中国旅游出版社，1999年，第846页。
③ ［英］大卫·戈德布拉特：《足球百科》，中国地图出版社，2016年，第268页。
④ 刘洪潮：《当代国王》，河南人民出版社，1986年，第62页。

关方面感觉不妥，私下与王子协商，希望他适当减少小费数额。①

1990年北京亚运会召开之时，中国与沙特阿拉伯建交才2个月（1990年7月21日中沙两国正式建交），沙特阿拉伯派出一支百人规模纯男性代表团来北京参赛，热情好客的主人将客人招待得十分满意。沙特阿拉伯代表团本来打算比赛结束就回国，不参加闭幕式，但"沙特阿拉伯主管体育的亲王指示本国代表团，要支持中国兄弟，绝不能提前回国。所以在闭幕式上沙特阿拉伯代表团打出了中沙两国国旗，还用阿拉伯文和中文写出标语——'谢谢你，中国'"②。两国关系借助北京亚运会得到稳固发展。

沙特阿拉伯因为拒绝参加1998年第13届曼谷亚运会还闹出一点风波。1998年11月27日，距离亚运会开幕只有不到10天，"利雅得方面通过官方渠道正式宣布，他们决定不派出代表团参加曼谷亚运会，理由是亚运会举行期间正是穆斯林的禁食'斋月'，又要举行皇家庆典仪式，明显不适宜参赛"③。沙特阿拉伯突然退赛让亚运会主办方泰国感到郁闷和不快，泰国方面认为信奉伊斯兰教国家众多，这些国家都能正常参赛，沙特阿拉伯以所谓"斋月"的宗教理由退赛太牵强。媒体方面的分析则认为应该是与当时泰国和沙特阿拉伯之间发生的一些外交摩擦没有得到妥善解决有关。虽然泰国方面和亚奥理事会做了一些工作，但沙特阿拉伯还是缺席了1998年亚运会。

沙特阿拉伯不差钱，但竞技体育成绩却不够理想，在亚运会总奖牌榜上，排名在第21位（参见：表·各国和地区获亚运会奖牌统计），还不如它在海湾地区的小国邻居巴林和科威特。沙特阿拉伯的奥运会成绩更是不太好看，2020年之前在它所参加的11届奥运会中，只获得1枚银牌和2枚铜牌。2020年东京奥运会（因疫情推迟到2021年举行）沙特阿拉伯想有所突破，派出史上人数最多的30人体育代表团参加9个项目角逐，但最后也仅获得1枚银牌。

阿拉伯国家中只有卡塔尔承办过亚运会，看到这位邻居接二连三承办大型体育赛会声名鹊起，沙特阿拉伯近年来也积极投身申办大型体育赛会的队伍之中。沙特阿拉伯已经获得2029年亚洲冬季运动会举办资格，作为一个地理环境以沙漠戈壁为主的国家，承办冬季运动赛会的投入绝对是天文数字。据媒体报道，沙特阿拉伯打算耗资5000亿美元在沙漠中

---

① 江西体育报社编：《亚运之光》，21世纪出版社，1990年，第242页。
② 伍绍祖：《弘扬北京亚运精神》，《伍绍祖文集》（体育工作卷·第一卷），人民出版社，2008年，第201页。
③ 张强：《综述：沙特"拒绝"亚运幕后》，新浪体育，1998年12月2日，http://sports.sina.com.cn/yayun/9812/120209.html。

建造全年运转的冬季运动设施。沙特王储公布NEOM计划，要在绵延170公里的山地和沙漠上修建摩天大楼双子座，包括全年滑雪场、人造淡水湖和超豪华酒店等，沙特阿拉伯的沙漠和山区将出现冬季运动游乐场，项目定于2026年完工。

2020年12月16日在阿曼首都马斯喀特举行亚奥理事会全体代表大会，围绕2030年第21届亚运会主办权，卡塔尔多哈和沙特阿拉伯利雅得两个首都城市展开竞争，会议经过投票，卡塔尔首都多哈成为2030年亚运会主办城市。不过，亚奥理事会也没有浪费沙特阿拉伯的热情，将利雅得顺延为2034年亚运会主办城市。

历届亚运会沙特阿拉伯所获奖牌

届 数	举办时间与举办地	金 牌	银 牌	铜 牌	总 计	备 注
1	1951年印度新德里	/	/	/	/	未参赛
2	1954年菲律宾马尼拉	/	/	/	/	未参赛
3	1958年日本东京	/	/	/	/	未参赛
4	1962年印度尼西亚雅加达	/	/	/	/	未参赛
5	1966年泰国曼谷	/	/	/	/	未参赛
6	1970年泰国曼谷	/	/	/	/	未参赛
7	1974年伊朗德黑兰	/	/	/	/	未参赛
8	1978年泰国曼谷	0	0	0	0	
9	1982年印度新德里	0	0	1	1	
10	1986年韩国汉城	0	1	0	1	
11	1990年中国北京	0	0	1	1	
12	1994年日本广岛	1	3	5	9	
13	1998年泰国曼谷	/	/	/	/	未参赛
14	2002年韩国釜山	7	1	1	9	
15	2006年卡塔尔多哈	8	0	6	14	
16	2010年中国广州	5	3	5	13	
17	2014年韩国仁川	3	3	1	7	
18	2018年印度尼西亚雅加达	1	2	3	6	
总 计		25	13	23	61	

二十七、斯里兰卡

国名：斯里兰卡民主社会主义共和国

首都：科伦坡

面积：6.5610万平方公里

人口：2167万（2018年数据）

参加亚运会届数：18届（1—18）

承办亚运会届数：0届

斯里兰卡旧称锡兰，是一个位于印度洋上的岛国，与印度次大陆只相隔一条几十公里宽的海峡，因岛屿状若泪珠，故被形象地称为"印度次大陆东南一角淌下的一滴泪珠"[1]。远古时期，来自印度次大陆的移民在岛上建立僧伽罗王国，之后泰米尔人也移民岛上建立泰米尔王国。16世纪之后，锡兰岛被葡萄牙人与荷兰人先后统治；1796年，英国在锡兰确立殖民统治。1948年2月4日，锡兰宣布独立。1972年5月22日，锡兰更名为斯里兰卡共和国，1978年8月16日又更名为斯里兰卡民主社会主义共和国。[2]

独立之后的斯里兰卡一度在国际舞台上比较活跃。1960年班达拉奈克夫人出任斯里兰卡政府总理，她是前总理班达拉奈克的遗孀，颇富政治才具，在1960—1977年间断续当了12年总理，排除掉女王、女大公等世袭女性领导人因素，班达拉奈克夫人算得上是世界上第一位女性民选政府领导人。在她执政期内，斯里兰卡成为第一届不结盟国家和政府首脑会议参加国之一，并且在1976年主办第五届不结盟国家和政府首脑会议，在国际政治舞台上着实风光了一把。

亚洲体坛也成为独立之后斯里兰卡展现国家形象的舞台。斯里兰卡积极参与亚运会筹建工作，是亚运会创始成员国之一，也是迄今为止7个从未缺席历届亚运会的国家之

---

[1] ［美］帕特里克·皮布尔斯：《斯里兰卡史》，东方出版中心，2013年，第2页。
[2] 为方便表达，本书对斯里兰卡国名变化不做区分，统称为"斯里兰卡"。

一。尽管斯里兰卡体育运动水平很一般，但是某些运动项目尤其是田径，也有过若干次闪亮时刻。在1958年第3届亚运会上，斯里兰卡男子跳高选手艾维拉森汉跳出2.03米的成绩，创造新的亚运会纪录，为斯里兰卡赢得第1枚亚运会金牌，他这个成绩放在2年之后的1960年罗马奥运会上，可以进入前6名。1970年第6届亚运会上，斯里兰卡又出现一匹"黑马"——长跑运动员罗沙，这位选手的职业是送货员，据说他在训练和比赛时从来不穿鞋子，人送外号"赤脚大仙"。第5届亚运会时罗沙在5000米和10000米两项比赛中得到铜牌，到第6届亚运会他将这两个项目的金牌统统揽入怀中，10000米29分55秒6的成绩，使他成为亚洲第一个在这个项目中跑进30分钟大关的选手。1974年第7届亚运会上，田径选手维马拉达萨以46秒21破亚运会纪录的成绩夺得男子400米冠军，在他的带领下，斯里兰卡田径队还夺得男子4×400米接力赛金牌。

斯里兰卡在亚运会上的大部分奖牌都是由田径运动员获得，当板球项目进入亚运会之后，又为斯里兰卡提供了夺牌机会。2014年第17届亚运会上，先是斯里兰卡女子板球队在季军比赛中以66∶65一分险胜中国队夺得铜牌，接着斯里兰卡男队以133∶65大胜阿富汗队，夺得斯里兰卡在亚运会史上的第一枚集体项目金牌。

斯里兰卡是以种植园经济为主体的国家，并不富裕，但拥有秀美的海洋风光和别具风情的民俗文化，是个旅游胜地，本可以借助旅游经济推动国家经济发展。然而，斯里兰卡社会生活与经济发展受到国内僧伽罗与泰米尔两大民族之间对抗和冲突的严重拖累。两大民族是古代时期从印度次大陆迁徙到锡兰岛的移民后裔演变形成，历史上两大民族之间就不断攻伐征战。从人口数量看，僧伽罗族和泰米尔族分别占斯里兰卡总人口74.9%和15.4%（2018年数据），僧伽罗人多信奉佛教，泰米尔人多信奉印度教，僧伽罗语和泰米尔语同为官方语言。斯里兰卡独立之后，两大民族之间的历史恩怨依然难以化解，20世纪70年代演变为武装冲突，1976年泰米尔族激进派建立"伊拉姆猛虎解放组织"，该组织成员于1983年7月在贾夫纳半岛打死13名政府军士兵，从而引发大规模内战。内战期间印度派遣数万维和部队到斯里兰卡，与泰米尔人武装频频交战，试图平息事态。印度的军事行动导致1991年5月21日印度前总理拉吉夫·甘地在印度泰米尔纳德邦首府马德拉斯遇刺身亡。印度方面侦破后宣布：此案是斯里兰卡泰米尔伊拉姆猛虎解放组织所为。2009年5月18日，猛虎组织最高领导人普拉巴卡兰被政府军打死，到此持续时间长达26年的大规模内战结束。"不过，总体来看，斯里兰卡僧泰冲突依然存在很多风险，实现真正民族融合任重道远。"①

历届亚运会斯里兰卡所获奖牌

届 数	举办时间与举办地	金 牌	银 牌	铜 牌	总 计	备 注
1	1951年印度新德里	0	1	1	2	
2	1954年菲律宾马尼拉	0	1	1	2	
3	1958年日本东京	1	0	1	2	
4	1962年印度尼西亚雅加达	0	2	3	5	
5	1966年泰国曼谷	0	0	6	6	
6	1970年泰国曼谷	2	2	0	4	
7	1974年伊朗德黑兰	2	0	0	2	
8	1978年泰国曼谷	0	0	2	2	
9	1982年印度新德里	0	0	0	0	
10	1986年韩国汉城	0	0	0	0	
11	1990年中国北京	0	2	1	3	
12	1994年日本广岛	0	1	1	2	
13	1998年泰国曼谷	3	0	3	6	
14	2002年韩国釜山	2	1	3	6	
15	2006年卡塔尔多哈	0	1	2	3	
16	2010年中国广州	0	0	0	0	
17	2014年韩国仁川	1	0	1	2	
18	2018年印度尼西亚雅加达	0	0	0	0	
总 计		11	11	25	47	

---

① 杨思灵：《内战结束后斯里兰卡的僧泰冲突》，《南亚研究季刊》，2012年第3期，第27页。

二十八、塔吉克斯坦

国名：塔吉克斯坦共和国

首都：杜尚别

面积：14.31万平方公里

人口：950.4万（2021年数据）

参加亚运会届数：7届（12—18）

承办亚运会届数：0届

塔吉克斯坦是位于中亚东南部的内陆国家，东边与中国接壤。历史上这一区域曾经受蒙古帝国统治，19世纪逐渐被并入沙皇俄国。苏联时期这一地区一度成为乌兹别克苏维埃共和国的组成部分，1929年改为塔吉克苏维埃社会主义共和国，成为苏联的一个加盟共和国。1991年9月9日，在苏联解体时期塔吉克斯坦宣布独立。

"塔吉克斯坦有'高山国'之称，境内山地和高原约占国土的4/5，其中约一半在海拔3000米以上。"①由于自然条件恶劣，这一地区经济发展水平在苏联时期就比较落后。塔吉克斯坦独立伊始，陷入世俗政治力量与宗教政治力量之间激烈的对抗之中，"双方的分歧主要在于发展道路之争：走世俗化道路还是走政教合一的道路"。大规模内战就此爆发，战火连年，又引发外部国际势力介入，联合国安理会亦派出观察团前来调解纷争，内战持续到2000年5月才结束。战乱给塔吉克斯坦带来灾难性影响："国民经济陷入崩溃边缘……经济不断倒退，人民生活水平大幅下降，沦为世界上最贫穷的国家之一。"②

塔吉克斯坦体育运动水平不高，体育设施缺乏，体育场馆面积在苏联时期排在各加盟共和国最后一名。③塔吉克斯坦从1994年广岛亚运会开始参赛，在亚运会奖牌榜上的排名最高为第24名，其中1998年曼谷亚运会颗粒无收。塔吉克斯坦竞技体育比较有竞争力的是

---

① 张真真：《塔吉克斯坦独立后的政治经济发展》，上海大学出版社，2017年，第1页。
② 张真真：《塔吉克斯坦独立后的政治经济发展》，上海大学出版社，2017年，第40页。
③ 杜利军、易人：《中亚五国新挑战》，《新体育》，1994年第9期，第41页。

柔道、拳击、摔跤、射击等项目，在2008年北京奥运会上，男子自由式摔跤获得一枚银牌，柔道获得一枚铜牌，实现了奥运会奖牌零的突破。

历届亚运会塔吉克斯坦所获奖牌

届 数	举办时间与举办地	金 牌	银 牌	铜 牌	总 计	备 注
1	1951年印度新德里	/	/	/	/	未参赛
2	1954年菲律宾马尼拉	/	/	/	/	未参赛
3	1958年日本东京	/	/	/	/	未参赛
4	1962年印度尼西亚雅加达	/	/	/	/	未参赛
5	1966年泰国曼谷	/	/	/	/	未参赛
6	1970年泰国曼谷	/	/	/	/	未参赛
7	1974年伊朗德黑兰	/	/	/	/	未参赛
8	1978年泰国曼谷	/	/	/	/	未参赛
9	1982年印度新德里	/	/	/	/	未参赛
10	1986年韩国汉城	/	/	/	/	未参赛
11	1990年中国北京	/	/	/	/	未参赛
12	1994年日本广岛	0	0	2	2	
13	1998年泰国曼谷	0	0	0	0	
14	2002年韩国釜山	0	2	4	6	
15	2006年卡塔尔多哈	2	0	2	4	
16	2010年中国广州	1	0	3	4	
17	2014年韩国仁川	1	1	3	5	
18	2018年印度尼西亚雅加达	0	4	3	7	
总 计		4	7	17	28	

二十九、泰国

国名：泰王国

首都：曼谷

面积：51.3万平方公里

人口：6619万（2020年数据）

参加亚运会届数：18届（1—18）

承办亚运会届数：4届（1966年第5届；1970年第6届；1978年第8届；1998年第13届；举办地均为曼谷）

泰国旧称暹罗，1939年改称泰国。古代时期的泰国历史存在混沌与记载缺失情况，直到1238年，泰国才开始形成确切的历史记载。[1]近代时期西方殖民主义势力进入东南亚地区，泰国周边国家缅甸、越南、老挝等先后成为英国和法国殖民地，泰国主权也岌岌可危，为此不断与列强进行周旋。英国和法国为巩固各自在东南亚的统治，于1896年签订《英法公约》，双方保证泰国的独立，将泰国作为英属缅甸和法属印度支那之间的缓冲国，泰国因而成为东南亚地区唯一没有沦为殖民地的国家。

夹缝中求生存的严酷现实锻炼了泰国的外交能力和对地区局势的洞察力，当代泰国面临的地区国际关系更为复杂，越南战争和柬埔寨战争均波及泰国，泰国外交逐渐演变为"大国平衡"外交，[2]这一外交策略保障了泰国经济的发展，"今日泰国繁荣富裕，早已摆脱了对西方国家的依赖，国民经济强大。技术工人、先进设施、优质服务、低廉成本和宽松的经商环境都吸引了大量东西方外资"[3]。面对经济危机，泰国经济亦表现出足够的韧性，具有一定的承载能力。泰国90%以上人口信仰佛教，给世人以民风温和、僧侣遍地的印象。泰国国情中的政治包容性、宗教亲和力使泰国在一定程度上成为亚洲国际关系激

---

[1] 田禾、周方冶：《泰国》，社会科学文献出版社，2005年，第82页。
[2] 田禾、周方冶：《泰国》，社会科学文献出版社，2005年，第232页。
[3] ［英］罗伯特·库泊、南萨帕·库泊：《泰国》，旅游教育出版社，2015年，第4页。

烈冲突之中的缓冲地带，成为一个在东南亚地区乃至亚洲具有影响力的国家，同时也是泰国在亚运会历史上屡屡担当"救世主"角色的社会与文化背景。

"在亚洲，泰国是比较重视发展体育事业，并拥有大批体育活动积极分子的国家之一。"[1]泰国人对于体育非常痴迷，称自己为"体育迷"，"他们似乎对一切体育比赛都有兴趣，哪里有比赛，哪里就挤满了人"[2]。泰国参加了亚运会创建工作；是参加过每一届亚运会的7个国家之一；已经举办的18届亚运会有4届由泰国曼谷承办，泰国是所有亚洲国家中举办亚运会最多的国家。最让亚洲人铭记的是：泰国在亚洲体育运动发展的困难关头和关键时期，表现出极大的勇气和担当。在泰国所承办的4届亚运会里，其中1970年亚运会原来确定由韩国承办，1978年亚运会原定由巴基斯坦承办，这两届亚运会的承办方韩国与巴基斯坦都因为各种原因宣布放弃承办。在筹办时间相当紧迫、几乎没有国家愿意接过承办权的时刻，都是泰国挺身而出救场接办亚运，使亚运会能够不间断地如期举行，薪火相传。在这方面，泰国是全亚洲公认对亚运会贡献最大的国家（详见：纪事本末·度尽劫波亚运在）。

泰国首次举办亚运会是1966年第5届亚运会，当时正值亚洲体育运动艰难和微妙时期。一方面，20世纪60年代越南战争爆发，战争不断升级，社会主义阵营与资本主义阵营在越南展开激战，泰国也在一定程度上卷入战争，泰国的周边炮火连天；另一方面，1962年第4届亚运会前后，亚洲体坛发生严重对抗，出现分裂局面。就在第5届亚运会开幕前半个月的1966年11月25日，第1届亚洲新兴力量运动会在泰国的邻居柬埔寨首都金边举行，来自亚洲17个国家和地区的上千名运动员进行了20个大项的比赛（详见：纪事本末·亚洲体坛叹分合），这自然给泰国首次承办亚运会带来巨大压力。

1966年12月9日，第5届亚运会在泰国首都曼谷举行。曼谷是简称，它的全名极长，长达167个字母：Krungthep Mahanakhon Bovorn Ratanakosin Mahintharayutthaya Mahadilokpop Noparatratchathani Burirom Udomratchanivetmahasathan Amornpiman Avatarnsathit Sakkathattiyavisnukarmprasit,[3]翻译成中文全名为"天使之城、伟大的都市、玉佛的宿处、坚不可摧的城市、被赠予九块宝石的世界大都会"[4]，这么长的名字在日常生活中肯定没法用，所以从官方到民间只以开头作为曼谷简称，因此曼谷也被称为"天使之城"。

---

[1] 朱振明：《当代泰国》，四川人民出版社，1992年，第241页。
[2] 马胜荣：《泰国漫忆》，安徽文艺出版社，1985年，第83页。
[3] 一说有175个字母，罗斯：《英语杂谈》，北京出版社，1983年，第396页。
[4] 第16届亚运会组委会宣传部编：《亚运历史与文化》，广东世界图书出版公司，2010年，第53页。

"泰国政府为了办好第五届亚运会，投资1500多万美元的资金，花了三年的时间修建各种比赛场地和设施。"① 泰国在严峻的外部形势下首次承办的亚运会还是比较成功的，泰国朝野都很满意。美中不足的是在泰国队与缅甸队争夺足球预赛A组第一名比赛时，大量观众涌进体育场，"一时人山人海，前拥后挤，继而发生骚乱，致使1人被踩死，数十人被挤或踩伤"②。这次踩踏事件也是亚运会早期比较大的安全事故。

1970年第6届曼谷亚运会，是在原承办地韩国汉城突然弃办之后，泰国方面紧急救场出面接办。这一届亚运会与上一届亚运会的开闭幕式时间、比赛场馆等完全相同，就连组委会主席都是同一人：泰国空军元帅他威·朱拉·萨非亚。这位空军元帅没开飞机上天而是驾船下海——他参加本届亚运会帆船比赛，而且与队友一起获得"流星"型帆船赛金牌。③

1978年第8届曼谷亚运会，几乎复制了第6届亚运会，只不过这次弃办者是巴基斯坦伊斯兰堡。泰国再次站出来，在12年内第三次成功举办亚运会。"亚洲各国对泰国继1970年第六届亚运会后再次出面挽救亚运会，给予高度赞扬和评价。有的报刊评论：如果说印度对亚运会的创立起了重要作用的话，那么泰国对维护亚运会的发展所做出的贡献是任何国家也无可比拟的。"④

20世纪80年代泰国经济获得快速而稳定的发展，"经济逐年增长，1988年甚至实现了近13%的增长率"⑤。在这样的背景下，泰国提出申办1998年第13届亚运会。在1990年第11届北京亚运会期间召开的亚奥理事会代表大会做出决定，同意由泰国曼谷承办第13届亚运会。⑥泰国本来打算通过举办20世纪最后一届亚运会，将本国经济推上一个新台阶。然而进入90年代后，泰国的政治经济形势发生很大变化，"泰国的经济增长从1994年起就出现后劲乏力的迹象"⑦，外贸逆差迅速增高，经济增长速度减缓。1997年7月，泰国爆发严重的金融危机，"这次金融危机使泰国经济发展停滞。国内生产总值增长率从1996年的6.7%下降到1997年的不到1%，为20年来的最低点"⑧。人们在担忧1998年曼谷亚运会能否

---

① 范江怀、李吟：《历届亚运会博览》，科学普及出版社，1990年，第44页。
② 胡新民等：《历届亚运会集锦》，中国奥林匹克出版社，1990年，第93页。
③ 谷世权：《举步艰难 历经坎坷——介绍第一至第六届亚运会》，《体育文史》，1990年第3期，第24页；李兹编译：《亚洲运动会资料》，人民体育出版社，1974年，第119页。
④ 胡新民等：《历届亚运会集锦》，中国奥林匹克出版社，1990年，第120页。
⑤ 王德迅、张金杰：《国际货币基金组织》，社会科学文献出版社，2004年，第137页。
⑥ 钱江、缪鲁：《激荡的亚洲魂——第11届亚运会纪实》，百花洲文艺出版社，1991年，第349页。
⑦ 陈京华：《中国证券大全1998》，中国经济出版社，1998年，第86页。
⑧ 李明德、江时学：《现代化：拉美和东亚的发展模式》，社会科学文献出版社，2000年，第375页。

如期举行,"危机让他们一度陷入困境,被亚奥理事会数次'最后通牒'要易地举办,因为直到1998年上半年他们的三大亚运体育中心都没有完工"①。在这种情况之下,泰国不离不弃,顶住金融危机对国家经济造成的灾难性影响,调动一切可以调动的力量,加上国际组织和各国友好力量的帮助,终于使亚运会筹备工作顺利进行。1998年12月3日下午,在泰国集叨达王宫前草坪上举行第13届亚运会圣火火种采集仪式,国王普密蓬·阿杜德用采集到的圣火火种点燃火炬。从1966年到1998年,32年过去,这是同一位泰国国王在同一地点用同一方式,第4次点燃亚运火炬,"泰国曼谷也因此成为亚运史上举办届次最多的城市,并被称为'永远信守承诺的城市'"②。

1998年时泰国还没有从亚洲金融风暴的打击中恢复,所以这一届亚运会被认为是所有洲级以上大赛中最勤俭节约的赛会:开幕式和闭幕式分别在两所大学的体育场举行;皮划艇和赛艇赛场设在海边;举重比赛安排在一个工厂仓库里举行。③泰国选美活动世界知名,开幕式上泰国方面特意安排历届泰国选美活动中的佼佼者作为举牌者,引导各代表团入场。亚运会开幕时间是12月6日,地处热带的曼谷依然炎热难耐,苗条纤弱的美女们实在受不了上晒下蒸的天气,"执牌引路的靓丽泰妹……在现场就接连晕倒了5个"④,只能拉来小伙子充任临时举牌手。由于经营有方,这届曼谷亚运会盈利近3亿泰铢,更主要的是"亚运会恢复了投资者对泰国经济的信心,对泰国的经济发展助了一臂之力"⑤。

第1届和第2届亚运会上泰国没有获得任何奖牌,重在参与。第3届亚运会时有了突破,获得1银3铜4枚奖牌,第4届亚运会又实现金牌零的突破。泰国承办第5届和第6届亚运会时,中国还没有加入亚运会体系,借助东道主的地利,泰国在奖牌榜上的位置连续两届史无前例地排在日本和韩国之后位列第三。自中国、朝鲜等国家和地区从第7届亚运会开始参赛,亚运会参赛队伍不断壮大,泰国的座次也不断后移,经常在十几名区段徘徊。泰国当然对亚运会奖牌榜座次是有想法的,中日韩三国第一集团地位无可撼动,泰国没有争抢的实力,但第二集团前排席位还是可以去拼上一把,尤其是泰国花钱出力办亚运会的时候,作为东道主,自然会想方设法让自己沾一些地利之光。

1998年第13届曼谷亚运会上,第一集团中日韩三国三骑绝尘,稳居奖牌榜前三把交

---

① 罗京军、李婉芬:《向亚洲出发》,广州出版社,2009年,第218页。
② 雷青峰:《阅尽沧桑话亚运》,新世纪出版社,2009年,第81—83页。
③ 佚名:《26年,晚报记者的亚运记忆》,《钱江晚报》,2015年8月19日,A17版。
④ 潘凯雄:《目击曼谷亚运》,《青年文学》,1999年第3期,第71页。
⑤ 罗京军、李婉芬:《向亚洲出发》,广州出版社,2009年,第223页。

椅，连名次排列也没有悬念，但是奖牌榜第四把交椅也就是第二集团领头羊之战绝对是杀得昏天黑地，场面惊心动魄。这场竞争在泰国、哈萨克斯坦和中国台北三家之间展开，亚运会期间三家在奖牌榜上交替领先，距赛会结束还剩3天时，中国台北以17枚金牌领先泰国的13枚金牌，泰国形势并不乐观。这时，后劲十足的泰国开始发力。泰国在赛前表现得很谨慎，预测自己的金牌数在10枚左右。泰国竞技体育的特点之一是发展比较均衡，各种运动项目基本都得到开展，亚运会上全面开花，夺牌点很多。泰国体育运动中最负盛名的是泰拳和藤球。大名鼎鼎的泰拳被视为泰国民族文化和民族精神的象征，曼谷遍布泰拳馆，虽然泰拳没有被列入亚运会比赛项目，但有这样的实力垫底，泰国在拳击项目上实力强劲，成为亚运会上的夺牌大户，泰国亚运史上第1枚金牌就来自第4届亚运会的拳击比赛，这届亚运会泰国拳击选手收获了5枚金牌；泰国藤球选手则战胜强大的马来西亚等劲敌，将总计6枚金牌中的5枚揽入帐下；再加上自行车、马术、射击、体操、游泳等项目纷纷告捷，最终泰国与哈萨克斯坦都获得24枚金牌，泰国以银牌数超过哈萨克斯坦胜出，如愿以偿地坐上奖牌榜排名第四的交椅。[1]

---

[1] 李央、王琪：《新世纪前的新整合》，《新体育》，1999年第1期，第9页。

历届亚运会泰国所获奖牌

届　数	举办时间与举办地	金　牌	银　牌	铜　牌	总　计	备　注
1	1951年印度新德里	0	0	0	0	
2	1954年菲律宾马尼拉	0	0	0	0	
3	1958年日本东京	0	1	3	4	
4	1962年印度尼西亚雅加达	2	6	4	12	
5	1966年泰国曼谷	12	14	11	37	
6	1970年泰国曼谷	9	17	13	39	
7	1974年伊朗德黑兰	4	2	8	14	
8	1978年泰国曼谷	11	12	19	42	
9	1982年印度新德里	1	5	4	10	
10	1986年韩国汉城	3	10	13	26	
11	1990年中国北京	2	7	8	17	
12	1994年日本广岛	3	9	14	26	
13	1998年泰国曼谷	24	26	40	90	
14	2002年韩国釜山	14	19	10	43	
15	2006年卡塔尔多哈	13	15	26	54	
16	2010年中国广州	11	9	32	52	
17	2014年韩国仁川	12	7	28	47	
18	2018年印度尼西亚雅加达	11	16	46	73	
总　计		132	175	279	586	

三十、土库曼斯坦

国名：土库曼斯坦

首都：阿什哈巴德

面积：49.12万平方公里

人口：572万（2020年数据）

参加亚运会届数：7届（12—18）

承办亚运会届数：0届

土库曼斯坦位于中亚西南部，19世纪被沙皇俄国吞并，之后成为苏联下属的加盟共和国。1991年10月27日，土库曼斯坦在苏联解体时期宣布独立。

土库曼斯坦国土面积在中亚5国中排名第二，但有约80%的国土被沙漠覆盖，是世界上最干旱的地区之一。苏联时期土库曼斯坦的工农业都不发达，以畜牧业为主。虽然地理和气候条件恶劣，但土库曼斯坦自然资源较为丰富，石油和天然气成为国家的支柱产业，"天然气储量居世界第四位"[1]。独立以来，土库曼斯坦政局稳定，以中立模式作为国家建设和发展的平台，1995年12月12日联合国第50届大会通过决议，承认土库曼斯坦为永久中立国。平稳的政局和外交，使土库曼斯坦"成为中亚地区基础设施建设与经济发展速度最快的国家"[2]。

苏联时期的土库曼斯坦体育运动水平是15个加盟共和国中最低的，想在全苏运动会得块奖牌都很难，排名基本上是倒数第一。[3]独立之后，"随着政治的稳定、经济的发展……国家对竞技体育和大众体育的支持力度越来越大，投入的资金也越来越多"[4]。

---

[1] 《世界知识年鉴》编辑委员会：《世界知识年鉴2020/2021》，世界知识出版社有限公司，2021年，第181页。

[2] 王四海：《土库曼斯坦体育》，武汉大学出版社，2017年，第1页。

[3] 杜利军、易人：《中亚五国新挑战》，《新体育》，1994年第9期，第41页。

[4] 王四海：《土库曼斯坦体育》，武汉大学出版社，2017年，第53页。

1994年广岛亚运会是土库曼斯坦第一次亮相亚运赛场,他们对第一次参加亚运会十分重视,派出100余人的代表团前来参赛。虽然在广岛亚运会和之后的历届亚运会上,土库曼斯坦成绩不佳,排名总在下游,但重视程度和参与热情丝毫不减,甚至可以说,土库曼斯坦体育事业在中亚5国中发展得最为生机勃勃。

2017年,土库曼斯坦揭开了该国体育运动史上光辉灿烂的篇章——举办第5届亚洲室内与武道运动会。

亚洲室内与武道运动会(简称"亚室武会")是亚洲规模最大的室内综合运动会。面对亚运会项目设置日益增多,亚运会亟待"瘦身"的现状,以及体育实力薄弱国家在亚运会上难以夺得奖牌的问题,2002年在釜山召开的亚奥理事会大会决定举办亚洲大型室内综合性运动会。亚室武会的前身是亚洲室内运动会(简称"亚室会")与亚洲武道运动会(简称"亚武会"),亚室会举办过3届,分别是2005年第1届泰国曼谷亚室会、2007年第2届中国澳门亚室会和2009年第3届越南河内亚室会;亚武会举办过一届,是2009年第1届泰国曼谷亚武会。2009年之后亚室会与亚武会合并,称亚洲室内与武道运动会(亚室武会),这是亚奥理事会在亚洲运动会(亚运会)和亚洲冬季运动会(亚冬会)之后设立的亚洲第三项综合性运动会,每四年举办一届。亚室武会沿袭亚室会序号,于2013年在韩国仁川举办第4届亚室武会。

2010年12月在科威特城,亚奥理事会正式将2017年第5届亚室武会主办权交给土库曼斯坦。为办好土库曼斯坦建国以来最大的国际性综合性运动会,总统签署法令,将2017年确定为国家"健康、奋发、友谊"年;土库曼斯坦政府投入巨大财力和人力资源,大兴土木进行基础设施建设,耗资50亿美元巨资,在首都阿什哈巴德市内建成中亚地区最大的奥运城,30个场馆达到国际一流水平。来访的俄罗斯记者认为:和其他中亚国家仍在使用的苏联时期建造的老化体育设施相比,土库曼斯坦体育基础设施已是遥遥领先。[1]

第5届亚室武会于2017年9月17—27日举行,成为当时土库曼斯坦国家政治和社会生活的头等大事。参加这届赛会的不仅有亚奥理事会的45个成员,还有来自南半球大洋洲奥委会的17个成员,国际难民也组成代表团参赛,参赛运动员人数总计约6000余名。运动会共设21个大项、347个小项。比赛结果:土库曼斯坦以89金70银86铜,位居奖牌榜首位;排在第二的是中国队,42金32银23铜。[2]亚洲体育弱国土库曼斯坦取得这样的佳绩令全国上

---

[1] 王四海:《土库曼斯坦体育》,武汉大学出版社,2017年,第20页、第47页。
[2] 中华人民共和国驻土库曼斯坦大使馆官网:http://tm.china-embassy.gov.cn/chn/zgtx/rwjyhz/201709/t20170930_1461364.htm。

下欢腾不已，虽说借助了东道主之利，但第一就是第一。土库曼斯坦总统在赛会结束后的第二天发布总统令进行表彰，"策勋十二转，赏赐百千强"：奖励金牌获得者丰田凯美瑞轿车一部，银牌获得者5000美元，铜牌获得者3000美元；奖励优胜者教练丰田凯美瑞轿车一部；授予一大批教练员"土库曼斯坦功勋教练"荣誉称号，授予一大批运动员"土库曼斯坦功勋体育大师"荣誉称号。①

历届亚运会土库曼斯坦所获奖牌

届数	举办时间与举办地	金牌	银牌	铜牌	总计	备注
1	1951年印度新德里	/	/	/	/	未参赛
2	1954年菲律宾马尼拉	/	/	/	/	未参赛
3	1958年日本东京	/	/	/	/	未参赛
4	1962年印度尼西亚雅加达	/	/	/	/	未参赛
5	1966年泰国曼谷	/	/	/	/	未参赛
6	1970年泰国曼谷	/	/	/	/	未参赛
7	1974年伊朗德黑兰	/	/	/	/	未参赛
8	1978年泰国曼谷	/	/	/	/	未参赛
9	1982年印度新德里	/	/	/	/	未参赛
10	1986年韩国汉城	/	/	/	/	未参赛
11	1990年中国北京	/	/	/	/	未参赛
12	1994年日本广岛	1	3	3	7	
13	1998年泰国曼谷	1	0	1	2	
14	2002年韩国釜山	1	2	1	4	
15	2006年卡塔尔多哈	0	1	0	1	
16	2010年中国广州	0	0	0	0	
17	2014年韩国仁川	0	1	5	6	
18	2018年印度尼西亚雅加达	0	1	2	3	
总计		3	8	12	23	

---

① 王四海：《土库曼斯坦隆重召开第五届亚室武会表彰大会》，兰州大学土库曼斯坦研究中心官网，http：//tkmst.lzu.edu.cn/m/detail.php？aid=11512.

三十一、文莱

国名：文莱达鲁萨兰国

首都：斯里巴加湾市

面积：5765平方公里

人口：45.36万（2020年数据）

参加亚运会届数：8届（11—18）

承办亚运会届数：0届

文莱位于加里曼丹岛北部，古代文莱的地域还包括今天马来西亚的部分区域。这个国家的古代历史不太清晰，但在公元五六世纪中国南北朝时期的史书中，有关于文莱的记述，对其有"婆利""渤泥""勃泥"等各种称呼，[①]该地统治者酋长在中国史书里一般被称为"王"或"国王"。16世纪之后，文莱先后遭到葡萄牙、西班牙、荷兰和英国的殖民入侵，1888年沦为英国的保护国。文莱曾被视为英属马来亚的一部分，后来马来西亚宣布独立，文莱并未加入，仍由英国辖治，享有高度自治权。1984年1月1日，文莱宣布完全独立。

文莱国土面积小，人口少，但是石油天然气蕴藏量非常丰富，是世界第四大天然气生产国。[②]靠着老天爷赏的饭碗，小国文莱日子过得挺滋润。

文莱首次出现在亚运会赛场是1990年北京亚运会，此时中国与文莱还没有建立外交关系。文莱体育代表团中有一位运动员的身份是王子，作为王子，就不与"庶民"同住亚运村，而是在外面包了总统套间单独居住。对此，中方给予很大的方便和照顾，王子十分满

---

① 潘正秀：《文莱史纲》，世界图书出版公司，2019年，第12页。
② 《世界知识年鉴》编辑委员会：《世界知识年鉴2017/2018》，世界知识出版社，2018年，第189页。

意。①北京亚运会一年之后，1991年9月30日，文莱与中国正式建交。

古代时期文莱与中国的关系就比较密切，建立了朝贡关系。明朝永乐年间，勃泥国王麻那惹加那远涉重洋前来朝贡，其间病逝于南京，明朝将其厚葬。②后来时代变迁、历经战乱，勃泥国王墓不知所踪。1958年5月12日南京市文物工作者在雨花台区找到湮没已久的勃泥国王墓，经过几次修缮，现已成为国家重点保护文物，文莱官员来华访问时多次到此凭吊。③

1991年文莱与中国建交后，向中国提出派遣教练帮助文莱提高体育水平的请求。从1994年开始，中国陆续派出羽毛球、田径等项目的教练赴文莱执教。1996年中国驻文莱大使接到文莱外交部官员来电，说是他们的外交部长穆罕默德亲王想学习擒拿格斗术，希望中国派一位武术教练前去传授，中方马上选派一位在全国武术比赛中获得过套路和散手项目冠军的教练，前往文莱传授中国功夫。这位部长身份可不一般，他是文莱苏丹（即国家元首）的弟弟。这位"御弟"见到中国教练就叫"师父"，学习中国功夫时，"亲王总是非常认真，每次都是练得汗流浃背，气喘吁吁"④。中国教练的工作态度和业务水平让"御弟"非常满意，与"我国教练的感情也越来越深，后来把我国教练带进皇宫，与其兄苏丹见面，并帮苏丹进行按摩治疗，取得良好效果"⑤。

小国文莱竞技体育实力不强，不过文莱有一项拿得出手的项目——空手道，这个项目为文莱赢得了荣誉。迄今为止文莱在所参加的8届亚运会中共获得4枚铜牌，其中3枚来自空手道。1994年广岛亚运会，文莱第二次参加亚运会就实现了奖牌零的突破，获得2枚铜牌，都是来自空手道，分别是女子60公斤（对打）铜牌和女子60公斤以上级（对打）铜牌。2002年釜山亚运会，文莱选手在空手道男子75公斤级项目上获得铜牌。第4枚铜牌来自流行于东南亚地区也是文莱民众非常喜爱的藤球，1998年曼谷亚运会上，文莱队获得男子单组比赛铜牌。

文莱体育部门曾经闹过一次乌龙事件。2008年北京奥运会时，当开幕式进行到运动员

---

① 伍绍祖：《弘扬北京亚运精神》，《伍绍祖文集》（体育工作卷·第一卷），人民出版社，2008年，第201页。
② 张廷玉：《明史》（第6册），岳麓书社，1996年，第4818页。
③ 孙辰：《勃泥国王墓》，中国人民政治协商会议文史委员会、南京市雨花台区委员会文史委员会编：《雨花文史》（旅游专辑第10集），1998年，第67页。
④ 刘新生主编：《中国和文莱的故事》，五洲传播出版社，2017年，第127页。
⑤ 翁家忍：《民间大使 友谊桥梁——新中国援外教练工作发展历程》，国家体育总局编：《拼搏历程 辉煌成就——新中国体育60年》（综合卷），人民出版社，2009年，第359页。

入场式阶段，第一个入场的希腊代表团正在接受全场观众的欢呼，这时北京奥组委的活动仪式团队接到国际奥委会正式通知，告知文莱被取消参加奥运会资格。活动组织方在稍纵即逝的时间窗口紧急行动起来，迅速将文莱的引导牌撤下，将领导讲话稿中以及现场大屏幕字幕中北京奥运会205个参赛国家和地区的数字改为204个。可怜文莱代表团的举牌手为北京奥运会开幕式经历长期苦练，但此刻"不得不留在场下，她一直站在鸟巢的上场口外，望着场上她的姐妹们一个个精彩亮相"①。国际奥委会和北京奥组委在次日举行的新闻发布会上做出解释：到国际奥委会规定的运动员注册时间截止时，文莱奥委会居然没有为运动员进行注册，导致文莱被国际奥委会取消参赛资格。②文莱原计划派出2名运动员参赛，运动员为此也在刻苦训练，结果却是一场空。这个事件的发生令文莱民众感到震惊，文莱体育部向民众道歉，体育部长也遭到撤换。

---

① 杨波：《293号机密文件》，江和平、岑传理主编：《见证体育》，中国广播电视出版社，2011年，第201页。
② 《8月9日国际奥委会北京奥组委例行新闻发布会》，国务院新闻办公室网站，2008年8月9日，http://www.scio.gov.cn/xwfbh/qyxwfbh/Document/319720/319720.htm.

历届亚运会文莱所获奖牌

届 数	举办时间与举办地	金 牌	银 牌	铜 牌	总 计	备 注
1	1951年印度新德里	/	/	/	/	未参赛
2	1954年菲律宾马尼拉	/	/	/	/	未参赛
3	1958年日本东京	/	/	/	/	未参赛
4	1962年印度尼西亚雅加达	/	/	/	/	未参赛
5	1966年泰国曼谷	/	/	/	/	未参赛
6	1970年泰国曼谷	/	/	/	/	未参赛
7	1974年伊朗德黑兰	/	/	/	/	未参赛
8	1978年泰国曼谷	/	/	/	/	未参赛
9	1982年印度新德里	/	/	/	/	未参赛
10	1986年韩国汉城	/	/	/	/	未参赛
11	1990年中国北京	0	0	0	0	
12	1994年日本广岛	0	0	2	2	
13	1998年泰国曼谷	0	0	1	1	
14	2002年韩国釜山	0	0	1	1	
15	2006年卡塔尔多哈	0	0	0	0	
16	2010年中国广州	0	0	0	0	
17	2014年韩国仁川	0	0	0	0	
18	2018年印度尼西亚雅加达	0	0	0	0	
总 计		0	0	4	4	

三十二、乌兹别克斯坦

国名：乌兹别克斯坦共和国

首都：塔什干

面积：44.89万平方公里

人口：3455.89万（2021年数据）

参加亚运会届数：7届（12—18）

承办亚运会届数：0届

乌兹别克斯坦历史上曾经历波斯、阿拉伯、突厥、蒙古等民族和帝国的统治，19世纪被沙皇俄国吞并，之后成为苏联下属的加盟共和国，1991年8月31日在苏联解体时期宣布独立。

乌兹别克斯坦的自然地理条件不够理想，是个双重内陆国——不仅自己是个内陆国，相邻的5个邻国（哈萨克斯坦、吉尔吉斯斯坦、塔吉克斯坦、土库曼斯坦和阿富汗）也全是内陆国。这样的双重内陆国全世界只有两个，另一个是欧洲的列支敦士登。列支敦士登是个袖珍国，加上被瑞士和奥地利两个富国环绕，自身经济水平高得不得了。乌兹别克斯坦则是国土一半以上被沙漠覆盖，属于严重干旱的大陆性气候，好在自然资源还比较丰富，"国民经济支柱产业是'四金'：黄金、'白金'（棉花）、'乌金'（石油）、'蓝金'（天然气）"[①]。此外，乌兹别克斯坦地处古代丝绸之路要冲，名胜古迹众多，撒马尔罕、塔什干等古城世界闻名，全国有4000多处历史、宗教、建筑古迹，旅游资源丰富。

论中亚五国的体育实力，乌兹别克斯坦与哈萨克斯坦称得上是中亚双雄。在苏联时期的15个加盟共和国中，乌兹别克斯坦的名次通常排在第六到第七位。1988年乌兹别克斯

---

① 《世界知识年鉴》编辑委员会：《世界知识年鉴2020/2021》，世界知识出版社有限公司，2021年，第193页。

坦有8名运动员作为苏联队成员参加第24届汉城奥运会，在6个项目比赛中夺得2枚金牌；1992年又选派18人加入独联体队参加巴塞罗那奥运会，获得金牌和银牌各2枚，铜牌1枚。乌兹别克斯坦有5个体育场馆符合奥运会比赛要求，在独立之后还提出申办2000年奥运会的请求。①

1994年乌兹别克斯坦首次参加亚运会就一鸣惊人。在奖牌榜上，它以10金11银19铜，排在中国、日本、韩国和哈萨克斯坦之后名列第5。可以说，中亚国家参加亚运会，带来的第一个冲击就是占据了奖牌榜第二梯队前列，改变了亚洲体坛原有的实力格局。这还不算，乌兹别克斯坦又带来第二个冲击，首次参加亚运会，就一举夺得足球冠军。"开赛前，谁也没有想到乌兹别克斯坦男子足球队会夺得亚运会最后一块、也是成色最足、价值最大的一块金牌。"②中国体育媒体曾经预测本届亚运会足球比赛夺标热门球队为日本、韩国、沙特阿拉伯、伊朗和中国，③没人看好乌兹别克斯坦。结果乌兹别克斯坦队从小组赛开始连战连捷，半决赛以1∶0淘汰韩国队，决赛的对手是由德国教头施拉普纳领军的中国足球队，他们以4∶2战胜中国队，成为亚运会新科足球状元，也创下该国足球最佳战绩。

乌兹别克斯坦还拥有一位至今依然活跃在世界体坛的传奇体操名将——丘索维金娜。丘索维金娜出生于1975年，13岁时就在苏联青少年全国锦标赛上获得全能冠军，进入苏联国家队后，在1991年美国世锦赛上代表苏联获得女子团体和自由体操单项世界冠军，1992年在巴塞罗那奥运会上又代表独联体夺得女子体操团体比赛金牌。这之后，乌兹别克斯坦开始以独立国家的身份组团参加国际体坛各项赛事，脱离了原来苏联时期的训练环境和条件，丘索维金娜的体育之路变得崎岖坎坷。在1994年广岛亚运会上，她为乌兹别克斯坦赢得跳马银牌和平衡木铜牌。1996年，丘索维金娜出征亚特兰大奥运会，成绩不够理想，仅获得个人全能第10名。这之后，丘索维金娜结婚、生子，期间又奉召来到2000年悉尼奥运会赛场，参加女子体操团体和全部5个单项的比赛，缺乏训练的她没有一项进入决赛。体操是一项绝对属于年轻人的运动，一般都是十几岁二十来岁时正当年，2000年25岁的丘索维金娜已经算是高龄运动员，就在她打算彻底退役相夫教子之时，儿子却被查出患上白血病，需要大笔资金进行治疗。为了救子，丘索维金娜毅然复出，只要能挣钱，什么比赛都参加，而且为多打比赛，她除了自己的强项跳马，还参加所有单项和全能比赛。母爱的力

---

① 杜利军、易人：《中亚五国新挑战》，《新体育》，1994年第9期，第40页。
② 许基仁：《亚运会升值》，《新体育》，1994年第11期，第24页。
③ 马德兴：《广岛绿茵谁主沉浮》，《新体育》，1994年第9期，第24页。

量让她迸发出无穷能量，高强度的训练，繁密的比赛节奏，不俗的战绩，丘索维金娜不断刷新着世人对体操运动年龄极限的认知。以下我们晒晒2002年丘索维金娜复出之后获得的部分重要比赛名次榜单：

2002年，27岁，第14届釜山亚运会自由体操和跳马金牌，个人全能和平衡木银牌；德布勒森世界体操锦标赛跳马铜牌；

2003年，28岁，阿纳海姆世界体操锦标赛跳马金牌；

2005年，30岁，墨尔本世界体操锦标赛跳马银牌。

2006年，31岁，奥胡斯世界体操锦标赛跳马铜牌。

2007年，32岁，阿姆斯特丹欧洲体操锦标赛跳马铜牌。

2008年，33岁，第29届北京奥运会女子跳马银牌，全能第9名（代表德国）；克莱蒙费朗欧洲体操锦标赛跳马金牌（代表德国）；

2011年，36岁，东京体操世界锦标赛跳马银牌（代表德国）；

2012年，37岁，第30届伦敦奥运会跳马第五名（代表德国）；

2014年，39岁，第17届仁川亚运会跳马银牌；

2018年，43岁，第18届雅加达亚运会跳马银牌。

2021年举行的第32届东京奥运会，已经46岁的丘索维金娜第8次参加奥运会，与一帮比她儿子还年轻的运动员们比赛。岁月不饶人，八朝元老的她最终在跳马资格赛中名列第14，未能进入决赛，但是全场观众给予她比冠军还要热烈的掌声。

母爱的强大力量和现代医学的成就，终于使丘索维金娜的儿子战胜病魔，她再一次宣布准备退役。

不过，丘索维金娜似乎又在挑战新的人类极限：2022年3月4日，47岁的她获得体操世界杯多哈站跳马冠军之后，丘索维金娜宣布将参加2022年杭州亚运会（延期到2023年）和2024年巴黎奥运会。她在接受记者采访时说："我还不能结束体操生涯，决定继续备战杭州亚运会……如果你不想要什么，就永远不会成功，因此我总是满怀信心，时刻准备着。"①

---

① 新浪体育：《47岁丘索维金娜继续备战亚运 称中国体操最强最美》，2022年8月24日，https://sports.sina.com.cn/others/ticao/2022-08-24/doc-imizmscv7546848.shtml.

历届亚运会乌兹别克斯坦所获奖牌

届 数	举办时间与举办地	金 牌	银 牌	铜 牌	总 计	备 注
1	1951年印度新德里	/	/	/	/	未参赛
2	1954年菲律宾马尼拉	/	/	/	/	未参赛
3	1958年日本东京	/	/	/	/	未参赛
4	1962年印度尼西亚雅加达	/	/	/	/	未参赛
5	1966年泰国曼谷	/	/	/	/	未参赛
6	1970年泰国曼谷	/	/	/	/	未参赛
7	1974年伊朗德黑兰	/	/	/	/	未参赛
8	1978年泰国曼谷	/	/	/	/	未参赛
9	1982年印度新德里	/	/	/	/	未参赛
10	1986年韩国汉城	/	/	/	/	未参赛
11	1990年中国北京	/	/	/	/	未参赛
12	1994年日本广岛	11	12	19	42	
13	1998年泰国曼谷	6	22	12	40	
14	2002年韩国釜山	15	12	24	51	
15	2006年卡塔尔多哈	11	14	14	39	
16	2010年中国广州	11	22	23	56	
17	2014年韩国仁川	9	14	21	44	
18	2018年印度尼西亚雅加达	21	24	25	70	
总 计		84	120	138	342	

三十三、新加坡

国名：新加坡共和国

首都：新加坡

面积：724.2平方公里

人口：公民和永久居民403万，常住人口570万（2019年数据）

参加亚运会届数：18届（1—18）

承办亚运会届数：0届

新加坡是个小岛国，隔着柔佛海峡与马来西亚为邻。在近代英国向东南亚殖民的过程中，1819年来自英国东印度公司的官员托马斯·斯坦福·莱佛士率领一支小船队登上新加坡岛，莱佛士与这一地区的土著管理者签订协议，获得在岛上定居和开展贸易的权利。[①] 之后，新加坡逐渐演变为英属马来亚殖民地的组成部分。第二次世界大战后，英国将新加坡从英属马来亚划出，作为直属殖民地进行管理。1959年新加坡获得自治权，但国防与外交仍由英国控制。1963年9月16日马来西亚宣布独立时，新加坡成为马来西亚的组成部分。1965年8月9日，新加坡退出马来西亚，成为独立的新加坡共和国（参见：列传·马来西亚）。

古代时期新加坡是一个重要的贸易港口，"虽时常因贸易而形成人口聚集，但并非一个稳定的定居地。这导致新加坡历史上始终没有形成具有主权的本土民族"[②]。当它在1819年成为英国殖民地的时候，岛上人口只有1000余人。英国将新加坡辟为自由港，推行转口贸易，岛上移民人口激增，其中以华族人口增长最快。今天的新加坡华族人口约占总人口75%，成为除中国之外华族（汉族）人口比例最高的国家。

新加坡是个城市国家，论国土面积，排在亚洲倒数第2，但新加坡以贸易立国，开放

---

① ［新加坡］玛丽恩·布拉沃·贝辛：《新加坡》，旅游教育出版社，2015年，第17页。
② 张跃、张琨：《新加坡文化概论》，世界图书出版广东有限公司，2014年，第7页。

程度深，经济实力强，人口素质高，政府对体育事业也非常舍得投入："新加坡以'大众体育'为国策，倡导人民以体育为生活之道。"①早在1975年，新加坡15个相关部门就联合制定并实施"体育设施蓝图计划"，该计划"规定20万人左右的居民区，必须建有一个体育中心。其标准为：3个50米的游泳池，3个羽毛球场地大小的体育馆，29个网球场，6个篮球场，1个健身室"，②这一计划到20世纪90年代得以完成。在政府如此力度的投入之下，小国新加坡体育事业蓬勃兴旺，在历届亚运会总奖牌榜上，排在第16位（表·各国和地区获亚运会奖牌统计），对于蕞尔小国新加坡而言，已是非常骄人的成绩。

自1951年第1届亚运会举行之时，新加坡就参与其中，尽管这时候它还是英国的直属殖民地。从那时开始，新加坡从未缺席过亚运会，是迄今为止7个参加了历届亚运会的国家之一。新加坡国内各项体育运动都有开展，因为是海岛国家的缘由，新加坡水上项目实力较强。在第1届亚运会上，新加坡男子游泳运动员梁水国夺得400米、800米、1500米自由泳和4×100米接力4枚金牌，成为本届比赛的金牌王。梁水国的出色战绩引得观赛的印度总理尼赫鲁走下主席台，向他表示祝贺。第2届亚运会新加坡水球队勇夺金牌。进入21世纪，新加坡又升起一颗游泳新星——斯库林，他先是在2014年仁川亚运会上获得男子100米蝶泳冠军和50米蝶泳亚军，又在4年后2018年雅加达亚运会上包揽这两个项目金牌。斯库林最突出的战绩，是2016年里约奥运会上获得男子100米蝶泳金牌，这也是新加坡史上第1枚奥运会金牌。

在此我们也盘点一下新加坡所获得的奥运会奖牌。

新加坡第1枚奥运会奖牌是1960年第17届罗马奥运会上，由男子举重选手陈浩亮在67.5公斤级比赛中获得。陈浩亮与伊拉克选手的决赛总成绩都是380公斤，陈浩亮由于体重重于对手而获得银牌。当时新加坡还没有获得独立，赛事主办方张冠李戴，"陈浩亮上台领奖时，颁奖台上竟然升起日本国旗。后来在新加坡的纠正与抗议之下，才改升新加坡自治邦的邦旗"③。

这枚奖牌之后，是漫长的等待。直到2008年北京奥运会，由中国移民选手为主组成的新加坡女子乒乓球队（媒体称其为"海外军团"），一路闯关打进决赛，尽管不敌强大的中国女队，但在时隔48年之后，为新加坡赢得第2枚奥运奖牌。接下来的奥运周期，这支

---

① 苏简亚主编：《新加坡与苏州工业园区》，苏州大学出版社，1994年，第40页。
② 佚名：《新加坡城市社区体育考察报告》，国家体育总局政策法规司编：《他山之石——国外、境外体育考察报告选编》，2000年，第179页。
③ 黄佳君等：《龙行奥运——华人华侨与奥林匹克的故事》，武汉出版社，2008年，第166页。

由中国教练周树森执教的新加坡女队连创佳绩,她们在2010年第50届世界乒乓球锦标赛上战胜中国女队,夺得乒乓球女子团体冠军,创造了新加坡乒乓球以及体育运动的历史。这个冠军让新加坡全国欣喜不已,新加坡第一副总理亲自到机场接机,政府举行庆功仪式,教练和队员被安排乘坐花车游街,这一胜利被称为"新加坡体育界的最高荣誉"①。继而在2012年伦敦奥运会上,新加坡女子乒乓球队又夺得女子单打和女子团体2枚铜牌。到目前为止,新加坡获得1金2银2铜总共5枚奥运会奖牌,其中3枚来自女子乒乓球项目。

历届亚运会新加坡所获奖牌

届 数	举办时间与举办地	金 牌	银 牌	铜 牌	总 计	备 注
1	1951年印度新德里	5	8	2	15	
2	1954年菲律宾马尼拉	1	4	4	9	
3	1958年日本东京	1	1	1	3	
4	1962年印度尼西亚雅加达	1	0	2	3	
5	1966年泰国曼谷	0	5	7	12	
6	1970年泰国曼谷	0	6	9	15	
7	1974年伊朗德黑兰	1	3	7	11	
8	1978年泰国曼谷	2	1	4	7	
9	1982年印度新德里	1	0	2	3	
10	1986年韩国汉城	0	1	4	5	
11	1990年中国北京	0	1	4	5	
12	1994年日本广岛	1	1	5	7	
13	1998年泰国曼谷	2	3	19	24	
14	2002年韩国釜山	5	2	10	17	
15	2006年卡塔尔多哈	8	7	12	27	
16	2010年中国广州	4	7	6	17	
17	2014年韩国仁川	5	6	13	24	
18	2018年印度尼西亚雅加达	4	4	14	22	
总 计		41	60	125	226	

---

① 周树森:《乒乓不了情》,吉林美术出版社,2016年,第158页。

三十四、叙利亚

国名：阿拉伯叙利亚共和国

首都：大马士革

面积：18.5180万平方公里

人口：1707万（2019年数据）

参加亚运会届数：10届（8—9、11—18）

承办亚运会届数：0届

叙利亚历史上曾被古往今来若干个帝国所统治，第一次世界大战之后成为法国的委任统治地，1946年获得完全独立。

叙利亚独立数年之后，第一次中东战争爆发，因为领土相邻，叙利亚成为与以色列作战的主力国家之一，叙利亚对外关系和国内政局的变化，也与中东地区和历次中东战争形势变化紧密相连。埃及和叙利亚曾是阿拉伯国家中与以色列作战的两个最主要国家，两国关系甚至一度发展到合体：1958年2月11日，埃及和叙利亚宣布合并，合并后的新国名叫作阿拉伯联合共和国，简称"阿联"。这个新国家实际上奉埃及为主体，阿联总统是原来的埃及总统，从这个意义来看，原本属于亚洲国家的叙利亚此时居然属于非洲了。不过埃及与叙利亚合并基础很脆弱，更何况两国也不接壤，中间隔着以色列和约旦。合并两年半之后，1961年9月，两家一拍两散宣布分家，仍然各过各的（埃及依旧顶着"阿联"国名，直到1971年才改回本名）。1967年6月5日，埃及、叙利亚、约旦与以色列之间爆发第三次中东战争，埃、叙、约三国战败，叙利亚戈兰高地被以色列控制。时过境迁，埃及和约旦都已经与以色列媾和并建立外交关系，但叙利亚由于戈兰高地归属问题未能解决，与以色列之间仍然处于敌对状态。

从20世纪50年代开始，叙利亚与苏联逐渐热乎起来，建立起亲密关系，苏联帮助叙利亚建造幼发拉底河水电站，修建铁路，开发石油矿产，还对叙利亚进行军事援助以对抗以色列。叙利亚的体育事业也得到苏联扶助，早在1954年，苏联就派出国内顶级足球队之一

"莫斯科鱼雷队"访问叙利亚,此时中东阿拉伯国家的足球并不普及,苏联的扶助对于叙利亚足球运动的开展和水平的提高是一个很大的促进。

叙利亚比较普及的竞技体育项目有足球、篮球、体操、举重、摔跤、拳击、游泳、田径等。因为拥有良好的山地气候环境,叙利亚成为阿拉伯国家有条件从事高山滑雪运动的两个国家之一(另一个国家是黎巴嫩,参见:列传·黎巴嫩)。

叙利亚早在1948年就加入国际奥委会并参加当年的伦敦奥运会,但直到1984年洛杉矶奥运会才获得第1枚奥运会奖牌:约·阿提耶赫在自由式摔跤100公斤级比赛中夺得1枚银牌。12年后在1996年亚特兰大奥运会上,23岁的叙利亚女子田径选手加达·舒娅获得七项全能金牌,这一战绩"使叙利亚首次跻身金牌榜,叙利亚也因此成为第一个在奥运会上实现金牌零的突破的西亚阿拉伯国家"[①]。

叙利亚直到1978年才开始参加亚运会。叙利亚在亚运会赛场一亮相就夺得1枚金牌,此金牌来自它的强项举重——纳加尔·塔拉尔夺得男子110公斤级总成绩冠军。叙利亚拳击项目也颇有实力,"几乎所有的教练员都在苏联或者民主德国专门进修过"。在1990年北京亚运会时,67.5公斤级的拳击运动员汉吉·艾哈迈德·迈兹大放光彩,他在比赛中不是光靠蛮力,而是善于使用智慧和技术,凭借一身出神入化的防守躲闪技术深得中国观众喜爱,送他一个"拳坛孙悟空"的诨号。[②]在中国观众的加油声中,迈兹一举夺得该项目金牌。

21世纪10年代之前,叙利亚在它所参加的历届亚运会上表现还是不错的,每届都有奖牌入账,其中不乏金牌;但是进入10年代之后就不行了,2014年仁川亚运会上叙利亚颗粒无收,2018年雅加达亚运会只得到一枚铜牌。这种惨状,源于这些年困扰国际社会的叙利亚危机。

叙利亚危机爆发于2011年,危机是由叙利亚国内的政治、社会、宗教等矛盾引发,但很快就发展成内战,大量反对派组织和武装与政府进行对抗,继而演变为地区性危机和国际性危机,把周边国家、中东地区乃至国际社会全都搅和进来。我国学者在关于外部力量卷入叙利亚危机的研究报告中称:"围绕叙利亚问题各方势力主要形成两大阵营(以叙利亚、俄罗斯、伊朗为一方,以西方、土耳其和沙特等海湾国家为一方)和六对矛盾(叙政府与反对派、西方与俄罗斯、沙特与伊朗、以色列与伊朗、美国与土耳其、各方与'伊

---

① 胡耀辉:《叙利亚》,大连海事大学出版社,2019年,第97页。
② 阿凿:《拳坛"孙悟空"——访叙利亚拳击手吉·艾哈迈德》,《新体育》,1990年第10期,第28页。

斯兰国'）。战争期间，不同营垒、各种矛盾不停转换，不同阶段的主要矛盾也不尽相同。""有不少外部军事力量直接参战。除了美国、俄罗斯、土耳其、伊朗、英国、法国等国直接出兵叙利亚外，还有来自黎巴嫩、伊朗、伊拉克、巴基斯坦、阿富汗等国的民兵，以及来自全球上百个国家的数万极端分子和雇佣兵等。"[①]在面积大致相当于我国广东省的叙利亚国土上，汇集着种类如此繁多的军事力量，诸位读者完全可以想象出这是什么样的战乱场面。

俄罗斯继承当年苏联与叙利亚的亲密关系，成为叙利亚政府的靠山。2015年9月30日，俄罗斯正式出兵叙利亚。叙利亚政府在反政府力量打击下原本已经摇摇欲坠，俄罗斯出兵后立刻剧情反转，基本上稳住了局面。

但是，叙利亚体育事业的发展受到连年战乱影响，难以在亚洲体坛上有更好建树；叙利亚人苦中作乐，不言放弃，依然还在闪烁着自己的光芒。我们以叙利亚足球为例：叙利亚足球运动在亚洲本属于说高不高说低不低的中游水平，这么多年持续危机和战乱，叙利亚人当然就没法好好踢球，许多叙利亚球员被迫流落海外，2014年，叙利亚国家队在国际足联排名榜上跌落至历史最差位置——第152名。2018年世界杯亚洲区预选赛，叙利亚队在小组赛中出线，进入12强赛，分在A组，获得争夺出线权的资格，同在一组的还有中国队。12强赛采取主客场赛制，由于叙利亚危机的影响，国际足联和亚足联从安全角度考虑将叙利亚国内主场取消，比赛被安排到第三方中立场地。叙利亚队与中国队进行主客场比赛之前，中国方面提出可提供中国澳门作为叙利亚队主场，但叙利亚最终还是选择同样信奉伊斯兰教的国家马来西亚作为主场。中国队视叙利亚队为"鱼腩"队，满心期待从"鱼腩"队身上全取6分。然而现实就是这么奇葩：中国队在自己的西安主场输给叙利亚队，又在叙利亚队的"主场"马来西亚马六甲市被对手逼平，中国队在与叙利亚队的两场比赛中仅得1分，最后被淘汰。叙利亚队在亚洲区附加赛中与澳大利亚队两次战平，只能再打加时赛。澳大利亚队靠着加时赛一粒进球，最终淘汰叙利亚队。叙利亚队虽败犹荣，占尽风光。

---

① 唐智超：《叙利亚战争与大国的地缘政治博弈》，《当代世界》，2018年第11期，第51—55页。

历届亚运会叙利亚所获奖牌

届 数	举办时间与举办地	金 牌	银 牌	铜 牌	总 计	备 注
1	1951年印度新德里	/	/	/	/	未参赛
2	1954年菲律宾马尼拉	/	/	/	/	未参赛
3	1958年日本东京	/	/	/	/	未参赛
4	1962年印度尼西亚雅加达	/	/	/	/	未参赛
5	1966年泰国曼谷	/	/	/	/	未参赛
6	1970年泰国曼谷	/	/	/	/	未参赛
7	1974年伊朗德黑兰	/	/	/	/	未参赛
8	1978年泰国曼谷	1	0	0	1	
9	1982年印度新德里	1	1	1	3	
10	1986年韩国汉城	/	/	/	/	未参赛
11	1990年中国北京	1	0	2	3	
12	1994年日本广岛	3	3	1	7	
13	1998年泰国曼谷	0	2	4	6	
14	2002年韩国釜山	0	0	3	3	
15	2006年卡塔尔多哈	2	1	3	6	
16	2010年中国广州	1	0	1	2	
17	2014年韩国仁川	0	0	0	0	
18	2018年印度尼西亚雅加达	0	0	1	1	
总 计		9	7	16	32	

三十五、也门

国名：也门共和国

首都：萨那

面积：52.8万平方公里

人口：2980万

参加亚运会届数：北也门2届（9—10），南也门1届（9）；统一之后8届（11—18）

承办亚运会届数：0届

也门位于阿拉伯半岛西南部，历史上曾经被波斯帝国、阿拉伯帝国、奥斯曼帝国等先后统治和占领过；在近代殖民活动中，英国势力侵入这一地区。1918年也门宣布独立，成为阿拉伯世界第一个从殖民统治中获得独立的国家。1934年，也门在与沙特阿拉伯的边境战争中战败，也门南部又被英国控制，呈现南北分裂状态。1962年9月，北部也门发生军事政变，推翻了原来的王朝统治，更名为阿拉伯也门共和国，首都萨那，国际上一般称其为"阿拉伯也门"或"北也门"。南部也门于1967年结束英国殖民统治宣布独立，1970年更名为也门民主人民共和国，首都亚丁，国际上一般称其为"民主也门"或"南也门"。1990年5月，北也门和南也门宣布统一，统一后的国名为也门共和国，首都萨那。

在两个也门时期，阿拉伯也门共和国，也就是北也门曾经参加过1982年第9届和1986年第10届亚运会；也门民主人民共和国，也就是南也门曾经参加过1982年第9届亚运会。两个也门分别报名参加1990年9月举行的第11届北京亚运会，然而就在距亚运会开幕之前仅4个月时，1990年5月22日南北也门宣布合并为一个国家。统一之后的也门随即组成单一代表团来到北京参加亚运会。由于也门刚刚统一，时间仓促，两个也门的体育机构还未来得及合并，在亚奥理事会成员名单中显示的依然是两个也门，这就造成某些亚运史书在统计1990年北京亚运会的参赛成员时出了偏差，参赛成员名单里显示的仍是两个也门。[①]其

---

① 雷青峰：《阅尽沧桑话亚运》，新世纪出版社，2009年，第60页。

实我们只要回看北京亚运会入场式实况录像便一目了然：也门代表团是以单一成员的形式，排在第三位入场。

也门国土面积并不小，在亚洲可以排在第12位，但国力却非常衰弱。也门旁边是富得流油的沙特阿拉伯，而也门却贫穷落后，为世界上最不发达国家之一，这也造成也门体育事业比较落后。南北两个也门都曾经与苏联和中国等社会主义国家走得很近，关系比较亲密，苏联和中国除了帮助它们进行经济建设，对体育事业发展也给予一定的援助，例如修建体育场馆，派遣专家教练培训运动员等，培训的运动项目主要有足球、田径、摔跤、柔道等。从我国援外人员和教练的回忆文章中，可以窥见也门体育事业的落后和体育从业人员的艰辛。中国田径队教练、曾经的男子跳高世界纪录创造者倪志钦应聘到北也门担任援外教练，他记述道：由于经济落后，也门体育设施极度缺乏。所有运动员全是业余的，他在北也门的第一个学生是个空军少尉，这位少尉田径专项并不是跳高而是中长跑，作为跳高教练的倪志钦也只好当起中长跑运动员的教练来。北也门田径场里居然连个沙坑都没有，前来训练的运动员还得自己掏钱，雇工挖一个沙坑出来。[①]北也门体操项目是由中国教练员带进来的，1982年一位名叫阿卜杜拉·奈施旺的小运动员在集会上当着总统面表演体操，把总统看得喜不自禁，当即封奈施旺为"也门小英雄"并颁发奖金。[②]

说起也门体育与中国的渊源，还有这么一件让人感慨的往事。1974年中国国家体委派遣一位名叫高丰文的足球教练到南也门，指导他们的足球运动和训练足球运动员，所以从理论上说，也门足球与中国足球还有这么点师父与徒弟的关系。高丰文后来出任中国国家足球队主教练，1989年率队参加世界杯亚洲区预选赛，因为两个"黑色三分钟"，结果"只差一步到罗马"而饮恨绿茵场。1994年世界杯亚洲区预选赛，中国与也门（此时南北也门已统一）同分在一个小组，也门在亚洲体坛地位实在太低，中国的球员和球迷根本没人把也门队当回事。此时中国队的教练是那位名噪一时江湖人称"施大爷"的德国人施拉普纳，赛前，施大爷当着中国记者的面，用手比作锋利的砍刀，说：也门只是一条小蛇，我们轻轻一下就可以将它砍断！砍蛇没有这么容易，中国队砍蛇不成反被蛇咬，0：1输给也门队。中国有句俗话："蛇咬一口，入骨三分"，中国队败给也门队，这一届世界杯出线也没门了。

统一之前两个也门第一次参加亚运会是1982年第9届亚运会。两个也门甫一亮相就打

---

① 倪志钦：《在北也门的日子里》，《新体育》，1983年第4期，第40页。
② 马利章：《走进也门：阿拉伯文化研究》，民族出版社，2003年，第135页。

破亚运会若干项另类纪录：一是南也门派出一位名叫沙拉比（有的资料中为法蒂玛）的女选手参加乒乓球比赛，她的年龄只有8岁，这是亚运会历史记载中年纪最小的运动员。[1]二是两个也门都派队参加男子篮球比赛，根据中国援助也门的专家回忆，他们当时在也门压根就没看到过正规的篮球场和篮球架，[2]既然如此，也门的篮球水平可想而知。果然，亚运会篮球比赛分差纪录被也门人屡屡打破。在小组赛中，北也门与日本、马来西亚分在C组，北也门43∶109负于马来西亚，40∶131负于日本；南也门与菲律宾、印度和阿联酋分在D组，南也门44∶121负于阿联酋，34∶187负于印度，40∶183负于菲律宾。这还不算完，在接下来9—13名的排位赛中，北也门居然被伊拉克打了个33∶251！这个比分成为亚运会迄今为止篮球赛最大分差纪录。南也门一看伊拉克对阿拉伯兄弟也这么手下毫不留情，干脆弃权，毕竟弃权的比分只以0∶2计，不至于那么令人难堪。

21世纪之后，也门突然成为亚洲一个冲突热点地区。也门是一个信奉伊斯兰教的阿拉伯国家，伊斯兰教两大教派逊尼派与什叶派的教徒大约各占也门人口一半。2004年6月也门危机爆发，对抗双方主要是逊尼派占优势的也门政府与地方上什叶派的胡塞家族，他们之间的矛盾演变为大规模内战，胡塞武装一举攻占包括首都萨那在内的也门多个省区。也门内战打打停停，持续十多年久拖不决，中东地区国家出于地缘政治等各方面因素，介入也门内战，使也门内战发展成中东的地区性危机，其中主要就是伊朗和沙特阿拉伯之间的矛盾。也门与沙特阿拉伯之间有漫长的边境线，首都萨那紧邻沙特阿拉伯。胡塞武装得到伊朗支持，也门政府军得到沙特阿拉伯支持。中国学者的分析认为："在沙特看来，也门就像插在自己心脏上的匕首，而伊朗恰似握住刀柄之人。因此，沙特为抵消与伊朗有联系的胡塞武装在也门的扩张势头，每年在也门战场上耗费50亿—60亿美元也在所不惜。伊朗则每年向也门投入数百万美元，利用也门危机牵制沙特的战略精力，消耗其战略资源。"[3]就在也门政府军节节败退之际，以沙特阿拉伯为首、包括埃及和海湾国家等9国组成的阿拉伯联军，从2015年3月开始出兵也门，发动代号"果断风暴"的军事行动，使用空军和地面部队向胡塞武装发动进攻，从而形成阿拉伯联军支持的也门政府军与伊朗支持的胡塞地方武装在也门南北对峙的局面。

到目前为止，也门一共在亚运会上获得总计2枚铜牌。尽管外战内乱与经济落后极大地限制了也门体育事业的发展，统一后的也门还是一届不落地参加亚运会，也门人用他们

---

[1] 佚名：《最高与最小》，《新体育》，1983年第1期，第44页。
[2] 马利章：《走进也门：阿拉伯文化研究》，民族出版社，2003年，第136页。
[3] 朱泉钢：《地缘政治视角下也门危机僵局及其出路》，《当代世界》，2018年第4期，第67页。

的不懈努力和顽强意志，很好地诠释了"重在参与"的奥林匹克精神。

历届亚运会也门所获奖牌

届　数	举办时间与举办地	金牌	银牌	铜牌	总计	备　注
1	1951年印度新德里	/	/	/	/	未参赛
2	1954年菲律宾马尼拉	/	/	/	/	未参赛
3	1958年日本东京	/	/	/	/	未参赛
4	1962年印度尼西亚雅加达	/	/	/	/	未参赛
5	1966年泰国曼谷	/	/	/	/	未参赛
6	1970年泰国曼谷	/	/	/	/	未参赛
7	1974年伊朗德黑兰	/	/	/	/	未参赛
8	1978年泰国曼谷	/	/	/	/	未参赛
9	1982年印度新德里	0	0	0	0	参赛者：北也门、南也门
10	1986年韩国汉城	0	0	0	0	参赛者：北也门
11	1990年中国北京	0	0	0	0	
12	1994年日本广岛	0	0	0	0	
13	1998年泰国曼谷	0	0	0	0	
14	2002年韩国釜山	0	0	1	1	
15	2006年卡塔尔多哈	0	0	1	1	
16	2010年中国广州	0	0	0	0	
17	2014年韩国仁川	0	0	0	0	
18	2018年印度尼西亚雅加达	0	0	0	0	
总　计		0	0	2	2	

三十六、伊拉克

国名：伊拉克共和国

首都：巴格达

面积：43.83万平方公里

人口：4022万（2020年数据）

参加亚运会届数：8届（7—10、15—18）

承办亚运会届数：0届

伊拉克地处西亚著名的人类文明发祥地之一两河流域（幼发拉底河与底格里色河），如雷贯耳的世界四大文明古国之一的巴比伦王国诞生于此。进入中世纪之后，伊拉克成为阿拉伯帝国的一部分。17世纪伊拉克被土耳其人征服，成为奥斯曼帝国领土的一部分。第一次世界大战期间，英国人打败土耳其军队控制伊拉克。一战之后，伊拉克成为英国的委任统治地。1921年伊拉克建立费萨尔王朝，宣布独立。1958年，费萨尔王朝被军事政变推翻，建立了伊拉克共和国。

20世纪70年代起，石油价格扶摇直上。伊拉克是个石油蕴藏量丰富的国家，1970年石油产量占世界第8位，[1]石油美元滚滚而来。"石油业的不断发展为伊拉克经济提供了强大动力……由于国内经济难以吸纳全部石油收入，部分资金存入海外银行……非但如此，它也影响到伊拉克的社会、政治、外交等各个领域。可以说，石油使两河流域再现了'一千零一夜'时代的辉煌。"[2]正是在这样的经济背景下，1979年7月16日，侯赛因·萨达姆接任伊拉克总统。此后，伊拉克与邻国间关系不断恶化，萨达姆上台仅仅一年之后的1980年，伊拉克与伊朗之间爆发了长达8年的两伊战争。

伊拉克早在1948年就成立了国家奥委会，并于当年出席伦敦奥运会，但直到1974年，

---

[1] 各国概况编写组：《各国概况》（上册），人民出版社，1972年，第235页。
[2] 黄民兴：《中东国家通史》（伊拉克卷），商务印书馆，2002年，第272—273页。

伊拉克才第一次出现在亚运会赛场上。伊拉克国内开展比较普遍的体育项目有足球、摔跤、举重、田径等。足球是最受伊拉克民众喜爱的运动项目之一，而且伊拉克足球水平也不低，即便在残酷的两伊战争进行期间，伊拉克仍然坚持参加亚运会，不仅夺得1982年第9届亚运会足球冠军，并且在1986年足球世界杯亚洲区预选赛中，成为亚洲地区的两支出线队之一（另一支出线队是韩国队）。

1990年8月，结束两伊战争才两年的伊拉克发动对邻国科威特的战争，伊拉克占领科威特并宣布科威特为伊拉克的一个省，这便是著名的海湾危机。萨达姆的举动激怒了阿拉伯世界，震动了国际社会，并且迅速引发一个新危机——北京亚运会危机。

在这危机时刻，中国方面与亚奥理事会下大力气拼命做工作以化解危机。最后于9月20日，北京亚运会开幕的前两天，在北京召开的亚奥理事会临时代表大会上，通过一个妥协方案：停止伊拉克的会籍，禁止伊拉克参加北京亚运会（详见：纪事本末·度尽劫波亚运在）。当时让北京亚运会组委会方面非常头疼的是伊拉克足球队，因为他们在伊拉克入侵科威特之前就早早来到中国天津，整天在场地上卖力地训练，看上去伊拉克足球队对亚运会的金牌还挺有想法。现在出了这么大的事，中国方面希望伊拉克足球队赶紧打道回府，可他们却不想走，中国接待方面生怕有个三长两短，只好把伊拉克足球队从天津转到石家庄——离北京越远越好。最后伊拉克足球队看到伊拉克的会籍被暂停，参加亚运会肯定没戏，总算同意回国。请神容易送神难，到这时，各家航空公司生怕惹祸上身，居然没人愿意卖票给伊拉克足球队，还是靠中国出面多方联系，找了一架约旦航空公司的飞机把他们接走。飞机起飞时间是亚运会开幕当天中午12点32分，目送飞机离去，负责此事的中国官员长长舒出一口气。[①]

伊拉克被暂停会籍，一停就是十多年，期间缺席了1990年至2002年之间的4届亚运会。美国等国家在1991年海湾战争中打败伊拉克帮助科威特重新复国之后，又在2003年4月发动推翻萨达姆政权的伊拉克战争，萨达姆被俘并被处死，伊拉克组建新政权。2003年12月1日亚奥理事会执委会在科威特开会，会议一致通过恢复伊拉克亚奥理事会会员资格的建议。2006年第15届亚运会在卡塔尔首都多哈举行，阔别20年之后，伊拉克终于重返亚运会赛场。伊拉克的回归又给亚运会创造了一个新纪录：亚奥理事会的成员全员出席亚运会，媒体称之为亚洲体坛"大团圆"或"全家福"。在这之前，亚奥理事会的成员不断增加，但从来没有实现过全员出席亚运会的场景。进入21世纪，亚奥理事会共有45个成

---

① 魏纪中：《我的体育生涯》，新华出版社，2008年，第169页。

员,21世纪举行的第一次亚运会是2002年釜山亚运会,共有44个成员出席,当时就有媒体宣称亚运会已实现"全家福"。这些媒体太性急了一些,它们忽视了还有一个伊拉克,伊拉克只是暂停会籍而不是开除会籍,它依然享有亚奥理事会成员身份。所以,真正的"全家福"应该是伊拉克回归之后的多哈亚运会,45个成员全员到齐(参见:纪事本末·亚运家族成长记)。被取消制裁重返亚洲体坛的伊拉克足球队在2006年多哈亚运会获得亚军;2007年又获得亚洲杯冠军。

从领土面积、人口数量、石油资源等各方面数据来看,伊拉克都是西亚地区和阿拉伯世界的大户头,伊拉克确实有过红火年代,曾大兴土木兴建体育设施:"两伊战争前,伊政府利用石油收入大力支持体育事业建设。政府通过外国建筑公司在国内修建了19个大型体育场馆,其中位于首都的有7个,这些场馆都达到了世界先进水平。"[①]不过,从20世纪70年代末期开始,由于"两伊战争以及后来的海湾战争使伊拉克经济陷入困境,体育事业也因经费不足而使发展受到限制"[②]。因为战争破坏和安全局势恶化,伊拉克很多运动队只能去国外进行训练,在足球世界杯亚洲区预选赛主客场的比赛中,伊拉克连续数届被取消主场资格,主场比赛被安排在第三国进行。伊拉克于海湾战争之前参加过的4届亚运会中,在奖牌榜上的排位处于中游或中偏上的位置;回归之后参加的4届亚运会,其位置就徘徊在中偏下甚至下游位置。在亚运会奖牌总排行榜上,伊拉克排在第27位(参见:表·各国和地区亚运会奖牌统计),被巴林、卡塔尔、科威特等小国甩在身后。

---

① 黄民兴:《伊拉克》,大连海事大学出版社,2018年,第84页。
② 黄民兴:《伊拉克》,大连海事大学出版社,2018年,第84页。

历届亚运会伊拉克所获奖牌

届　数	举办时间与举办地	金　牌	银　牌	铜　牌	总　计	备　注
1	1951年印度新德里	/	/	/	/	未参赛
2	1954年菲律宾马尼拉	/	/	/	/	未参赛
3	1958年日本东京	/	/	/	/	未参赛
4	1962年印度尼西亚雅加达	/	/	/	/	未参赛
5	1966年泰国曼谷	/	/	/	/	未参赛
6	1970年泰国曼谷	/	/	/	/	未参赛
7	1974年伊朗德黑兰	1	0	5	6	
8	1978年泰国曼谷	2	4	6	12	
9	1982年印度新德里	2	3	4	9	
10	1986年韩国汉城	0	5	2	7	
11	1990年中国北京	/	/	/	/	未参赛
12	1994年日本广岛	/	/	/	/	未参赛
13	1998年泰国曼谷	/	/	/	/	未参赛
14	2002年韩国釜山	/	/	/	/	未参赛
15	2006年卡塔尔多哈	0	2	1	3	
16	2010年中国广州	0	1	2	3	
17	2014年韩国仁川	1	0	3	4	
18	2018年印度尼西亚雅加达	1	2	0	3	
总　计		7	17	23	47	

三十七、伊朗

国名：伊朗伊斯兰共和国

首都：德黑兰

面积：164.5万平方公里

人口：8165万（2019年数据）

参加亚运会届数：15届（1、3、5—7、9—18）

承办亚运会届数：1届（1974年，德黑兰）

观察亚洲地图我们会发现，伊朗的地理位置处于西亚和中亚之间，地缘因素使得伊朗成为古代时期陆上丝绸之路的重要通道。伊朗是世界文明古国之一，中国古代称其为安息。公元前6世纪，波斯帝国兴起，煊赫一时，进入中世纪之后，波斯帝国衰落，先后遭受阿拉伯帝国、蒙古帝国、奥斯曼帝国入侵。进入18世纪后，长期被伊朗人统治的阿富汗部落开始进行武装反抗，让人大跌眼镜的是，1722年10月，伊朗萨法维王朝的都城伊斯法罕（今伊朗第三大城市，伊斯法罕省的省会）居然被阿富汗反抗军攻破，国王投降，阿富汗人成为伊朗的新统治者。不过，"由于阿富汗人在伊朗毕竟属于少数，他们很难建立稳固长久的统治"[①]，阿富汗人的统治只维持了短暂7年时间，就被卷土重来的伊朗人推翻。

无论从历史还是现实来看，伊朗都是亚洲重要国家，在亚洲政治、经济、文化和地缘政治方面发挥着重大作用。19世纪之后，英国和沙皇俄国势力进入伊朗地区，伊朗内政外交受到极大制约。1925年，伊朗建立巴列维王朝统治，为摆脱外部势力的影响，当政的礼萨·汗国王在第二次世界大战中采取亲德立场。1941年6月德国入侵苏联之后，英国和苏联立即出兵伊朗，驱逐亲德的国王，由其子穆罕默德·礼萨·巴列维接任，伊朗实际上处于被英国和苏联分别控制的状态。1943年9月9日伊朗对德国宣战，11月，罗斯福、丘吉尔和斯大林三巨头齐聚伊朗，举行了著名的德黑兰会议，三巨头在会议中发表宣言，表示尊

---

① 王新中、冀开运：《中东国家通史》（伊朗卷），商务印书馆，2002年，第222页。

重伊朗的领土完整。1946年5月，随着苏军最后撤离，伊朗实现了国家的主权独立。

伊朗体育历史源远流长，波斯帝国时期，流行的多是与军事征伐有关的骑马、射箭等体育活动。近代以来，随着"西方文化传入伊朗，西方的现代体育随之而来，首先是很快流行于全国各地的足球，随后是田径和其他竞技。伊朗传统的摔跤、举重、拳击、游泳等体育项目，也开始按照现代体育竞技规则进行"[1]。深厚的体育文化历史积淀与现代的竞技体育体系相结合，"形成了集传统性和现代性于一体的伊朗竞技体育文化形态"[2]，伊朗成为中东第一体育强国，亦是亚洲体育强国之一。

伊朗参与了亚运会的筹建工作，第1届亚运会举行时，伊朗就是11个参赛成员之一，并且展现出强劲实力，夺得8枚金牌，名列奖牌榜第3位，仅次于当时亚洲第一体育强国日本和东道主印度。在首届亚运会足球比赛中发生一个状况：伊朗队与日本队进行半决赛，双方在常规时间内以0：0战平，加时赛进行时刻，大会组委会收到伊朗发来的电报，通告伊朗首相遇刺身亡，大会组委会立即在现场宣布下半旗致哀，正在进行加时赛的伊朗和日本足球队员以及现场观众也起立默哀。这时伊朗队员已无心比赛，大会组委会与日本队协商，建议取消加时赛，第二天再进行一场比赛以决胜负，日本队大度地表示同意。[3]结果在第二天的比赛中，伊朗队以3：2战胜日本队，取得决赛权。在决赛中，伊朗队以1：2负于印度获得亚军。

伊朗竞技体育整体水平在亚洲大致处于第二梯队前列位置，在历届亚运会奖牌总排行榜上，伊朗排在中日韩东亚三强之后名列第4（表·各国和地区获亚运会奖牌统计）。伊朗的举重、摔跤等部分项目实力不俗，第1届亚运会伊朗包揽举重所设7个级别全部冠军外加4个亚军。伊朗竞技体育有一个突出特点，就是对中国人非常看重的三大球"足球、排球和篮球等西方主流团队项目体现出了尤为浓厚的国家热情"[4]。其中最为耀眼的是号称"波斯铁骑"的伊朗男足：4次获得亚运会冠军；3次获得亚洲杯冠军；6次获得世界杯亚洲区预选赛出线权，是亚洲顶尖球队之一。伊朗男篮3次获得亚洲篮球锦标赛（现更名为亚洲杯）冠军，在近4届亚运会上，也取得2枚铜牌和2枚银牌的好成绩。

伊朗三大球中的男排与中国有一段特殊渊源。20世纪80年代是中国排球的辉煌时期，中国女排以"五连冠"享誉世界排坛，中国男排也是亚洲一流球队，与日本、韩国轮流坐

---

[1] 阿钒：《伊朗：丝绸西路上的明珠》，北京联合出版公司，2016年，第182页。
[2] 浦义俊、吴贻刚：《伊朗竞技体育崛起探骊及启示》，《体育文化导刊》，2015年第7期，第111页。
[3] 刘文、关平：《亚运会大观》，中国华侨出版公司，1990年，第39页。
[4] 浦义俊、吴贻刚：《伊朗竞技体育崛起探骊及启示》，《体育文化导刊》，2015年第7期，第111页。

庄亚洲冠军。1985年应伊朗方面邀请，中国派遣体操、羽毛球、乒乓球和排球4个项目的教练前往伊朗执教。若干年之后，伊朗的体操、羽毛球和乒乓球没有什么太大起色，而伊朗男排却一飞冲天。2011—2021年10年间，伊朗男排获得4届亚洲排球锦标赛冠军，蝉联2014年和2018年两届亚运会冠军，雄霸亚洲排坛，中国男排在比赛中遇到伊朗男排很难取胜，应了中国"三十年河东三十年河西"这句老话。

20世纪60年代之后，石油成为伊朗国家发展的重要动力，1970年伊朗石油产量位居中东地区第一，借助石油资源，伊朗国力有了长足进步。在这一背景下，伊朗提出申办亚运会的要求。1970年12月7日亚运会联合会在泰国曼谷开会，会议通过决议，决定第7届亚运会由伊朗主办。①

经过4年筹备，1974年9月第7届亚运会在伊朗德黑兰举行，这是亚运会第一次在西亚地区举行。从筹办开始，伊朗倾心投入，借助石油美元，办了一届到当时为止堪称最为豪华阔气的亚运会。伊朗专门修建一座中东地区规模最大、设备最现代化的体育中心，体育中心占地面积300多公顷，里边有11个比赛场，有可以停放1万多辆汽车的停车场，甚至还有直升飞机场。主体育场可容纳10万观众，主体育馆拥有12500个座席。体育中心里面还有面积广阔的人工湖，沿湖是供人们游览的公园，以及170公顷人造树林。由39栋楼房组成的亚运村，村里有100个餐厅，以及电影院、邮局、银行、医院、购物中心等各种服务设施，整体硬件建设耗资20亿美元。②第7届亚运会参赛运动员约3000人，伊朗组织了1万名左右的工作人员为赛会服务，服务人员与运动员之比居然达到3∶1。

伊朗在主体育场耗费巨资铺设了问世不久的塑胶跑道，此举造成一个很有意思的现象：亚洲多数国家经济和体育事业还比较落后，几乎很少有这种造价昂贵的塑胶跑道，所以很多参赛运动员还是第一次在塑胶跑道上进行比赛，一部分选手一时难以适应，结果有些运动员因为比赛成绩不佳，归咎于新型的塑胶跑道，塑胶跑道只能无奈地背了这口锅。③

伊朗承办的第7届亚运会在亚洲体育运动史上具有里程碑意义，这不仅表现在这一届亚运会硬件设施的先进和东道主出手的阔绰，更在于通过伊朗和亚洲体育界的共同努力，

---

① 谷世权：《举步艰难 历经坎坷——介绍第一至第六届亚运会》，《体育文史》，1990年第3期，第23页。
② 人民体育出版社编：《亚洲体育史上空前的盛会》，人民体育出版社，1975年，第38页；胡新民等：《历届亚运会集锦》，中国奥林匹克出版社，1990年，第112页。
③ 胡新民等：《历届亚运会集锦》，中国奥林匹克出版社，1990年，第115页。

亚运会参赛队伍的构成与数量获得历史性突破。在德黑兰亚运会之前，由于冷战与意识形态的对抗，以及中国台湾问题等因素，中国、朝鲜等社会主义国家一直游离在亚运会体系之外，甚至因为对抗还一度导致亚洲体坛分裂（参见：纪事本末·度尽劫波亚运在）。为了让中国、朝鲜等社会主义国家加入到亚运会体系之中，伊朗利用它的特殊地位和影响，积极对国际体育机构展开游说，向亚洲体坛高层人士施加强大压力，甚至放出若中国不能参赛伊朗情愿弃办亚运会的狠话，为中国加入亚运会可谓尽心尽力（参见：纪事本末·"亚运外交"写传奇）。中国、朝鲜等社会主义国家加入亚运大家庭，使亚运会更具有权威性，也极大提高了亚运会的竞技水平，使亚运会的发展进入到一个崭新的历史阶段。此外，德黑兰亚运会之前，中东西亚的阿拉伯国家很少出现在亚运会赛场，这届亚运会是个分水岭，阿拉伯国家开始全面进军亚运会，亚运会的广泛性也得以增强。

伊朗是以波斯族为主体民族的国家，波斯族占总人口的66%（2019年数据），不属于阿拉伯世界。从20世纪40年代巴列维国王执政起，伊朗对外与美国等西方国家保持密切关系，对内实行政教分离的世俗化统治。这一时期正赶上阿拉伯世界与以色列陷入有我没你不共戴天的中东大战，伊朗则对中东战争保持着一种较为超脱的姿态，与以色列往来频繁。伊朗不顾阿拉伯国家的反对，坚持让以色列参加第7届亚运会，这也是以色列在亚运会的最后绝唱（详见：列传·以色列）。

1979年伊朗发生伊斯兰革命，巴列维王朝被推翻，国王逃亡国外，在外流亡多年的伊斯兰什叶派领袖霍梅尼回国掌权，伊朗内政与外交方针就此发生根本性转变。

伊朗西边邻居是伊拉克，当时掌权的是总统萨达姆。两伊之间本来就有许多历史积怨和现实矛盾，伊朗革命之后，两伊之间矛盾迅速激化。1980年9月22日，伊拉克军队以领土争端为由向伊朗发动攻击，两伊战争爆发，一打就是8年。两伊战争爆发后，中东的政治格局被撕裂，中东地区国家纷纷根据自己国家的利益选边站队。由于伊朗与阿拉伯国家之间的纠葛和过节，伊朗在西亚中东地区较为孤立，我们看这么一个事例：广州亚运会举办之前，广州亚组委为宣传广州亚运会，组织了一个名为"亚洲之路"的大型宣传推广活动。当活动主办方把申请出访卡塔尔的资料发给卡塔尔奥委会之后，始终没有回音，发出十几封邮件询问也没有回复，无奈之下活动主办方只得将国际电话打到卡塔尔奥委会询问，结果"对方不悦地质问：你们怎么把阿拉伯湾写成波斯湾？"原来，我们中国人耳熟能详的波斯湾，阿拉伯国家不这么叫，一直称之为阿拉伯湾。活动组织方恍然大悟，"马上表示歉意，按对方要求，把信里的波斯湾全部改成阿拉伯湾，重新发过去。卡塔尔奥委会这才感到满意,才开始受理他们的申请"[①]。从这个事例,我们可以体会到伊朗与阿拉伯国家之间的芥蒂。从两伊战争爆发之后形成的阵营来看,阿拉伯国家基本上都支持伊拉克,仅有很少的国家支持伊朗;加上伊朗革命之后与美国等西方国家形成的严峻对抗形势,地缘政治和地区国际关系的变化使伊朗的国际处境变得艰难起来。

20世纪80年代以来,内忧外患使德黑兰亚运会之后伊朗体育事业迅猛上升的势头受到遏制,伊朗女子体育事业受到的影响更大。不过,仗着伊朗体育基础雄厚,其在第二梯队的前列位置没有改变,近几届亚运会上,伊朗在奖牌榜上排位基本都处于第4到第6的位置。近年来,"伊朗国内也在悄悄发生着一系列可喜的变化……2015年,伊朗允许女性参加与观看大型体育赛事活动。虽然她们可以观看的项目不包括摔跤、游泳等过于'阳刚'的运动,而且被限定在指定区域内,但此项举措对穆斯林女性来说仍然不失为一个重大喜讯——尽管这变化的步伐较慢,但能看出伊朗体育运动对于女性的限制在渐渐放宽"[②]。

[①] 袁越:《亚洲之路:第16届广州亚运会亚洲宣传之旅的故事》,中国经济出版社,2010年,第164页。
[②] 阿钒:《伊朗:丝绸西路上的明珠》,北京联合出版公司,2016年,第183页。

历届亚运会伊朗所获奖牌

届 数	举办时间与举办地	金 牌	银 牌	铜 牌	总 计	备 注
1	1951年印度新德里	8	6	2	16	
2	1954年菲律宾马尼拉	/	/	/	/	未参赛
3	1958年日本东京	7	14	11	32	
4	1962年印度尼西亚雅加达	/	/	/	/	未参赛
5	1966年泰国曼谷	6	8	17	31	
6	1970年泰国曼谷	9	7	7	23	
7	1974年伊朗德黑兰	36	28	17	81	
8	1978年泰国曼谷	/	/	/	/	未参赛
9	1982年印度新德里	4	4	4	12	
10	1986年韩国汉城	6	6	10	22	
11	1990年中国北京	4	6	8	18	
12	1994年日本广岛	9	9	8	26	
13	1998年泰国曼谷	10	11	13	34	
14	2002年韩国釜山	8	14	14	36	
15	2006年卡塔尔多哈	11	15	22	48	
16	2010年中国广州	20	14	25	59	
17	2014年韩国仁川	21	18	18	57	
18	2018年印度尼西亚雅加达	20	20	22	62	
总 计		179	180	198	557	

三十八、印度

国名：印度共和国

首都：新德里

面积：约298万平方公里（不包括中印边境印占区和克什米尔印度实际控制区等）

人口：13.66亿（2019年数据）

参加亚运会届数：18届（1—18）

承办亚运会届数：2届（1951年第1届；1982年第9届；举办地均为新德里）

位于南亚的印度是世界著名文明古国，公元前2500年印度河文明兴起，印度成为佛教、婆罗门教（印度教前身）的诞生地。印度历史发展过程中历经外族入侵、王朝兴衰，其中部分地区曾受阿拉伯帝国以及信奉伊斯兰教王朝的统治，这些地区的民众皈依伊斯兰教，这种变化为后来印度分裂埋下了伏笔。17世纪之后英国势力开始进入，印度逐步沦为英国殖民地，并成为英国在海外最重要的殖民地，号称大英帝国王冠上的明珠。进入20世纪之后，印度民族独立运动不断兴起，出现了甘地、尼赫鲁等世界知名政治人物。由于信奉印度教和信奉伊斯兰教的民众在独立问题上产生了严重对抗，1947年，英国公布《印度独立方案》（即"蒙巴顿方案"），将英属印度按照宗教信仰的原则，分为印度教教徒为主体的印度和伊斯兰教教徒为主体的巴基斯坦两个部分。1947年8月15日，印度宣布独立，原英属印度分解为印度和巴基斯坦两个国家。

印度对亚洲体育事业的最大贡献，就是在它的极力推动下创办了现代亚运会，印度首都新德里成为首届亚运会举办地。印度这个伟大贡献与近代印度历史演变和民族意识发展密切相关。英国是现代竞技体育运动的主要发源地之一，足球、曲棍球、羽毛球、乒乓球、田径、拳击等现代运动项目的兴起和竞赛规则的建立都源自英国，据媒体统计，奥运会中"起源于英国或者在英国成熟起来的比赛项目不下10个"[①]。英国人将现代竞技体育

---

① 刘国栋：《藤球为何只能"孤芳自赏"》，《新体育》，2007年第1期，第49页。

带入英属印度，印度遂成为亚洲最早开展现代竞技体育活动与竞赛的地区之一，今天亚运会比赛中许多比赛项目，在亚洲地区是印度人首先玩起来的。根据资料记载：1900年第2届奥运会于巴黎召开时，在英国就读的印度学生诺尔曼·普理查德加入英国体育代表团参加本届奥运会，由此成为亚洲第一个奥运会参赛选手。[1]普理查德在田径200米跑和200米跨栏比赛中获得2枚银牌，由于印度没有单独组团参加本届奥运会，普理查德是英国体育代表团的成员，所以这2枚奖牌究竟属于英国还是印度，在资料中表述不一，确实有一些资料将其记在印度名下，[2]如此算来，普理查德就是亚洲第一个奥运会奖牌获得者。1924年，印度成立奥委会，成为亚洲继日本之后得到国际奥委会承认的第二个国家（地区）体育组织。1934年，在印度新德里成功举办第1届西亚运动会，来自印度、锡兰（今斯里兰卡）和巴勒斯坦的运动员参加了比赛。上述这些行为和成就都是在印度尚处于殖民地状态下所取得，体现出印度的国际活力，提升了印度的国际声誉。这一切自然给印度人重要的启示：体育赛场可以成为展现民族形象和力量的极好舞台。

在英国殖民统治期间，印度民族意识不断觉醒，独立之后印度渴望获得在国际社会发展的机会，树立新兴亚洲大国的国家形象和声誉。"现代体育在促使政府重建、激发民族意识和唤醒东方意识的过程中发挥了十分重要的作用。"[3]印度政府和有识之士意识到体育将是一个极有价值的平台，"是印度寻求国际地位和话语权的重要场所"[4]，创办和主持大型体育赛事毫无疑问会让印度占据国际舞台的中心位置，这就成为印度极力推动创建亚洲体育组织"亚洲运动会联合会"（亚奥理事会前身）和举办亚洲运动会的最大动力，印度当仁不让地成为亚运会创始国之一，其领袖人物桑迪被称为"亚运之父"（详见：纪事本末·亚运由来细盘点）。

1951年3月4日，第1届亚运会在新落成的新德里国家体育场开幕。亚运会火炬的火种取自印度中世纪时期莫卧儿帝国王宫——阿格拉红堡，曾经代表印度参加1924年第8届奥运会田径比赛的印度体育元老达利布·辛格高擎火炬入场，点燃亚运会历史上第一座火炬台。

在亚洲土地上第一次举办如此规模的盛会，对于独立不久的印度这个东道主而言实属不易。首届亚运会原定于1950年举办，由于时间紧张、经费筹措困难、场地和器材不能按

---

[1] 刘修武：《亚洲体育》，人民体育出版社，1990年，第3页。
[2] 刘修武编译：《奥林匹克运动会成绩》，人民体育出版社，1984年，第36页。
[3] 凡红：《民族主义、东方主义、全球化：亚运会》，《体育学刊》，2007年第12期，第39页。
[4] 金永丽：《论体育对于印度的意义》，《体育文化导刊》，2007年第9期，第166页。

时到位等等因素被迫延期一年,结果就在首届亚运会开幕之前的1951年2月25日,第1届泛美运动会在阿根廷首都布宜诺斯艾利斯开幕,仅仅迟了7天,全世界第一个洲级运动会的历史纪录和荣誉落到美洲人头上。

亚运会首秀,忙中出错也是难免。闭幕式那天,本应该在现场举行自行车、田径等7个项目的颁奖仪式,结果组委会忙得把这事给忘了。等到闭幕式结束,各代表团开始打道回府,没有拿到奖牌的运动员向组委会发出询问,组委会才发现纰漏,而此时部分运动员已经离开印度。事后组委会补发奖牌,并表示歉意。[①]

31年之后的1982年,印度又承办第9届亚运会。今非昔比,印度的政治经济实力有了很大发展,此时担任印度政府总理的是当年尼赫鲁总理的女儿英迪拉·甘地夫人,父女二人都是印度和世界知名的政治家。为办好本届亚运会,印度大兴土木,翻建和新建19座体育场馆,火炬接力的火种从举行第1届亚运会开幕式的国家体育场采集。1982年9月19日,在新建的尼赫鲁体育场,还是31年前的那只火炬,再一次点燃了第9届亚运会的主火炬台。

在这届亚运会上,印度传统民间体育项目卡巴迪被列为表演项目。卡巴迪是印度民间流行的一种集体追逐游戏,进而演变为体育活动,其比赛方式中国观众看着眼熟,戏称其为印度版的"老鹰抓小鸡"。从第11届北京亚运会起,卡巴迪被列为正式比赛项目,这也是印度对亚运会竞赛项目方面的一项贡献。

在第10届汉城亚运会上,时年22岁的印度女子田径运动员乌莎大放光芒。乌莎此前在1985年第6届亚洲田径锦标赛上曾经囊括所有女子短跑项目金牌,得到"短跑女皇"之称。汉城亚运会上她获得200米、400米、400米跨栏和4×100米接力4项冠军,成为田径项目中获金牌最多的选手。印度在汉城亚运会上以5枚金牌排在奖牌榜第5,几乎全靠乌莎一人之力,回国后印度政府奖励乌莎30万卢布和1辆豪华汽车。由于在接下来的1988年奥运会中竞赛成绩不佳,乌莎萌生退意,准备考虑个人终身大事,退役结婚。为此,印度体育部门派遣一个3人小组,专程前往乌莎家乡进行游说,劝说乌莎以国家荣誉为重,参加1990年北京亚运会。乌莎的父亲同意让乌莎参加北京亚运会,乌莎也决定将退役日期定在亚运会之后。[②]乌莎信心满满要在北京亚运会夺取5枚金牌,但上届汉城亚运会她为印度赢得非凡荣誉之后,这位普通银行职员的女儿成为耀眼明星,各界名流纷纷将她奉为座上

---

① 胡新民等:《历届亚运会集锦》,中国奥林匹克出版社,1990年,第64页。
② 高殿民:《乌莎为何推迟婚期》,《新体育》,1990年第7期,第38页。

宾，应酬不断；再加上考虑婚姻大事，乌莎的日常训练根本无法保证。北京亚运会上，乌莎折戟沉沙，只获得2枚银牌。

乌莎故事还有后续。北京亚运会之后，乌莎退役结婚生子，在印度铁路部门从事管理工作。4年之后的广岛亚运会，乌莎的儿子都已经3岁，印度田径实在是后继乏人，只能再次请她出山征战。落花流水春去也，30岁的乌莎无力回天，最后以一个第4名结束了她的运动生涯。①

印度既是亚运会的创始国，也是亚洲参加过全部18届亚运会的7个国家之一，这是印度人值得骄傲的地方；但是对印度人而言，心中又有苦楚之处，这就是印度在亚洲体坛的地位不高。虽然从亚运会金牌榜总排名上看，印度以154枚金牌排在第6位，但这是在印度参加全部18届亚运会并且当过两届东道主之后取得的战绩，这个成绩未免让人感觉印度有些心余力绌。从历届亚运会排名来看，亚运会早期阶段参加的成员不多，印度排名还比较高，随着亚运会队伍日益壮大，印度就只能混在第二梯队，而且还排不到第二梯队的前列，经常被伊朗、泰国、朝鲜、印度尼西亚等国家压制，个别年份甚至跌出前10名。待到中亚地区国家加入亚运会大家庭后，哈萨克斯坦、乌兹别克斯坦也常把印度踩在脚下。

如果放眼奥运会，印度体育更是一片萧条景象。迄今为止，印度在奥运会中一共获得过10枚金牌，其中8枚由男子曲棍球队夺得。曲棍球长期以来被视为印度的"国球"，印度曲棍球队蝉联1928年至1956年6届奥运会冠军，之后又在1964年和1980年奥运会两获冠军，但在这之后就一蹶不振，与金牌无缘。尤其是1982年在印度首都新德里举行的第9届亚运会曲棍球冠亚军决赛，印度队与宿敌巴基斯坦队展开金牌争夺战。这是在印度国土上进行的决赛，"印度总统辛格、总理甘地夫人以及众多的政府要员也前来观战"②，可见这场决赛受重视之程度。然而，印度队在决赛中居然以1∶7的比分惨败于巴基斯坦队（参见：列传·巴基斯坦）！印度队输给最不想输的对手，而且输得这么惨，真是欲哭无泪。这场惨败造成的后果，是曲棍球在印度的"国球"地位岌岌可危，恰好在第9届亚运会的次年也就是1983年，印度男子板球队在第3届板球世界杯比赛中夺得冠军，这一喜讯顿时让全印度陷入狂欢之中。板球本就是深受印度民众喜爱的运动项目，印度有这样的说法："板球已不仅仅是一项运动，更是一种宗教和激情，融入了每一个人的生命。"③随着曲棍球战绩江河日下，其"国球"地位逐渐被板球所取代。印度的第1枚奥运会个人项目金

---

① 肖复兴：《广岛之恋——第12届亚运会采访手记》，《新体育》，1994年第11期，第11页。
② 肖梓树：《世界水平的曲棍球决赛》，《新体育》，1983年第1期，第40页。
③ ［印度］曼尼莎、杜贝编：《印度光辉永驻》，印度传世爱莎传媒有限公司出版，第172页。

牌更是姗姗来迟，直到2008年北京奥运会，射击运动员阿比纳夫·宾德拉在男子10米气步枪比赛中，才为印度实现参加奥运会108年以来个人项目金牌零的突破。又过了13年，在2021年举行的东京奥运会上，田径运动员乔普拉在男子标枪项目上为印度夺得史上第10枚、个人项目第2枚奥运会金牌。加上上面所说的8枚曲棍球金牌，这就是印度参加了100多年奥运会之后获得的全部金牌。

印度是世界人口第二大国，也是亚洲的地区大国，却有着与国力如此不相称的竞技体育名次和地位，这也引起研究者的兴趣，形成一些研究意见。有人认为："印度中央政府并没有将印度建成体育强国的政治意愿，其直接后果便是缺乏发展体育的长远规划和资金投入。"[①]还有人认为，体育文化在印度是一种外来文化，印度本土保守特质的宗教文化抑制了体育项目多样性的健康发展。[②]甚至还有观点归咎于板球运动在印度的畸形发展，因为其他任何体育运动在板球面前都显得黯然失色，板球抑制了印度其他体育项目的发展，即便是曾经给印度带来过奥运金牌的曲棍球也难逃厄运。

值得一提的是，在印度有一个与体育沾边的文化领域可谓成绩斐然：体育电影。虽说印度体育竞赛成绩不咋样，但印度的体育电影拍得却是真不错，不少以励志为主旨的体育题材影片让人观后有荡气回肠、血脉喷张之感。例如以曲棍球为题材的《加油，印度》，以板球运动为题材的《印度往事》和《印度女孩》，以摔跤运动为题材的《苏丹》。尤其是《摔跤吧，爸爸》，以12.95亿票房收入位列2017年中国内地电影票房总排行榜第9名，同时该电影的豆瓣评分高达9.0，[③]可谓是叫好又叫座。

---

① 唐璐：《从宾德拉奥运夺金看印度的体育发展》，《亚非纵横》，2008年第5期，第12页。
② 张剑成、汤卫东：《从历届奥运会窥探印度"奥运奖牌荒"现象及其原因探析》，《南京体育学院学报》，2017年第2期，第84页。
③ 赵薛娇：《新世纪以来印度体育电影论析》，中国知网，硕士学位论文，2017年，第1页。

历届亚运会印度所获奖牌

届 数	举办时间与举办地	金 牌	银 牌	铜 牌	总 计	备 注
1	1951年印度新德里	15	15	18	48	
2	1954年菲律宾马尼拉	5	4	8	17	
3	1958年日本东京	5	4	4	13	
4	1962年印度尼西亚雅加达	10	13	11	34	
5	1966年泰国曼谷	7	3	11	21	
6	1970年泰国曼谷	6	9	10	25	
7	1974年伊朗德黑兰	4	12	12	28	
8	1978年泰国曼谷	11	11	6	28	
9	1982年印度新德里	13	19	25	57	
10	1986年韩国汉城	5	9	23	37	
11	1990年中国北京	1	8	14	23	
12	1994年日本广岛	4	3	16	23	
13	1998年泰国曼谷	7	11	17	35	
14	2002年韩国釜山	11	12	13	36	
15	2006年卡塔尔多哈	10	18	26	54	
16	2010年中国广州	14	17	33	64	
17	2014年韩国仁川	11	9	37	57	
18	2018年印度尼西亚雅加达	15	24	30	69	
总 计		154	201	314	669	

三十九、印度尼西亚

国名：印度尼西亚共和国

首都：雅加达

面积：陆地面积190.4569万平方公里

人口：2.68亿（2020年数据）

参加亚运会届数：18届（1—18）

承办亚运会届数：2届（1962年第4届；2019年第18届；举办地均为雅加达）

印度尼西亚是一个在亚洲乃至全世界都很有特色的国家：地跨赤道，是世界上岛屿最多的群岛国家，全国由大大小小17000多个岛屿组成，其中有人居住的约6000个；是世界上人口数量排在中国、印度和美国之后位居第四的国家，由于全国约87%的人口信奉伊斯兰教，所以它也是世界上穆斯林人口最多的国家。

古代和中世纪时期，印度尼西亚的土地上曾先后出现若干土著王朝的更替。随着西方殖民主义兴起，印度尼西亚从16世纪起先后遭受葡萄牙、西班牙和英国的入侵，17世纪之后荷兰确立在印度尼西亚的殖民统治地位，印度尼西亚从那时起就以"荷属东印度"或"荷属东印度群岛"的名称出现在国际社会。第二次世界大战期间印度尼西亚被日军占领，二战结束日本投降之际，印度尼西亚民族领袖苏加诺在1945年8月17日宣告印度尼西亚独立。卷土重来的荷兰人不承认印度尼西亚独立，两国历经数年武装对抗与和平谈判，直到1950年8月，印度尼西亚才最终获得完全独立。

在荷属东印度时期，印度尼西亚创造了一项在亚洲体坛具有先驱意义的纪录：荷属东印度足球队成为第一支进军世界杯决赛圈的亚洲球队。1938年第3届世界杯亚洲区预选赛，国际足联给亚洲地区一张决赛圈的入场券。亚洲地区报名参加预选赛有3支队：日本、荷属东印度和巴勒斯坦（当时名为英属巴勒斯坦委任统治地）。由于巴勒斯坦被划到欧洲赛区去参赛，参加亚洲区预选赛的只剩下日本和荷属东印度。预选赛开打之前，1937年中国抗日战争全面爆发，日本无暇顾及这一类体育比赛，宣布弃权。日本一弃权，荷属东印度就自动晋级出线，一场预选赛未打，成为第一支出现在世界杯决赛圈的亚洲球队。荷属东印度队主教练是荷兰人，荷兰队也进入这届世界杯决赛圈，一个宗主国与它的殖民地一起出现在同一届世界杯决赛圈，这在世界杯历史上是仅有的一次。当时的赛制是淘汰赛，荷属东印度队第一轮比赛对手是匈牙利队，面对强大的匈牙利队，荷属东印度队以0∶6败北，结束了他们在世界杯决赛阶段的行程。

印度尼西亚尽管人口众多，但它的竞技体育运动在亚洲排不到前列，除了羽毛球，给亚洲人民留下深刻印象的运动项目还真不多。不过，印度尼西亚在亚洲体坛上却有独特地位：印度尼西亚是亚运会创始成员之一；印度尼西亚参加了全部18届亚运会，承办过2届亚运会；印度尼西亚在1963年主办了一届让亚洲政坛和世界体坛都为之震荡不已的新兴力量运动会。这些事情随便哪一件拿出来放在亚洲体育界，都是说得响的。

印度尼西亚独立之后，有着印度尼西亚"独立之父"美誉的苏加诺担任总统，他以"同殖民主义进行抗争的民族英雄的形象"出现于政治和外交舞台，在苏加诺和其他国际政治人物的积极推动下，1955年4月在印度尼西亚万隆市召开亚洲和非洲29国会议，这就是著名的"万隆会议"，会议通过后来成为国际关系基本准则的"万隆会议十项原则"。苏加诺由此名声大振，成为国际上的风云人物，"印度尼西亚俨然成为亚非国家中同旧体系进行抗争的先行者和领导者"[①]。印度尼西亚也想借助国际体育舞台表现自身的存在感和力量感，提出申办亚运会的请求。1958年第3届亚运会举办时期，亚运会联合会就1962年第4届亚运会承办地进行投票，当时有印度尼西亚和巴基斯坦两国提出申办请求，印度尼西亚在投票中以22票比20票惊险胜出，获得主办权。[②]不过印度尼西亚毕竟经济实力有限，单靠自己办亚运，即便是倾国之力也够呛，印度尼西亚政府和苏加诺为此广泛争取国际援助。为举办亚运会，印度尼西亚在首都雅加达新建了一座体育中心，中心占地56公顷，主体育场可以容纳10万观众，带有配套的游泳池、综合馆以及多座运动场馆等，还建造了亚运会历史上第一个运动员村。印度尼西亚建造体育中心的所有资金、材料和工程技术人员由苏联、法国、瑞士、匈牙利、南斯拉夫、捷克斯洛伐克、印度等国提供，其中苏联出资最多，达1700万美元，[③]这座中心因而也被叫作国际援助体育中心。[④]

---

① 游览：《徘徊于阵营之间——冷战背景下苏加诺的中间道路》，《冷战国际史研究》，世界知识出版社，2015年，第163页。
② 雷青峰：《阅尽沧桑话亚运》，新世纪出版社，2009年，第17页。
③ 范江怀、李吟：《历届亚运会博览》，科学普及出版社，1990年，第35页。
④ 胡新民等：《历届亚运会集锦》，中国奥林匹克出版社，1990年，第83页。

岂料就在1962年雅加达亚运会即将开幕之际，一场大风波降临。风波起因是"为了不影响与中华人民共和国和阿拉伯国家之间的关系，苏加诺政府拒绝向（中国）台湾和以色列的代表团发放签证"①。此举使印度尼西亚与包括国际奥委会在内的世界各体育组织之间发生尖锐对抗（详见：纪事本末·度尽劫波亚运在）。在国际奥委会和一些国际单项体育组织的禁令下，第4届亚运会受到极大冲击，许多项目的竞赛过程变得七零八落。国际举重联合会的做法最为强硬，国际举联宣布如果运动员参加第4届亚运会举重比赛，就取消他们参加1964年奥运会比赛资格。如此高压之下，亚运会举重项目原本11个参赛队中有10个队退赛，比赛开始那一天，只有印度尼西亚队运动员到场，组委会被迫取消本届亚运会举重比赛。②拳击比赛亦发生奇异场面：在拳击81公斤以上级比赛中，由于其他选手全都退赛，巴基斯坦选手阿里一拳未出，自动获得金牌。

这场风波给雅加达亚运会蒙上巨大阴影，令印度尼西亚政府和总统苏加诺怒火万丈，印度尼西亚先是宣布退出国际奥委会，接着联合中国等国，发起组织全球性的新兴力量运动会，以对抗国际奥委会和奥运会。1963年11月10日，第1届新兴力量运动会在雅加达开幕，来自世界的40多个国家和地区参加赛会（详见：纪事本末·亚洲体坛叹分合）。

1965年，苏加诺又做出一个更令世人瞩目的举动：由于同新近获得独立的邻国马来西亚存在领土争端，印度尼西亚坚决反对马来西亚加入联合国，但马来西亚在1964年底仍然被联合国吸收为成员国，而且还当选为联合国安理会非常任理事国。1965年1月7日，苏加诺正式宣布印度尼西亚退出联合国。这是联合国成立以来第一次发生成员国退会，苏加诺与印度尼西亚的行为确实不同凡响。

1965年9月，印度尼西亚国内发生军事政变，苏加诺政权被推翻，他于1970年在软禁中病逝。

印度尼西亚政变之后，中国与印度尼西亚的关系亦发生巨大变化，外交关系中断，直到北京亚运会即将开幕之前的1990年8月8日，两国才恢复外交关系。印度尼西亚也很给力，派出近200人的体育代表团前来北京参赛。当时亚奥理事会有4位副主席，其中1位是印度尼西亚的包勃·哈桑，中方特意安排这位副主席担任开幕式主持嘉宾之一，给予很高的礼遇，这让哈桑副主席十分满意，两国关系借此机会亦得以良好发展。③印度尼西亚在

---

① 国际奥林匹克委员会：《国际奥委会一百年》（第二卷），奥林匹克出版社，1998年，第122页。
② 胡新民等：《历届亚运会集锦》，中国奥林匹克出版社，1990年，第87页。
③ 伍绍祖：《弘扬北京亚运精神》，《伍绍祖文集（体育工作卷）》（第一卷），人民出版社，2008年，第201页。

北京亚运会上获得3枚金牌，排在第7位，照理说这个成绩还不错，但是印度尼西亚在最为看重的羽毛球项目上一金未得，所以还是很有失落感。

20世纪90年代之后，印度尼西亚结束军人政权的统治，经济也获得较快发展。在这一背景下，印度尼西亚于2018年第2次承办亚运会，这就是第18届雅加达亚运会。印度尼西亚这次主办亚运会带有救场性质。印度尼西亚的泗水原本申请提出承办第18届亚运会，当时提出申办的还有越南河内和阿联酋迪拜。2012年11月8日，在中国澳门召开亚奥理事会全会进行抉择。由于迪拜事前退出，竞争者只剩下河内与泗水两家。最后投票表决结果是河内战胜泗水，成为第18届亚运会的举办城市。不料2014年4月，越南突然宣布弃办亚运会。这样一来，原先的竞争者印度尼西亚在亚奥理事会眼中自然是最合适的"备胎"。印度尼西亚政府对于接办亚运会态度积极，想当年承办1962年雅加达亚运会，拉动了国内高速公路和电视系统的建设；几十年后，印度尼西亚希望通过再次举办亚运会推动国家经济发展，印度尼西亚初步估算可能产生31亿美元的积极效益。2014年9月20日于韩国仁川举行的亚奥理事会大会上，通过由印度尼西亚接办第18届亚运会的决议，举办地点为印度尼西亚首都雅加达，印度尼西亚的巨港市担任协办城市，所以第18届亚运会亦被称为"雅加达—巨港亚运会"（参见：纪事本末·度尽劫波亚运在；列传·越南）。同时，亚奥理事会原本定在2019年举行第18届亚运会，但是印度尼西亚救场接手后提出，2019年为该国总统大选年，为保证大选不受冲击，要求亚运会还是放在2018年举行。人家既然做出救场的贡献，亚奥理事会理应回报，同意了印度尼西亚的要求。

为确保本届亚运会获得成功，印度尼西亚政府和雅加达市政当局投入巨资，预计总开销超过30亿美元。其中亚运会开幕式经历一年时间筹备，耗资5000—6000亿印度尼西亚盾，折合人民币约2.351—2.82亿。[①] 开幕式上出现被媒体称为非常"拉风""酷炫"的一幕：印度尼西亚总统佐科自己单独驾驶摩托车进入体育场，大秀一番车技后再驱车开往贵宾席入座，这个别出心裁的安排成为开幕式上的一道风景。

挟东道主之地利，印度尼西亚在奖牌榜上的位次也在中日韩之后排到第4，成为第二集团领头羊。更为重要的是，通过举办亚运会，提振了印度尼西亚的自信心，激发了印度尼西亚的雄心。根据美联社的报道："到2030年，印度尼西亚预计将会成为全球前十大经济体之一。印度尼西亚希望通过举办亚运会改变外界看法，为成为一个更大的体育赛事主

---

① Nazvi Careem：《亚运会对印度尼西亚的多重意义》，《新体育》，2018年第9期，第13页。

办国铺平道路。"① 这个更大的体育赛事主办目标,无疑就是奥运会。

历届亚运会印度尼西亚所获奖牌

届数	举办时间与举办地	金牌	银牌	铜牌	总计	备注
1	1951年印度新德里	0	0	5	5	
2	1954年菲律宾马尼拉	0	0	3	3	
3	1958年日本东京	0	0	6	6	
4	1962年印度尼西亚雅加达	11	12	28	51	
5	1966年泰国曼谷	5	5	12	22	
6	1970年泰国曼谷	2	5	13	20	
7	1974年伊朗德黑兰	3	4	4	11	
8	1978年泰国曼谷	8	7	18	33	
9	1982年印度新德里	4	4	7	15	
10	1986年韩国汉城	1	5	14	20	
11	1990年中国北京	3	6	21	30	
12	1994年日本广岛	3	12	11	26	
13	1998年泰国曼谷	6	10	11	27	
14	2002年韩国釜山	4	7	12	23	
15	2006年卡塔尔多哈	2	3	15	20	
16	2010年中国广州	4	9	13	26	
17	2014年韩国仁川	4	5	11	20	
18	2018年印度尼西亚雅加达	31	24	43	98	
总计		91	118	247	456	

---

① Nazvi Careem:《亚运会对印度尼西亚的多重意义》,《新体育》,2018年第9期,第13页。

四十、约旦

国名：约旦哈希姆王国

首都：安曼

面积：8.9万平方公里

人口：1083万（2020年数据，含巴勒斯坦、叙利亚、伊拉克难民）

参加亚运会届数：9届（10—18）

承办亚运会届数：0届

约旦历史上曾是巴勒斯坦的组成部分，7世纪时候成为阿拉伯帝国属地，16世纪归属奥斯曼帝国，第一次世界大战之后成为英国的委任统治地。英国在1921年以约旦河为界，把巴勒斯坦分为东西两部分，西部仍称巴勒斯坦，东部则建立外约旦酋长国。1946年外约旦正式宣布独立，1950年改称约旦。

约旦的地理位置有点尴尬。它东面的邻居伊拉克和南面的邻居沙特阿拉伯，石油蕴藏量极其丰富，依靠石油经济日子过得很不错，可是偏偏相邻的约旦地底下就没啥石油，所以在中东地区约旦属于经济比较贫困的国家。这还没完，由于约旦西面的邻居是巴勒斯坦和以色列，历史的领土的宗教的各种矛盾搅合在一起，从20世纪40年代到90年代，约旦与以色列之间缠斗半个世纪，大战小仗打了若干场，越打越惨，把原来曾经占领的耶路撒冷老城和约旦河西岸全打丢。直到1994年，在时任美国总统克林顿的斡旋与主持下，约旦与以色列签署和约，两国正式建立外交关系，约旦才摆脱战争梦魇，走上和平发展的道路。

约旦开展比较普及的体育项目有田径、篮球、排球、射击、跆拳道等。与很多西亚国家相类似的是，约旦体育事业也有着非常浓厚的王室体育气息。1965年约旦国王侯赛因立他的弟弟哈桑为王储。哈桑当时还是个中学生，在英国著名的哈罗公学读书，之后他升入牛津大学继续深造，学成归国后，深受西方文化影响的哈桑大力推动约旦体育事业发展。他对跆拳道很感兴趣，"专门花重金从亚洲国家聘请了著名的跆拳道教练，培训约旦的运动员"[1]。这一招立竿见影，1986年汉城亚运会约旦运动员第一次出现在亚运会赛场，就夺得3枚银牌1枚铜牌，这几枚奖牌全部来自跆拳道。

约旦由于在中东问题上所持的政治立场，还曾在亚运会赛场引起过一场小风波。1990年北京亚运会举办前夕，因为伊拉克入侵并吞并科威特引发海湾危机，大多数阿拉伯国家坚决反对伊拉克参加亚运会并要求开除伊拉克的亚奥理事会会籍。最后，亚奥理事会紧急召开临时代表大会，通过暂停伊拉克亚奥理事会会籍、禁止其参加亚运会的决定。约旦在海湾危机问题上持支持伊拉克的立场，因此约旦方面在亚奥理事会做出决定之后马上表态要拒绝参加北京亚运会。约旦一表态，另外几个支持伊拉克的成员如巴勒斯坦、也门等，也表示要撤回运动员拒绝参赛。中国方面紧急"救火"，有关负责人"找约旦奥委会参加亚奥理事会代表大会的代表谈话，希望他们留下来参加亚运会开幕式，并承诺将以贵宾规格接待他们……没有运动员也可以参加亚运会"[2]。经过中方诚恳劝说，约旦最后改口说因为经济上有问题，所以他们无法派运动员到北京；但是为表示支持中国办亚运会，在开幕式入场时，仍由旗手举着约旦国旗进场，在比赛场馆中也挂上约旦国旗，表示约旦出席了北京亚运会（参见：纪事本末·度尽劫波亚运在）。约旦立场的转化使另外几个表示要走的代表团也改变立场留下来参加了北京亚运会，这场危机终算消弭。

---

[1] 王灵桂、李绍先：《中东怪杰》，时事出版社，1999年，第244页。
[2] 魏纪中：《我的体育生涯》，新华出版社，2008年，第170页。

历届亚运会约旦所获奖牌

届　数	举办时间与举办地	金　牌	银　牌	铜　牌	总　计	备　注
1	1951年印度新德里	/	/	/	/	未参赛
2	1954年菲律宾马尼拉	/	/	/	/	未参赛
3	1958年日本东京	/	/	/	/	未参赛
4	1962年印度尼西亚雅加达	/	/	/	/	未参赛
5	1966年泰国曼谷	/	/	/	/	未参赛
6	1970年泰国曼谷	/	/	/	/	未参赛
7	1974年伊朗德黑兰	/	/	/	/	未参赛
8	1978年泰国曼谷	/	/	/	/	未参赛
9	1982年印度新德里	/	/	/	/	未参赛
10	1986年韩国汉城	0	3	1	4	
11	1990年中国北京	0	0	0	0	未派运动员参赛
12	1994年日本广岛	0	2	2	4	
13	1998年泰国曼谷	0	3	2	5	
14	2002年韩国釜山	0	0	2	2	
15	2006年卡塔尔多哈	1	3	4	8	
16	2010年中国广州	2	2	2	6	
17	2014年韩国仁川	0	2	2	4	
18	2018年印度尼西亚雅加达	2	1	9	12	
	总　计	5	16	24	45	

四十一、越南

国名：越南社会主义共和国

首都：河内

面积：约33万平方公里

人口：9758万（2020年数据）

参加亚运会届数：分裂时期6届（2—7）；统一时期9届（9、11—18）

承办亚运会届数：0届

古代时期越南与中国关系非常密切，秦朝曾在这里设置三郡，从汉朝到唐朝之前，这一地区基本处于中国历代王朝直接管辖之下；10世纪之后，几经改朝换代，与中国形成藩属关系，为中国的藩属国；1804年正式定国号为"越南"。19世纪法国殖民势力进入越南，1884年中法战争之后，越南沦为法国殖民地。其后越南经历过一段国家分裂又走向统一的历史，越南与亚运会的关系，也与这段分分合合的历史密切相关。

回顾一下越南分裂简要过程：第二次世界大战期间，日本军队赶走法国殖民者占领越南。1945年8月，借助日本投降的机会，越南民族领袖胡志明宣布越南独立，定都河内。接着，法国人卷土重来，重新占领越南南部地区，越南分裂为由法国控制的南越地区和胡志明政权控制的北越地区。从1946年12月起，胡志明领导北越与法国之间进行多年战争，一直打到1954年7月21日，在日内瓦召开的国际会议上签订《日内瓦协议》。根据协议，法国撤出越南并承认越南独立，不过独立后的越南并不是一个统一国家，而是以北纬17度线为界分裂为两个国家：北部名为越南民主共和国，首都河内；南部名为越南共和国，首都西贡（今胡志明市）。国际社会简称这两国为北越与南越（类似于东德与西德）。

越南分裂是我们在了解亚运会历史时必须要关注的问题，因为在越南分裂时期，只有南越参加亚运会，北越没有参加。由于分裂时期两个越南之间互不承认，此时正值世界上社会主义与资本主义两大阵营对抗的冷战时期，在阵营归属上，北越属于社会主义阵营，南越属于资本主义阵营，于是连带着两大阵营对于对方阵营中的那个越南也不承认。在我国早期亚运会资料中，一般将南越称之为"南越伪政权"[①]或"西贡政权"[②]。既然南越参加亚运会，北越就绝不会来参加，亚运会联合会的席位也就由南越一家占着（参见：表·历届亚运会参加成员名录）。

南越自1954年第2届亚运会开始参赛，第一次参赛时在奖牌上颗粒无收，但在1958年参加第3届亚运会时爆出个不大不小的冷门。这一届亚运会在日本东京举行，20世纪50年代正是日本乒乓球处于世界巅峰的时代，多次包揽世界锦标赛团体和单打冠军，所以日本借东道主之利将乒乓球列入亚运会比赛项目。这是乒乓球第一次进入亚运会比赛项目，日本人觉得包揽7枚金牌不在话下，没想到南越乒乓球运动员异军突起，在男子团体赛中，南越队6战6胜，尤其是以5：3战胜新科世界冠军日本队夺走冠军（当时乒乓球男子团体比赛赛制为九盘五胜制）；接着在男双比赛中南越队再夺一枚金牌。这两枚金牌对南越弥足珍贵，因为它们不仅是南越乒乓球队从当时世界顶级球队日本队手中争来的金牌，也是南越在其政权存续期间所参加6届亚运会中获得的全部金牌。

两个越南的出现并分属于不同阵营，是20世纪60年代越南战争爆发的直接原因。1954年日内瓦协议签订之初双方尚相安无事，进入60年代后，随着两个越南之间关系不断紧张恶化，南越危机四伏、风雨飘摇，紧急向美国求援，希望美国出手，帮助南越抵御来自社会主义北越的军事压力。西方阵营的老大美国经过一番权衡之后，最后决定出兵南越，著名的越南战争就此爆发。越南战争中的交战双方，一方是北越，得到来自社会主义阵营中国、苏联等国在人力、物力、财力各方面大力支持；另一方是美国和南越，得到西方阵营一些国家支持。越南战争持续十几年，美国终于耗不起了，双方开始和谈。1973年1月交战各方在法国签署关于解决越南问题的巴黎协议。根据协议，美军撤出南越地区，结束越南战争。美国撤军之后，北越发起统一越南的军事行动，南越失去保护，忽喇喇似大厦倾，1975年4月30日西贡被攻占，南越灭亡，越南全境获得统一。

越南统一之后将西贡更名为胡志明市，定国名为越南社会主义共和国，首都仍是河内。统一后的越南很快又陷入与周边国家的武装冲突之中，在这种情况下，越南的亚运会之旅变得很不正常。统一后的越南缺席1978年曼谷亚运会，之后参加1982年新德里亚运会，仅获得1枚铜牌，接着又缺席1986年汉城亚运会。

1990年第11届亚运会在北京举行。在越南分裂时期，中国一直是越南民主共和国（北

---

① 李兹：《亚洲运动会资料》，人民体育出版社，1974年，第25页。
② 中国体育年鉴编辑委员会：《中国体育年鉴1973—1974》，人民体育出版社，1982年，第74页。

越）的坚定盟友，中国体育界最早派遣的援外教练，就是1957年向北越派出的乒乓球教练。越南统一之后，从20世纪70年代后期开始，中越之间发生对抗和冲突，中越关系走入低谷，北京亚运会为两国关系的修复和改善提供了机遇。北京亚运会开幕之前，中越两国党政领导人经过磋商，就实现两党和两国关系正常化达成共识，从而为越南参赛扫清障碍。越南派出一支113人组成的体育代表团前来北京参加亚运会，并由元老级人物、部长会议副主席（副总理）武元甲领衔，中国破例准许越南体育代表团从尚属两军前线的友谊关入境前来北京。①北京亚运会上越南未获一枚奖牌，而且竞技状态很差，甚至出现在女子体操跳马比赛中，运动员不敢跃上跳马去做动作的场面。"然而，越南体育代表团的最大收获却是体育外交。"②"亚运外交"为中越关系改善起到良好作用，1991年11月，中越正式宣布实现两党和两国关系正常化。

这之后越南再没有缺席过亚运会。从1994年广岛亚运会起，越南每届都有金牌入账，成绩稳步提升，奖牌榜上的名次在20位上下徘徊。越南于2003年主办第22届东南亚运动会，排在奖牌榜第一，这个成绩对于越南毫无疑问是一种鼓舞和刺激，越南希望通过承办更高规格的亚运会，提高体育成绩，促进经济发展。2012年11月8日，在中国澳门召开的亚奥理事会会议上，越南河内战胜竞争对手印度尼西亚泗水，获得第18届亚运会主办权。

越南获得亚运会主办权两年之后，2014年4月17日，越南总理突然宣布河内放弃第18届亚运会主办权。越南放弃的理由涉及到经济状况不佳、经费筹集困难、缺乏民众支持等多种因素（详见：纪事本末·度尽劫波亚运在）。

虽然发生弃办亚运会事件，越南体育事业仍在继续前行，并且呈现出良好发展势头：2016年里约奥运会上，射击选手黄春荣在男子10米气手枪比赛中获得越南奥运史上首枚金牌；接着他又在男子50米手枪慢射比赛中获得银牌。最终，越南体育代表团凭着这1金1银的成绩居本届奥运会奖牌榜第48位，刷新越南体育在奥运奖牌榜上的排名纪录。③2016年越南承办第5届亚洲沙滩运动会，获得奖牌榜首位的成绩。2022年5月，越南主办第31届东南亚运动会，这是越南第二次承办这项赛事，越南再次夺得奖牌榜第一名。

---

① 伍绍祖：《弘扬北京亚运精神》，《伍绍祖文集》（体育工作卷·第一卷），人民出版社，2008年，第200—201页。
② 王士录：《当代越南》，四川人民出版社，1992年，第342页。
③ 刘咸岳、黄铮：《越南国情报告》（2017），广西人民出版社，2017年，第228页。

历届亚运会越南所获奖牌

届 数	举办时间与举办地	金 牌	银 牌	铜 牌	总 计	备 注
1	1951年印度新德里	/	/	/	/	未参赛
2	1954年菲律宾马尼拉	0	0	0	0	参赛者：南越
3	1958年日本东京	2	0	4	6	参赛者：南越
4	1962年印度尼西亚雅加达	0	0	1	1	参赛者：南越
5	1966年泰国曼谷	0	1	1	2	参赛者：南越
6	1970年泰国曼谷	0	0	0	0	参赛者：南越
7	1974年伊朗德黑兰	0	0	0	0	参赛者：南越
8	1978年泰国曼谷	/	/	/	/	未参赛
9	1982年印度新德里	0	0	1	1	
10	1986年韩国汉城	/	/	/	/	未参赛
11	1990年中国北京	0	0	0	0	
12	1994年日本广岛	1	2	0	3	
13	1998年泰国曼谷	1	5	11	17	
14	2002年韩国釜山	4	7	7	18	
15	2006年卡塔尔多哈	3	13	7	23	
16	2010年中国广州	1	17	15	33	
17	2014年韩国仁川	1	10	25	36	
18	2018年印度尼西亚雅加达	4	16	18	38	
总 计		17	71	90	178	

四十二、中国

国名：中华人民共和国

首都：北京

面积：陆地面积约960万平方公里

人口：14.43497378亿人（其中：大陆31个省、自治区、直辖市和现役军人的人口共14.11778724亿人。国家统计局《第七次全国人口普查公报》）

参加亚运会届数：12届（7—18）

承办亚运会届数：2届（1990年第11届，北京；2010年第16届，广州）

1. 首秀惊艳德黑兰

1951年3月第1届亚运会在印度新德里举行，印度向中国发出参赛邀请。中国虽然接受邀请，但未参赛，仅派出一支由官员和各界人士组成的9人代表团观摩了首届亚运会。中国之所以没有派运动员参赛，根据相关著作分析主要原因在于：其一，新中国成立不久，百废待兴，中心工作是抗美援朝；其二，此时中国的体育运动水平不高，比较注重和社会主义国家之间的体育交流，对于参加国际性体育赛事重视不够；其三，全国性体育组织尚在改组筹建期，没有向国际奥委会备案和联系，中国也不是亚洲运动会联合会的成员。①由于中国没有借此机会加入亚运会，从而留下遗憾。1954年第2届亚运会是在与中国没有外交关系的菲律宾举行，台湾当局抓住这个机会，打着"中华民国"的旗号参加了第2届亚运会，并顺势加入亚运会联合会，参加了之后的第2、3、5、6届亚运会，"从此，我国未同亚运会联合会发生任何联系"②。围绕中国台湾的参赛问题，在第4届亚运会期间还发

---

① 范江怀、李吟：《历届亚运会博览》，科学普及出版社，1990年，第4页；崔乐泉：《中国奥林匹克运动通史》，青岛出版社，2008年，第221页。
② 《亚运会联合会理事会批准执委会决议　确认我国为会员并驱逐蒋帮》，《人民日报》，1973年11月17日。

生巨大风波（详见：纪事本末·度尽劫波亚运在）。

1973年，亚运会联合会通过支持中国参加亚运会和驱逐台湾的决议（详见：纪事本末·"亚运外交"写传奇）之后，中国决定组团参加1974年第7届德黑兰亚运会。此时中国正处于"文革"期间，加之与国际体育界基本隔绝多年，在中国组团以及参赛的整个过程中，面临着和发生了许多从未遇到过的问题。当时主持国务院工作的副总理邓小平分管体育工作，他对此投入极大精力。根据《邓小平年谱》中的记载，仅在1974年7月和8月这2个月时间内，邓小平批阅和批示关于中国参加亚运会各项事宜文件9份；出席相关会议和接见活动并发表谈话5次；中国体育代表团出发前邓小平接见全体团员，到机场送行；归来时又到机场迎接，出席欢迎大会并再次接见全体团员。可以说，中国第一次参加亚运会的全局工作都在邓小平统领之下，他作出的批示、发表的讲话，涉及的内容既庞杂又琐细，其中有些问题今日的中国人看来会感觉有点不可思议，但在那时，处理不当就会惹出风波。例如，中国体育代表团出征之前，中华全国体育总会主席、代表团团长赵正洪就参赛中可能会遇到的有关问题请示邓小平，邓小平一一给予明确解答。相关资料中是这样记载的：

赵正洪问：我国与以色列没有外交关系，按照惯例，各国取得比赛前三名时，都要升国旗，在场的全体人员起立。那么，在升以色列国旗时，我们起立不起立？

邓小平答：到时候，你们站起来背对着，或者侧身对着以色列国旗就行了。

赵正洪问：足球比赛我们与朝鲜编在一个小组。比赛时如朝鲜队犯规，判我队罚点球，如何才能不影响中朝友谊？

邓小平答：让我们的运动员往球门外踢不就行了。

赵正洪问：伊朗为我国参加亚运会及争取参加单项比赛出了很大的力，如果两队决赛碰到一起怎么办？

邓小平答：口袋里余下两块金币应该拿一块还债。①

1974年9月1日，来自中华人民共和国的体育代表团第一次出现在亚运会开幕式现场。中国男篮运动员张大维高举国旗，在9名手持花束的女运动员护卫下为先导，引领身穿白领、海蓝色裙衣的女运动员和穿着深灰色制服的男运动员队伍入场。多年来中国与外部世

---

① 元恒：《邓小平与亚运会》，《福建党史月刊》，2002年第8期，第9页。

界很少交往,"文革"时期的中国,民众着装普遍色彩灰暗,款式单调,女性几乎不穿裙装,高跟鞋也被视为资产阶级的奇装异服难觅踪影。如今身穿彩色裙装、足踏高跟鞋的中国姑娘亮相德黑兰,着实让世界民众包括中国民众在内都眼前一亮。中国女篮运动员罗雪莲以亲历者的身份描述了这段经历:中国体育代表团的入场服装经过专门设计,为的是在亚运会上展现中国人的精神风貌。当中国体育代表团出现在德黑兰机场,立刻引起轰动。中国女篮一群身材高大的姑娘,穿着领口打着白色蝴蝶结的长裙往大厅一站,简直成了德黑兰机场的新景观。来自世界各国的记者,将镜头纷纷对准中国姑娘。他们突然发现中国姑娘还穿着高跟鞋,一帮记者们立刻趴在地上一个劲地按快门,第二天德黑兰各大报纸居然刊登了中国姑娘们穿着高跟鞋的脚部特写照片。穿惯长衣长裤的中国女运动员们穿上裙装练习入场式,都有点不知道怎么迈步。因为平时只穿平底鞋,所以入场式上中国女运动员穿着高跟鞋围着体育场走了一圈以后,有的人脚后跟磨出水泡,后来因感染发炎,只能将运动鞋的后跟部挖个洞穿上后去打比赛。①

德黑兰亚运会共设16个比赛大项,中国体育代表团参加其中14个大项的比赛,这些项目基本都是中国的传统强项或是具有竞争实力的项目,唯一例外的是摔跤项目。中国摔跤队是"文革"当中被最先解散的运动队之一,队员们星散全国,也不再从事这项运动。中国本不打算参加摔跤比赛,然而此时冒出来一个非亚洲国家——南斯拉夫,该国摔跤协会致函中华体育总会,要求中国无论如何要派摔跤选手去参加亚运会。原来,南斯拉夫当时正在国际摔跤联合会里提交驱逐台湾恢复中国席位的议案,这一议案遭到某些国家质疑,理由是中国已经取消摔跤运动也没有摔跤运动员,所以南斯拉夫要求中国必须派员参赛,以证明中国的摔跤运动和组织依然健在。人家的一番好意自然不能辜负,国家体委经过一番努力,总算找回来3名运动员,组建起中国摔跤队。这3名运动员脱离摔跤日久,技艺生疏一身赘肉,虽然临阵磨枪一阵猛练,但一上赛场就窘相毕露,毫无招架之力,3名运动员的成绩都是垫底,也算是为体育外交的需要作出了牺牲。②

第一次亮相亚运会赛场的中国运动员获得33金28银17铜,在奖牌榜上排在日本和伊朗之后位列第三。中国的加入,非常明显地提升了亚运会竞技水准的档次和含金量。中国在传统强项乒乓球、羽毛球、体操、跳水等项目比赛中夺金摘银如切瓜砍菜一般。以乒乓球为例,第4届亚运会日本包揽7枚金牌,第5届亚运会又夺得6枚金牌,第6届亚运会未设乒

---

① 罗雪莲:《难忘的第一次亚运会》,《新体育》,1999年第2期,第41页。
② 闫连俊:《德黑兰亚运会见闻》,江和平、岑传理主编:《见证体育》,中国广播电视出版社,2011年,第97页。

乒球项目，而第7届亚运会中国参赛之后，一举拿下乒乓球项目的6枚金牌，日本只得到1枚。其他项目如羽毛球中国获得7枚金牌中的5枚，体操拿了15枚金牌中的8枚，跳水则包揽全部4枚金牌。

初登亚运会赛场，中国民众都希望体育健儿一飞冲天，多得奖牌，但其间还有许多国际关系和外交的因素必须兼顾。《人民日报》的社论也特别强调这一点："我国运动员本着'友谊第一比赛第二'的精神，参加了这次亚运会。"①东道主伊朗为中国参加亚运会费心出力，赵正洪团长自然也不会忘记邓小平的"金币"之说，水球比赛的结果恰如其分地诠释了这种非常微妙的情形。水球比赛一共有7支队参加，采用大循环赛制。待到中国队和伊朗队交手之前，比赛形势是：中国、日本和伊朗三队同分，中国队和伊朗队对日本队的比赛均打成平手，对其他队保持全胜；中伊两队都只剩下一个排名垫底最弱的对手科威特队未赛。显然，中伊两队之间的比赛，胜者就是冠军，负者为第三名，日本获第二名；中伊两队若打平，最后一场都是对科威特队，取胜毫无问题，将以净胜球决定冠亚季军名次。中伊之战，根据中国记者的现场报道："在比赛中出现了十分动人的场面。中国水球队和伊朗水球队的比赛被称为'一场真正的友谊赛'……中伊两队运动员手拉手进入场地，当最后打成五比五平局后，双方队员很快游到一块，在清澈的池水中热烈拥抱。"②之后，中国队以25∶4战胜科威特队，伊朗队则以32∶1战胜科威特队。中国、日本和伊朗三队同分，净胜球为：伊朗56，中国47，日本39；名次为：伊朗队冠军，中国队亚军，日本队季军。颁奖仪式上，兴奋的伊朗观众抬着本国运动员绕场一周，还把伊朗游泳协会主席抬起来抛进游泳池里以抒发喜悦之情。中国运动员则表示："友谊重于金牌。通过比赛增强亚洲人民的团结，才是真正的目的。"③

2.两级跳跃登榜首

中国加入亚运会之后，成为已称霸亚运赛场20多年的日本最强劲的对手，在第7届亚运会奖牌榜上，虽然中国排在日本和伊朗之后名列第三，但伊朗是借助东道主因素，不足为凭，中国的实际竞争对手只有日本。第7届亚运会中日金牌数是日本74枚对中国33枚，

---

① 《加强团结　共同前进——热烈祝贺第七届亚洲运动会胜利闭幕》，《人民日报》，1974年9月17日。
② 《新体育》记者：《为了友谊和团结——中国运动员在德黑兰》，《新体育》，1974年第10期，第24页。
③ 新华社记者、人民日报记者：《友谊重于胜负》，《人民日报》，1974年9月13日。

中日之间差距相当明显。中国的短板主要是田径和游泳这两个金牌大户项目：田径金牌是日本10枚对中国5枚，而游泳则是日本22枚对中国0枚！

1978年第8届亚运会中日双方在田径场上的较量十分激烈，多个单项冠亚军都是在中日选手之间产生，一进一出关系重大，媒体重点报道的女子跳高比赛就是典型例证。这一项目金牌竞争在日本选手八木玉美与中国选手郑达真之间进行，两人都是本国女子跳高第一人。20岁的八木玉美身高只有1米64，但却连连创造亚洲女子跳高纪录。1978年10月距离亚运会开幕仅2个月的时候，八木玉美在一次比赛中以1米90成绩创造亚洲女子跳高新纪录，这个高度超过她自己身高26厘米，使她成为当时世界上跳出超过自己身高最多的女运动员。虽然八木玉美夺冠呼声最高，却遇到19岁中国女将郑达真的挑战，在巨大的压力下，八木玉美居然止步于1米82。郑达真则跳过1米88高度，虽然向1米91亚洲新纪录进行冲击未果，依然夺得本届亚运会女子跳高金牌。八木玉美这一次失手之后，再也无缘亚运会比赛，虽然她曾是亚洲女子跳高第一人，却缺少这枚分量最重的亚运会金牌。①中国田径队这一届打了翻身仗，以金牌数12枚超过日本的10枚。

中国第二次参加亚运会，三军用命，排在奖牌榜第二位置，中日之间的金牌比是日本70枚对中国51枚。这一届成绩拖后腿的项目依然是游泳，两国游泳项目金牌数的差距扩大到日本25枚对中国0枚！

20世纪70年代末，中国进入改革开放时期，中国体育界也在1979年适时地提出"冲出亚洲走向世界"的战略目标。②要实现这个目标，首先就需要在亚运会上战胜日本，坐上亚洲体坛第一把交椅。改革开放后的中国全方位地发生着改变，体育界在参加国际性大赛时，也基本不再受到国家对外交往中一些关系因素的掣肘，可以更专注于单纯性的竞技较量。1981年4月22日国务院在批转国家体委报告的批示中，对竞技体育"冲出亚洲走向世界"的战略目标明确指向为亚运会和奥运会："广大体育工作者要继续努力，勇攀世界体育高峰，创造优异成绩……要认真做好参加1982年亚运会和1984年奥运会的各项准备工作。"③

1982年11月，经历过两届亚运会大赛磨练之后，中国第三次出现在亚运会赛场。为战

---

① 杨丁新：《郑达真与八木玉美》，《新体育》，1979年第1期，第12—13页。
② "冲出亚洲走向世界"的提法，最早见诸于1979年9月10日的《体育报》头版，刊发了一篇名为《冲出亚洲，走向世界》的评论文章。
③ 《国务院批转国家体委关于省、市、自治区体委主任会议的几个问题的报告》，国家体委编：《中国体育年鉴1981》，人民体育出版社，1984年，第30页。

胜日本夺取亚洲第一之位，中国体育界进行充分备战，做好了赶超日本的各项准备。亚运村中国体育代表团团部的门上，贴着一张图表，上面是每日更新的中日两国金银铜牌数量对比表，①中国军团在赛场上全面出击，强项如乒乓球、羽毛球、跳水、体操、女排等继续保持垄断地位，一些弱项也捷报频传，甚至创造出世界最好成绩。最精彩的场面出现在男子跳高比赛，中国选手朱建华越过2米33高度，这已是当年世界男子跳高最好成绩。此时体育场内"数以万计的观众同时挥手高喊：'2米37！''2米37'"②！期待朱建华打破2米36的世界纪录。尽管朱建华3次试跳失利未能创造世界纪录，但他的表现和成绩成为赛场一大亮点，他也因此荣获本届亚运会唯一的"最佳运动员"（朱建华后来在2年内3破世界纪录，将世界纪录提高到2米39，国际奥委会主席萨马兰奇专门发来贺电，祝贺朱建华创造出"了不起的世界纪录"）。新德里亚运会的最终结果，中国以61枚金牌压倒日本的57枚金牌，从第7届亚运会到第9届亚运会，两步大跳跃，成为亚洲体坛霸主。中国取胜关键之一是游泳项目的突破。经过几年强化，游泳项目在这届亚运会实现了金牌零的突破，获得3枚金牌，虽然数量上与日本游泳队的21枚金牌无法相比，但这3枚金牌的作用非常关键，因为中国最终是以金牌总数超过日本4枚的优势获胜，而中国游泳队所取得的3枚金牌全部是在与日本选手对抗中夺得，彼失即我得，关系重大，否则中国就无法在本届亚运会实现超越日本的目标。

继1982年亚运会中国成为亚洲体坛霸主之后，1984年洛杉矶奥运会上，中国体育代表团不仅实现了奥运金牌零的突破，而且在苏联、东德等国抵制本届奥运会的情况下，以15枚金牌的总数排在奖牌榜第4位。亚运会和奥运会的优异战绩极大地振奋了中国民众的精神，当中国体育代表团来到1986年汉城亚运会赛场时，美联社从汉城发出报道称："在这个一度认真谈论要努力成为亚洲第一和'通过体育广交朋友'的国家里，中国人现在毫不掩饰他们渴望在同世界强队比赛时取得大胜的心情。"③从1974年中国首次参加亚运会开始，12年过去，中国竞技体育实力飞速增长，所有的人都认为中国体育代表团会轻松地战胜所有对手。上一届亚运会中国与韩国的金牌数之比是61：28，尽管韩国是这一届亚运会的东道主，但也不会对中国构成威胁。没料想韩国人4年时间内养精蓄锐，凭借东道主优势向中国发起猛烈冲击，中韩两国金牌数紧紧咬住，赛况胶着，气氛紧张，就连《人

---

① 鲁光：《在亚运村里——随中国体育代表团散记》，《新体育》，1983年第1期，第4页。
② 彭瑞高：《横杆前的自信》，《新体育》，1983年第1期，第7页。
③ 美联社汉城1986年10月5日电：《中国正谋求在二〇〇〇年成为世界体育强国》，《中国体育年鉴》编辑部编：《第十届亚洲运动会》，人民体育出版社，1988年，第201页。

民日报》都连日发表新闻报道文章，盘算着金牌的归属与数量。①汉城亚运会最终结果，中国与韩国的金牌比为94∶93，中国只领先韩国1枚金牌，亚洲体坛榜首之位差一点被韩国夺走；总奖牌数则是222∶224，韩国还多出中国2枚（参见：纪事本末·亚洲一哥属谁家）。中国体育代表团事后总结，认为主要原因除了大意轻敌，还有就是对韩国备战亚运会的情报收集和判断有误。亚运会之前，国家体委有关部门曾专门为参加亚运会报道的媒体记者开过几次吹风会，由各运动队介绍备战情况以及对手情况。吹风会上认为田径项目韩国最多拿2枚金牌，乒乓球项目我国包揽7枚问题不大。②实际上，韩国田径项目获得7枚金牌，乒乓球项目获得3枚，其中包括中国人最看重的男女团体赛金牌。由于这些金牌基本上都是在与中国运动员争夺之中获得，此长彼消，中国差一点大意失荆州。

不过这样的场面仅仅出现这么一次，1990年北京亚运会，中韩日三家的金牌比为183∶54∶38，领先优势之大前所未有。之后历届亚运会，中国始终保持着绝对领先优势，亚洲老大铁板钉钉，地位无可动摇。

到20世纪90年代，中国体育界实现了"冲出亚洲"的战略目标，"这一时期的亚运会是中国竞技体育的主要参赛目标，在中国竞技体育的发展中扮演了重要的角色，功不可没"③。针对"走向世界"的更高战略目标，亚运会在中国体育战略中的地位从90年代之后开始进行调整。当时体育界算过一笔账：1990年北京亚运会中国获得183枚金牌，而2年后在1992年巴塞罗那奥运会获得16枚金牌，二者之比为11.4∶1；韩国在北京亚运会上获54枚金牌，巴塞罗那奥运会获12枚金牌，二者之比是4.5∶1。也就是说，用巴塞罗那奥运会金牌衡量北京亚运会金牌，韩国金牌含金量三倍于中国。于是，大约在1993年到1994年期间，中国体育界将亚运会定性为"中考"，"从那个时候开始，亚运会就不再作为中国竞技体育的主攻目标，而是被列为奥运会'高考'的一个备战过程"④。奥运会被定性为"高考"之后，按照"奥运战略"要求，中国体育代表团在亚运会上要确保第一位置的同时，还要承担为参加奥运会培养优秀年轻选手的重任。随着媒体和国人移情于奥运会，亚运会的关注度在媒体和国人的视野中逐渐淡去。

---

① 薛文婷、邢学波：《论〈人民日报〉亚运会报道中亚洲叙事的嬗变》，北京体育大学学报，2011年第11期，第21页。
② 陈昭：《信息不灵的苦果》，《新体育》，1986年第11期，第37页。
③ 叶欣：《亚运会在中国竞技体育中的定位与作用》，《广州体育学院学报》，2011年第1期，第21页。
④ 老梁：《"中考"也是考试》，《新体育》，2002年第11期，第46页。

3.三办亚运京穗杭

到目前为止，一共有9个国家的14座城市承办亚运会，其中包括中国的3座城市北京、广州以及即将举办亚运会的杭州。承办亚运会既是一个国家和一座城市经济实力的体现，也是这个国家和这座城市对亚洲体育运动发展做出的积极贡献。

早在中国第一次参加亚运会之时，就出现中国何时举办亚运会这一话题。1974年9月20日，邓小平到机场迎接参加第7届德黑兰亚运会后凯旋而归的中国体育代表团，伊朗驻华大使也一同前来迎接。伊朗大使向邓小平表示，第8届亚运会将在巴基斯坦举行，希望中国能够承办第9届亚运会。邓小平答道："如果朋友们都支持，我们对举办亚运会是不会拒绝的。"[1]说来也巧，1975年巴基斯坦因为政局不稳，加之财政困难，巴基斯坦宣布放弃承办，希望由中国来接办。此时中国还在"文革"期间，国内社会和经济的现状显然无法接手。之后，亚奥理事会又希望中国能承办1982年亚运会，中国仍然没有松口。

1982年新德里亚运会时，中国击败日本坐上亚洲体坛第一把交椅。担任中国体育代表团团长的是国家体委副主任陈先，就在新德里，就在这个胜利的时刻，他萌发出中国应该举办亚运会的想法。回国之后，陈先找到国家体委主任李梦华，向李梦华提出中国举办亚运会的提议。陈先的提议正合李梦华所愿，1983年初，李梦华召开国家体委办公会议专门研究这一事宜。会上，中国举办亚运会的提议得到与会者积极响应，李梦华在会议总结发言中说："我们光享有参加的权利，而不承担举办的义务，也是说不过去的……该到着手筹办的时候了。""经过了一番准备，国家体委正式向国务院上报'关于正式举办第11届亚运会的报告'"[2]，并成立由陈先牵头的亚运筹办小组。[3]1983年8月24日，中国奥委会主席钟师统致电亚奥理事会主席法赫德，表达中国北京举办1990年第11届亚运会的意愿，而正式申办的函件于1984年3月7日发出。

与此同时，日本广岛市也提出申办1990年亚运会请求，希望以此作为广岛建市100周年纪念。1984年9月，亚奥理事会在韩国汉城开会，决定1990年亚运会主办地。国内有些文章对中日之间在汉城的竞争做了绘声绘色的描述，说日本"会前幕后四处游说……使尽浑身解数"[4]，最后经过一番斗智斗勇，中方挫败日方获得亚运会主办权；而当北京

---

[1] 中共中央文献研究室：《邓小平年谱》（第3卷），中央文献出版社，2020年，第715页。
[2] 钱江、缪鲁：《激荡的亚洲魂——第11届亚运会纪实》，百花洲文艺出版社，1991年，第18页。
[3] 杨锦等：《中国亚运纪实》，群众出版社，1990年，第3页。
[4] 洪中：《确定中国举办第十一届亚运会始末》，《学校思想教育》，1990年第4期，第4页。

副市长张百发在北京获得主办权后欲与广岛市长握手时,"对方却板着脸,拂袖愤然而去"①。其实,这类描写只能说是一种情绪化的文学笔法演绎,与实情不符。实情是:虽然当年日本发动侵华战争的历史经常成为中日关系发展的症结,但中日体育界之间仍然关系和睦交往频繁(详见:纪事本末·"亚运外交"写传奇)。为申办第11届亚运会,北京和广岛事前都做了大量工作,亚奥理事会也分别考察过这两座城市。在这一过程中,广岛意识到他们竞争对手实力太强,"广岛人毕竟是机敏的,他们已经清楚地察觉到,决定主办权的天平正在向北京倾斜"②。1984年8月,也就是汉城会议之前1个月,"在洛杉矶奥运会期间,(亚奥理事会主席)法赫德亲王亲自安排中日双方进行磋商。日方知道法赫德和中国人的心思"③,广岛方面于是提出变通方案:他们支持中国举办1990年亚运会,换取中国支持广岛举办1994年亚运会。这个新方案既满足中国的申办请求,也为亚奥理事会解了围,而且一揽子确定两届亚运会主办地,可谓一箭三雕。也就是说,中日之间其实是"经过激烈竞争和友好协商"④,再加上亚奥理事会主席法赫德亲王从中斡旋,在汉城会议之前已经形成解决方案。根据时任中国奥委会秘书长、北京亚运会组委会副秘书长兼联络部部长魏纪中先生的说法:在北京申亚问题上,中国体育界清楚日本是"让"了,也愿意领这个情,帮助广岛办好亚运会。⑤不过印度尼西亚表示不满,因为印度尼西亚亦有举办1994年亚运会的打算,这个方案等于断了他们的路,因而坚决反对两届亚运会主办权一揽子解决方案。所以,1984年9月亚奥理事会汉城会议,实际上要解决的,是要不要将1990年和1994年两届亚运会主办地一并定下来。9月28日大会进行表决,以43票赞成、22票反对、6票弃权,通过由北京主办1990年亚运会和广岛主办1994年亚运会的决议。会场上出现这样一幕:"日本广岛市长首先站起来,走到身着黑色西装的张百发面前,两人紧紧拥抱。两届亚运会主办权之争到此落下帷幕。这场亚运会主办权之争,开始是有些互不相让,但最后终究化作了深厚的友情。体育世界里,有许多事情就是这样美好。"⑥

北京亚运会是中华人民共和国成立以来举办的最大规模的综合性国际体育赛会,中国

---

① 杨锦等:《中国亚运纪实》,群众出版社,1990年,第7页。
② 钱江、缪鲁:《激荡的亚洲魂——第11届亚运会纪实》,百花洲文艺出版社,1991年,第29页。
③ 李静轩:《初显实力——北京成功举办第十一届亚运会》,吉林出版集团有限责任公司,2010年,第4页。
④ 中共中央党校理论研究室编,刘海藩主编:《中华人民共和国国史全鉴·体育卷》,中央文献出版社,2005年,第323页。
⑤ 魏纪中:《我的体育生涯》,新华出版社,2008年,第105页。
⑥ 钱江、缪鲁:《激荡的亚洲魂——第11届亚运会纪实》,百花洲文艺出版社,1991年,第31页。

希望借此良机充分地向亚洲和世界展现中国改革开放以来的巨大变化。中国一心渴望将北京亚运会办成亚运史上最完满的盛会，1986年亚运会工程建设动工，亚运会工程总投资人民币20多亿元，新建79个比赛场馆和练习场馆，①1990年4月底全部竣工交付使用。北京亚运会组委会拥有17645名工作人员，下设52个部门、359个处级机构，另有志愿人员9253人。②事实证明：北京亚运会确实成为到当时为止亚运会史上规模最大、比赛项目最多、竞技水平最高的赛事，中国也彻底奠定了亚洲体育第一强国的地位。从更深远的意义来看，"亚运会的成功举办，极大地缓和了当时紧张的国际关系……大大促进了中国与周边国家的友好关系，为中国创造了有史以来最好的周边环境"③。

　　北京亚运会丰硕的成果之中，最具影响力的就是北京亚运会催生了北京奥运会。中国举办奥运会的意愿，自一开始就与举办亚运会相连。1983年10月21日，国家体委在向国务院提交的《关于进一步开创体育新局面问题的请示》中提出："拟在1990年举办亚运会，争取在本世纪末举办奥运会。"④其实此时中国刚刚有了申办北京亚运会的想法，连带着一并产生举办奥运会的意向。数年之后，北京亚运会由愿景变成现实的巨大成功，直接促使中国下定申办北京奥运会的决心。1990年7月3日，邓小平到竣工不久的亚运会场馆视察，"走到奥林匹克中心体育场的看台走廊上时，他突然停下了脚步，对国家体委和北京市的领导同志说：'我看这些新建的体育设施都不错，办个奥运会也差不多，为什么不争取在我国办一次奥运会呢？'……在小平同志的指示指引下，当1990年北京亚运会取得圆满的成功之后，中国马上投入了申办2000年奥运会的准备。"⑤媒体也迅速跟进，提出"办亚运，看奥运""我们应该争办奥运会"⑥。1990年10月10日，北京亚运会闭幕之后仅3天，国家体委召开委务会议总结北京亚运会，国家体委主任伍绍祖向与会者宣布："关于2000年奥运会办不办的问题已经解决了，就是要办，小平同志有了指示，中央政治局常委们也画了圈……在认真总结北京亚运会的基础上，我们将正式提出申请。"⑦1991

---

① 李静轩：《初显实力——北京成功举办第十一届亚运会》，吉林出版集团有限责任公司，2010年，第12页。
② 刘岩：《亚运数字实录》，《新体育》，1990年第12期，第30页。
③ 宋鲁增：《坚持为国家整体利益服务的我国体育外事工作》，国家体育总局编：《拼搏历程 辉煌成就——新中国体育60年》（综合卷），人民出版社，2009年，第175页。
④ 国家体委：《中国体育年鉴1983—1984》，人民体育出版社，1987年，第64页。
⑤ 魏纪中：《我看中国体育》，三联书店，2005年，第318页。
⑥ 张宝山：《办亚运，看奥运——浅谈中国争办奥运会》，《体育博览》，1990年第7期，第4页。
⑦ 伍绍祖：《要认真总结北京亚运会》，《伍绍祖文集》（体育工作卷·第一卷），人民出版社，2008年，第177页。

年2月22日，北京亚运会闭幕之后4个半月，北京市政府正式向中国奥委会提出举办2000年奥运会的申请。历经10年时间，经过两次申办，北京终于在2001年获得2008年奥运会主办权。

2004年7月1日，在卡塔尔多哈举行亚奥理事会全体会议，会议的议题是确定2010年第16届亚运会举办权。由于进行现场陈述报告的只有中国广州一座城市，所以当广州代表做完陈述报告之后，会议以鼓掌通过的方式，决定广州为第16届亚运会的举办城市。

广州萌发举办亚运会的念头非常早，"早在1987年第6届全运会期间，广州就提出了承办亚运会的意愿"①。事情的起因是北京在获得1990年第11届亚运会主办权之后，向国家申请13亿元的财政支持，而国家计划部门只拟拨7亿元，与北京的需求缺口较大。当时广州为举办第6届全国运动会，投资3亿元兴建了改革开放后中国第一座现代化大型综合体育场所——广州天河体育中心，听到这个消息之后，广州市政府在国家计委有关领导建议下，提出只要国家财政3.5亿元资金就行，让广州来接手承办第11届亚运会。按照亚奥理事会相关规定，原定的亚运会举办城市不能轻易更改，所以广州这一想法没能落实，但举办亚运会的想法已然萌生。2002年3月，广州市第十一届人大五次会议上，广州部分人大代表提交一份名为《十年大变广州应申办亚运会或东亚运动会》的议案，提议广州市应申办2010年亚运会，远期在本世纪中叶申办奥运会。②2002年10月10日，广州市体育局提交《关于广州市申办2010年亚运会的紧急请示》的报告，这是第一份以书面形式提出广州申办亚运会的文字材料。12月12日，国务院办公厅正式复函，同意广州申亚。

广州申亚工作启动之后，获悉上海也有申办2010年亚运会意向的消息，不免让广州方面感到紧张和压力。广州方面向上海方面进行摸底，上海方面的回复是：上海早在几年前就已启动申亚工作，不过现在上海正在申办2010年世博会，若申博成功可放弃申亚，若申博不成功则继续申亚。结果上海申办2010年世博会成功，使广州少了一个来自国内的最大竞争者。③

相继提出申办2010年亚运会的还有约旦安曼、韩国釜山和马来西亚吉隆坡。④广州为

---

① 广州亚运会志编纂委员会：《广州亚运会志》，广州出版社，2014年，第45页。
② 广州亚运会志编纂委员会：《广州亚运会志》，广州出版社，2014年，第49页。
③ 方达儿等：《亚运掘金：广州亚运会赞助商营销历程》，华南理工大学出版社，2010年，第146—147页。
④ 广州亚运会志编纂委员会：《广州亚运会志》，广州出版社，2014年，第77页。但有媒体报道其他几家申办者是卡塔尔多哈、印度新德里和马来西亚吉隆坡，何子：《香港：秣马厉兵申亚运》，《光明日报》，2000年3月21日。

此展开申亚攻势，先后派出10批次共81人次的申亚代表团出访亚洲28个国家。北京亚运会的成功和中国的大国气势给亚奥理事会官员留下深刻印象，亚奥理事会主席艾哈迈德亲王会见广州出访代表团时直言不讳："凡是中国希望办的事，我都会支持。广东广州想申办2010年亚运会，首先科威特的票会投给广东广州；我身为主席，我的票也会投给广东广州。"[1]后来，随着安曼、釜山和吉隆坡陆续退出申亚，广州是在无任何竞争对手的情况下，未经投票表决程序，直接获得主办权。

广州亚运会是亚运会第3次在一座非首都城市举办（前2次分别是1994年日本广岛和2002年韩国釜山）。北京亚运会之后20年，中国发生了巨大变化，亚运会在中国体育战略中的位置已经边缘化，被视为奥运会之前的"中考"；对广州而言，已经无需像北京举办亚运会时那样承担着全中国寄托的重负，其政治、经济和社会作用，也更多地服务于区域性的珠三角地方发展："广州承办亚运会，是广州从中国南方综合城市升格为亚洲知名城市、国际化都市、世界城市体系中的重要节点城市的有利依托。"[2]如果说当年北京办亚运是举国之力，而今广州办亚运只需举一省之力。我们可以与20年前北京亚运会时做一个比较："1989年，中国GDP为15677亿元；2009年，广州GDP超过9000亿元，是20年前全国GDP的60%；而广州所在的广东省，2009年GDP更是达到了39081亿元，是20年前全国经济总量的2.5倍。"[3]广州亚运会资金总投入有两个数据，一个是与亚运会直接相关的数据，根据广州亚运会审计报告，"截至2011年4月30日，为举办广州亚运会和亚残运会投入的资金共计174.78亿元"[4]。另一个数据则包括城市基建等项目在内，根据2010年10月13日广州市市长在国务院新闻办新闻发布会上的披露，广州亚运会总投入是1200多亿元，其中包括城市面貌和环境改善资金1090亿元。[5]为举办亚运会，广州市新建比赛场馆12个，新建运动员村、媒体村、技术官员村、国际广播电视中心、主新闻中心、亚运会开闭幕式主场地等非竞赛场馆以及改造场馆58个。

广州亚运会举办时间是在北京奥运会2年之后，中国在北京奥运会上战胜美国，首度排在奥运会奖牌榜第一，这个成绩和地位，使广州亚运会对中国观众已经很难再产生竞技体育意义上的吸引力。挟北京奥运会余威，中国运动员依然如狂飙席卷亚运会赛场，广州

---

[1] 广州亚运会志编纂委员会：《广州亚运会志》，广州出版社，2014年，第65页。
[2] 姚华松：《论"广州亚运会"的七大关系》，《特区经济》，2009年第8期，第27页。
[3] 新华社广东分社：《超越梦想》，广东人民出版社，2011年，第26页。
[4] 广州亚运会志编纂委员会：《广州亚运会志》，广州出版社，2014年，第1034页。
[5] 《中国经济周刊》研究部：《1200亿亚运的钱花在哪儿》，《中国经济周刊》，2010年第40期，第73页。

亚运会第一个比赛日，中国体育军团狂扫19金，最后共获得金牌199枚（占这届亚运会金牌总数约42%），再创历史新高，让当年北京亚运会的183枚金牌相形见绌。不过，中国的媒体似乎对此并不领情，事后有媒体发表评论认为："一家独大，看似可谓独领风骚。但会导致亚洲体育失衡，使其他参与者感到沦为陪衬。"①

中国巨大的经济体量和广东雄厚的地方经济实力，使广州仅凭借珠三角地区一省之力，就将亚运会从申办到举办的整个过程完成得顺风顺水，花好月圆；不过奖牌过于集中也从另一个侧面衬托出亚运会可持续发展的问题。这个问题早在1994年广岛亚运会时期就引起亚奥理事会的关注，并因此制定了奖牌分享战略，希望改变亚运奖牌过多集中在几个大户手中的状况，让更多的亚奥理事会成员能够在亚运会上分享奖牌，以增强荣誉感，提高参与度，为亚运会可持续发展提供动力。这个奖牌分享战略包括将一些非奥运会项目引入亚运会；在小项目上限制体育强国的报名人数；某些项目如跆拳道和武术等限制报名总数，使该项目强国无法将运动员覆盖到每个单项。②此外，在亚运会政治色彩日趋淡化的21世纪，还要想方设法吸引网络时代成长起来的年轻人关注亚运会，使亚运会与时俱进，更具时尚性。

2015年9月16日，亚奥理事会在土库曼斯坦首都阿什哈巴德举行代表大会，确定第19届亚运会举办地，提出这届亚运会主办申请的只有中国杭州一家。

关于第19届亚运会的举办时间，出现过反转再反转的变化。亚奥理事会原定从第18届亚运会开始，将亚运会举办时间从两届奥运会的届间年改为奥运会举办的前一年，这样，第18届亚运会举办时间由2018年改为2019年，以此类推，第19届亚运会举办时间就是2023年。但后来应第18届亚运会主办国印度尼西亚的要求，这一届亚运会举办时间又改回2018年（详见：列传·印度尼西亚），所以第19届亚运会举办时间也改为2022年。这一变动的过程正逢杭州申亚，所以在杭州申亚的文件中，前后出现了2023年和2022年两个年份时间。

或许由于地处长三角毗邻上海的因素，杭州似乎成为举办大型综合性运动会的洼地。杭州最早举办的全国性运动会，还得追溯到民国时期。1930年4月，民国政府在杭州举办第4届全国运动会，1707名运动员参加了8个项目的比赛，③此后杭州再未举办过大型综合性赛会。进入21世纪，杭州已成为中国最具发展活力的城市之一，发达的经济、深厚的历

---

① 杨明：《中国亚运金牌一骑绝尘引发的思考》，《晚报文萃》，2011年3月上半月，第8页。
② 魏纪中：《我的体育生涯》，新华出版社，2008年，第105—107页。
③ 杭州市体育局、中国体育博物馆杭州分馆主编：《杭州体育百年图史》（第一卷），杭州出版社，2008年，第170页。

史文化底蕴，促使杭州下了举办亚运会的决心。杭州申亚工作进程可谓一帆风顺：2014年5月，浙江省体育局、杭州市政府向浙江省政府联合上报《关于杭州申办2023年第19届亚洲运动会的请示》，正式提出申办亚运会的申请；浙江省政府随即向国家体育总局上报《关于浙江省杭州市申办2023年第19届亚洲运动会的函》。2015年8月16日，国务院批复同意杭州代表中国申办第19届亚运会；次日，中国奥委会正式向亚奥理事会递交申办意向书。在阿什哈巴德大会上，杭州代表进行申办陈述报告，按照大会议程，在陈述环节后还有一个现场提问环节，然而现场静默无声，没有提问，没有质疑，杭州申亚代表团事先准备的100多个问题和回答，竟然一个都没用上。最后，在没有任何竞争对手、独家申办的情况下，杭州顺利获得第19届亚运会主办权。

此前，2010年第16届亚运会由广州独家申办；2018年第18届亚运会越南河内在获得主办权之后弃办，由印度尼西亚雅加达救场接办；2022年第19届亚运会又只有杭州独家申办，这些情况，都在凸显着亚运会的可持续发展问题。杭州亚运会意图在可持续发展方面做出新尝试，提出"绿色、智能、节俭、文明"的办会理念，这个理念契合当今亚运会的发展趋向，对此，亚奥理事会主席艾哈迈德亲王"把杭州亚运会的历史站位与首次接纳职业运动员参赛的1992年巴塞罗那奥运会相提并论"，他说："我想，实现'智慧亚运'将是杭州的最大挑战，他们也将开启一个新时代。"①

2020年12月16日，亚奥理事会全体代表大会确认电子竞技和霹雳舞将首次成为亚运会正式比赛项目。电子竞技（简称"电竞"）是在网络游戏的基础上，由游戏者组成团队，"在统一的竞赛规则下进行的对抗性益智电子游戏运动"②。2018年第18届雅加达亚运会将电竞列入表演项目，杭州亚运会将电竞升格为正式比赛项目，此举使亚运会成为世界上最早将电竞列入正式比赛项目的大型综合性运动会。电竞"面向的群体以年轻人为主。杭州亚运会正展开怀抱拥抱电竞，吸引更为庞大的年轻群体"③，这也是亚洲体育界和杭州亚组委在如何使亚运会更为多元共享方面做出的拓展努力。

---

① 夏亮：《2022期待杭州》，《新体育》，2018年第10期，第51页。
② 戴淼森：《电竞简史——从游戏到体育》，上海人民出版社，2019年，第22页。电竞究竟应该属于娱乐游戏还是体育运动，其性质和定义引发广泛的争议，至今仍争论不休。
③ 殷佩琴：《电子竞技成为杭州亚运会竞赛项目》，《都市快报》，2020年12月18日，A1版。

历届亚运会中国所获奖牌

届 数	举办时间与举办地	金 牌	银 牌	铜 牌	总 计	备 注
1	1951年印度新德里	/	/	/	/	未参赛
2	1954年菲律宾马尼拉	/	/	/	/	未参赛
3	1958年日本东京	/	/	/	/	未参赛
4	1962年印度尼西亚雅加达	/	/	/	/	未参赛
5	1966年泰国曼谷	/	/	/	/	未参赛
6	1970年泰国曼谷	/	/	/	/	未参赛
7	1974年伊朗德黑兰	33	46	27	106	
8	1978年泰国曼谷	51	54	46	151	
9	1982年印度新德里	61	51	41	153	
10	1986年韩国汉城	94	82	46	222	
11	1990年中国北京	183	107	51	341	
12	1994年日本广岛	125	83	58	266	
13	1998年泰国曼谷	129	77	68	274	
14	2002年韩国釜山	150	84	74	308	
15	2006年卡塔尔多哈	165	88	63	316	
16	2010年中国广州	199	119	98	416	
17	2014年韩国仁川	151	109	83	343	
18	2018年印度尼西亚雅加达	132	92	65	289	
总 计		1473	992	720	3185	

四十三、中国澳门

地名：中华人民共和国澳门特别行政区

面积：32.9平方公里

人口：68.3218万（国家统计局《第七次全国人口普查公报》）

参加亚运会届数：8届（11—18）

承办亚运会届数：0届

根据资料记载：澳门在秦始皇时期归属南海郡；南宋绍兴二十二年（1152）设置香山县，澳门是珠江三角洲南岸香山县的一个渔村。[①]"早期，澳门只有斗蟋蟀之类的小型民间文化活动，几无体育可言。"明朝时期葡萄牙人进入并逐渐侵占澳门之后，"随之把西方体育活动带到当地……20世纪20年代至30年代，曲棍球、拳击、游泳、足球、网球、台球、乒乓球、自行车和飞碟、射击等在澳门发展起来"[②]。第二次世界大战之后尤其进入20世纪80年代以来，澳门体育事业出现快速发展势头，1989年，成立澳门体育总署（澳门回归后更名为"澳门特区体育发展局"），"澳门体育总署作为政府主管部门经常举办各类比赛，资助民间体育团体的活动，兴建、维护公共体育场所和设施，并组织有关运动员的训练和卫生保健工作等"[③]。到1999年澳门回归之前，澳门共有500多个体育会（团体），46个单项体育总（协）会，分别领导相关项目的赛事，澳门民众一般都是以体育会为单位参加本地的体育比赛。[④]

澳门体育项目开设得较为齐全，但"澳门的体育运动纯属业余性质，参加比赛的体育队伍大都来自体育会、机构、学校和政府部门。体育经费主要来自政府以及本地区热心人

[①] 缪鸿基等：《澳门》，中山大学出版社，1988年，第4页。
[②] 马宣建：《澳门的体育发展及其前景》，《体育科学》，1999年第5期，第1页。
[③] 金良浚：《香港·澳门》，旅游教育出版社，1999年，第170页。
[④] 王巧珑：《澳门的社会与文化》，新华出版社，1999年，第184页。

士的支持"①，这就造成澳门竞技体育活动缺少专业训练和资金加持；加上弹丸之地的澳门只有数十万人口，因而竞技体育水平很有限。澳门在1987年成立奥委会，1989年加入亚奥理事会。1990年澳门组织了一支包括49名运动员在内总计74人的体育代表团，前来北京参加亚运会柔道、射击、武术、自行车、乒乓球、游泳和田径7个项目的比赛。澳门奥委会第一副主席何厚铧出任澳门体育代表团团长，他后来成为澳门回归后的澳门特别行政区第一任行政长官。何厚铧向新闻界表示："参加亚运会的意义在于，在一个综合性的国际体育盛事中，第一次有澳门选手参加较量。"②

从北京亚运会起，武术被正式列为亚运会比赛项目，恰好这是澳门体育的强项。南粤地区是中国武术重要拳种之一南拳之岭南拳派的重镇，澳门武术深得传统武术传承之精髓，既有群众基础，又有尖子选手，所以澳门第一次组团参加亚运会，就实现了奖牌零的突破：黄东阳在北京亚运会男子南拳比赛中获得1枚铜牌。1994年广岛亚运会和1998年曼谷亚运会，由中国内地移居澳门的选手李菲获得女子南拳亚军；李菲还获得1995年第3届世界武术锦标赛女子南拳冠军和1999年第5届世界武术锦标赛女子枪术冠军，成为澳门体育史上第一位世界冠军，为此获得澳门体育运动功绩勋章，被誉为"澳门之星"。武术项目是澳门在亚运会中的夺牌利器，澳门每届亚运会都有奖牌斩获，基本上来自武术项目。澳门在亚运会上总共获得2枚金牌，全部是武术项目，分别是：2010年第16届广州亚运会贾瑞的刀术棍术全能金牌，这是澳门史上第1枚亚运会金牌；2018年第18届雅加达亚运会黄俊华的南拳南棍全能金牌。

1999年澳门回归之后，"澳门代表队以中国澳门的名义，中国国歌和澳门特区区旗为特征参加比赛，澳门的体育发展进入一个新的时代"③。进入21世纪，中国澳门体育大放异彩，其标志性事件就是成功举办三大运动会。所谓三大运动会，是澳门特区政府从2005年开始，耗资50多亿澳门元，连续三年承办三个大型国际综合运动会：2005年第4届东亚运动会、2006年第1届葡语系国家运动会和2007年第2届亚洲室内运动会。

东亚运动会始创于1993年，参加者为东亚的国家和地区以及个别中亚国家。第4届东亚运动会于2005年11月在中国澳门举行，有9个国家和地区的2417名选手参赛，中国澳门体育代表团排在奖牌榜第5位。

第1届葡语系国家运动会于2006年10月在中国澳门举行，有10个国家和地区的710名选

---

① 澳门工商年鉴编辑部：《澳门工商年鉴（第十七回）》，《大众报》出版，1990年，第426页。
② 王平、尹奎兰：《亚运集锦·澳门历史的第一回》，《新体育》，1990年第9期，第32页。
③ 龚飞、梁柱平：《中国体育史简编》，西南交通大学出版社，2010年，第171页。

手参加，中国澳门体育代表团排在奖牌榜第6位。

亚洲室内运动会始创于2005年，当年在泰国曼谷举行第1届，2007年10月在中国澳门举行的是第2届，共有45个国家和地区的3500多名运动员前来参赛，其规模相当于缩小版的亚运会，这是澳门特区政府历年来所筹办运动会中规模最大、人数最多的一次，国际奥委会主席罗格也应邀出席开幕式。中国澳门体育代表团获得奖牌榜第11名。

三大运动会的成功举办使中国澳门体育事业面貌得到根本性改变：新建了大量现代化体育场馆；培养了大批体育专业人才；取得了举办大型体育赛会的经验；为特区政府倡议的竞技体育和大众体育双线并行提供了条件。[①]

回归之后，澳门特区还先后举办了世界武术锦标赛、澳门国际武术节、澳门国际龙舟赛、澳门国际马拉松比赛等各类赛事，这些赛事在为澳门特区带来大量游客的同时，也使体育旅游成为澳门特区的新亮点和新兴产业，改变了澳门特区过去仅以博彩业闻名天下的传统形象。

---

① 梁桂全、何祖敏：《浓情大三巴——澳门回归祖国十周年图录》，广东教育出版社，2009年，第206—209页。

历届亚运会中国澳门所获奖牌

届 数	举办时间与举办地	金 牌	银 牌	铜 牌	总 计	备 注
1	1951年印度新德里	/	/	/	/	未参赛
2	1954年菲律宾马尼拉	/	/	/	/	未参赛
3	1958年日本东京	/	/	/	/	未参赛
4	1962年印度尼西亚雅加达	/	/	/	/	未参赛
5	1966年泰国曼谷	/	/	/	/	未参赛
6	1970年泰国曼谷	/	/	/	/	未参赛
7	1974年伊朗德黑兰	/	/	/	/	未参赛
8	1978年泰国曼谷	/	/	/	/	未参赛
9	1982年印度新德里	/	/	/	/	未参赛
10	1986年韩国汉城	/	/	/	/	未参赛
11	1990年中国北京	0	0	1	1	
12	1994年日本广岛	0	1	1	2	
13	1998年泰国曼谷	0	1	0	1	
14	2002年韩国釜山	0	2	2	4	
15	2006年卡塔尔多哈	0	1	6	7	
16	2010年中国广州	1	1	4	6	
17	2014年韩国仁川	0	3	4	7	
18	2018年印度尼西亚雅加达	1	2	2	5	
总 计		2	11	20	33	

四十四、中国台北

地名：中国台湾省

面积：约3.6万平方公里

人口：2356.1236万（国家统计局《第七次全国人口普查公报》）

参加亚运会届数：12届（2—3、5—6、11—18）

承办亚运会届数：0届

"台湾自古以来就是中国领土不可分割的一部分……公元230年（三国孙吴黄龙二年），吴王孙权派遣卫温、诸葛直率兵万人渡海到台，这是大陆军民东渡台湾、垦拓经营台湾的最早记载。宋、元时期中国政府在台正式设官建制。"[①]

台湾体育的历史源流久远，古代时期台湾流行的民间体育活动有武术、划龙舟、秋千、打陀螺等，从中可以感受到大陆文化和体育的影响。1895年到1945年台湾被日本占领，这一时期日本的"体育文化强烈影响台湾体育的发展。现代竞技体育首先在学校得到发展"[②]。日本战败之后，台湾重新回归中国。"1949年10月1日，中华人民共和国成立。国民党退居台湾。出于政治、外交与社会发展的需要，台湾当局非常重视发展体育运动，在一定程度上推动了竞技体育、学校体育的发展。"[③]

在两岸处于分裂的状态下，20世纪80年代之前，台湾当局在国际体坛上打着"中华民国"旗号活动，在这一问题没有得到合理解决前，凡是台湾方面参加的体育赛会和国际体育组织，大陆方面都拒绝参加。台湾地区第一次参加亚运会是1954年第2届亚运会，虽然台湾只是中国面积最小的一个省，却在18个国家和地区参赛的奖牌榜上获得排名第4的好成绩。在这一届亚运会中，中国台湾获得2枚金牌，都是含金量极高的竞赛项目，分别是

---

① 《世界知识年鉴》编辑委员会：《世界知识年鉴2020/2021》，世界知识出版社，2021年，第19页。

② 马轩建：《中国体育通史》（第八卷），人民体育出版社，2008年，第181页。

③ 马轩建：《中国体育通史》（第八卷），人民体育出版社，2008年，第187页。

田径的男子十项全能和足球。

获得田径十项全能金牌者是出身台湾阿美族的亚洲体育传奇人物杨传广，4年后他在第3届亚运会上蝉联该项目冠军，并且还获得了跳远和110米栏亚军以及400米栏季军，一人夺得4枚奖牌。进入20世纪60年代后杨传广迎来运动生涯巅峰岁月，1960年他在第17届奥运会上获得十项全能银牌，成为中国首位获得奥运会奖牌的运动员；1963年他又在美国举行的国际田径比赛中，以9121分成绩创造了男子十项全能世界纪录，成为该项目超过9000分的世界第一人。在10年左右时间里，杨传广称霸亚洲田径十项全能项目，人称"亚洲铁人"。

中国台湾足球队夺冠的过程则有些故事。中国台湾足球队在第2届亚运会上保持不败战绩，最后在决赛中以5∶2大胜韩国队夺冠。第3届亚运会中国台湾足球队续写这一传奇，以全胜战绩挺进决赛，决赛时在被罚下1人以10人应战的情况下，3∶2再次击败韩国蝉联冠军。这里有个内幕必须要交代一下：台湾本土足球水平并不高，这支创造传奇的足球队其实是从香港搬来的援军。担任中国台湾足球队教练的是香港人李惠堂，此人在20世纪30—40年代是亚洲的一代球王，后来还出任过亚足联秘书长和国际足联副主席（参见：列传·中国香港）。中国台湾足球队中大多数队员都是香港名脚。在李惠堂指挥下，这支"借鸡下蛋"的队伍包揽两届亚运会足球冠军。反观香港，由于足球精英尽出台湾，香港足球队在这两届亚运会上反倒啥名次都没有。后来港英当局不允许香港球员代表台湾出战，台湾足球也就难以再续辉煌。

中国台湾队在第3届亚运会乒乓球比赛中还爆出个大冷门。20世纪50年代是日本乒乓球处于世界巅峰的时代，这也是乒乓球第一次成为亚运会正式比赛项目。日本的本意是包揽7枚金牌，却没想到遭遇滑铁卢。日本先是在男子团体赛和男子双打中被南越队击败丢失冠军，然后在男子单打比赛中，中国台湾队运动员李国定单骑闯关，他在半决赛中以3∶1战胜日本的成田静司（1959年第25届世锦赛男团冠军成员），又在决赛中3∶0战胜日本的角田启辅（1956年第23届世界乒乓球锦标赛男双铜牌，1957年第24届世界乒乓球锦标赛男团冠军主力队员），勇夺男子单打金牌。

杨传广和李国定的战绩反映出这一时期中国台湾地区竞技体育的特点，就是集体项目的实力不强（依靠外援的足球是个例外），但在个人项目上，通过旅外华人的加盟，频频出现亚洲顶尖级选手并屡创佳绩。在1966年第5届曼谷亚运会上，中国台湾队射击运动员吴道源战绩斐然。吴道源原籍浙江鄞县（今宁波市鄞州区），后来旅居美国，是一位旅美华人，在美国底特律任福特汽车公司工程师。他酷爱射击，曾经自费参加1956年墨尔本奥运会射击比赛,在1958年第3届东京亚运会上获得2枚银牌。1966年第5届亚运会时,已经42岁的吴道源勇不可当,夺得自选小口径步枪3×40、小口径标准步枪3×20和气步枪3个项目金牌。20世纪60年代台湾地区还出现了一位蜚声世界的田径女将纪政。纪政1944年出生于台湾新竹,长期在美国训练,在短跑与跳远方面展现出惊人才华,人称"东方羚羊"。纪政为世人称道的战绩主要有:1968年在第19届墨西哥城奥运会上获80米栏铜牌,成为在奥运会上第一位获得奖牌的中国女子运动员;1969年和1970年先后创造50米跨栏跑、100码、200码、200米、200米跨栏跑的世界纪录;被法国体育杂志《运动》和联邦德国国际体育记者联合会评选为"1970年最佳女运动员"[①]。不过纪政的亚运缘分不太好,她参加过两届亚运会,第一次1966年在第5届曼谷亚运会上获得跳远冠军,之后因为膝盖拉伤退出比赛。第二次1970年参加第6届曼谷亚运会,纪政志在夺取全部参赛项目的5枚金牌。获得100米冠军之后,她在400米决赛中因为跑道积水摔倒受伤,无缘金牌并放弃了后面的比赛。纪政在她运动巅峰期参加两届亚运会仅获得2枚金牌,若非因伤退赛,以她的惊人实力,拿上一大把金牌是完全可能的。更糟糕的是,由于受伤,纪政的运动生涯也终结在1970年曼谷亚运会,此时她正值26岁青春年华,后来纪政不无伤感地将曼谷视为她的伤心之地。[②]

从1974年第7届亚运会开始,打着"中华民国"旗号的台湾不再被允许参加亚运会,直到1986年,台湾方面接受"奥运模式","即:不用所谓的'中华民国'的'国号'和'青天白日满地红'的旗帜,改用会旗,台湾作为一个地方组织参加国际奥林匹克活动"[③]。1989年4月6日,大陆与台湾经过谈判后达成"四六协议"(详见:纪事本末·亚运家族成长记),台湾地区以"中华台北"的名称,参加在大陆举行的国际比赛。4月17日,协议签订后仅11天,中国台北青年体操队抵达北京参加亚洲青年体操赛,成为第一支到大陆参加比赛的台湾体育团队。"1990年的北京亚运会,是打破两岸体育交流僵局极为重要的历史机遇"[④],宝岛台湾第一次组团来大陆参加大型综合运动会。两岸大规模交往开放之初,很多方面的沟通还在健全之中,不免发生一些窘事趣闻。例如:北京亚运会时亚运村为保障村民们安全,外人入村会客须填写会客申请单,由亚运村负责人盖章后方可

---

① 张俊红:《百年奥运风云人物记录大全》(第二卷),吉林电子出版社,2004年,第829页。
② 范江怀、李吟:《历届亚运会博览》,科学普及出版社,1990年,第61—65页。
③ 伍绍祖:《弘扬北京亚运精神》,《伍绍祖文集》(体育工作卷·第一卷),人民出版社,2008年,第199页。
④ 吴经国:《奥林匹克中华情》,苏州大学出版社,2005年,第205页。

进入。主管这事的是担任亚运村副村长的一位体育官员，名叫许放，因此每张会客申请单上都赫然盖着"许放"二字图章。后来中国台北代表团官员特地提出表扬，说亚运村管理有方，会客申请单填写后送到办公室，就盖上两个字：许放，简单明了，说明手续完备，允许放行。结果一经说破，原来许放是个人名，而不是"准许放行"之意，大家都笑得前仰后合。①

与亚运会阔别20年之后，由288名运动员组成的中国台北代表团出现在北京亚运会赛场，目标是"在亚运会上拿金牌6—8枚，奖牌总数30—40枚之间，在亚洲的总目标是坐五望四抢三"②。结果事实证明这个目标有些冒进：中国台北代表团1枚金牌未得，只拿了10枚银牌和16枚铜牌，奖牌榜上排在第16位。不过这或许是久疏战阵运气欠佳，在接下来的亚运会上，中国台北竿头日进：1994年第12届亚运会，在中亚5国参赛竞争对手增加的情况下，中国台北夺得7枚金牌，排在奖牌榜第7位；1998年第13届亚运会，中国台北向中日韩三家之外的第二集团排头位置发动猛烈冲击，与东道主泰国和中亚"头狼"哈萨克斯坦三家杀得硝烟四起，虽然最终排在第6位，但19枚金牌的战绩比上一届的历史纪录翻一番还多，大大超出原先预期10枚左右的目标。之后历届亚运会，中国台北基本保持在第二集团前列位置，2018年第18届雅加达亚运会，中国台北又夺得17枚金牌。"中国台北掀起了一股运动热潮，对于体育竞赛的成绩也开始重视起来。这股热潮与中国台北在雅加达亚运会上取得不错的成绩有直接关系。"③

中国台湾还曾经申请主办亚运会。台湾地区最早出现主办亚运会的机会是1958年，在决定1962年第4届亚运会主办地的会议召开之前，"亚运联曾希望台湾能主办，但台湾表现犹豫"④，结果主办地被印度尼西亚雅加达争得。由于印度尼西亚苏加诺政权与中国有着良好关系，拒绝打着"中华民国"旗号的台湾入境参赛，台湾方面对自己当初没有力争主办地后悔不迭。时光荏苒，30多年过去，1995年5月23日，在韩国釜山召开亚奥理事会全体代表大会，41个国家和地区的130名官员出席，投票决定2002年亚运会举办地。提出申办的是韩国的釜山和中国台湾的高雄。最终投票结果，高雄只获得2票黯然落选（参见：列传·韩国）。

---

① 许放：《亚运村生活趣事追记》，《新体育》，1990年第12期，第14页。
② 陈长超、蔡季舟：《中国台北的总目标：坐五望四抢三》，《新体育》，1990年第6期，第26页。
③ 朱彦硕：《中国台北 亚运成绩斐然》，《新体育》，2018年第10期，第34页。
④ 谷世权：《举步艰难 历经坎坷——介绍第一至第六届亚运会》，《体育文史》，1990年第3期，第19页。

2004年雅典奥运会，继1960年杨传广获得首枚奥运会奖牌之后44年，中国台北代表团终于实现了奥运会金牌零的突破，而且一拿就是2枚，分别是：朱木炎跆拳道男子58公斤级；陈诗欣举重女子49公斤级。迄今为止，中国台湾地区总共获得5枚奥运会金牌，除上述2枚，另外3枚分别是：2016年里约奥运会，许淑净女子举重53公斤级；2020年东京奥运会，郭婞淳女子举重59公斤级，王齐麟/李洋羽毛球男子双打。

历届亚运会中国台湾所获奖牌

届 数	举办时间与举办地	金 牌	银 牌	铜 牌	总 计	备 注
1	1951年印度新德里	/	/	/	/	未参赛
2	1954年菲律宾马尼拉	2	4	7	13	
3	1958年日本东京	6	11	17	34	
4	1962年印度尼西亚雅加达	/	/	/	/	未参赛
5	1966年泰国曼谷	5	4	10	19	
6	1970年泰国曼谷	1	5	12	18	
7	1974年伊朗德黑兰	/	/	/	/	未参赛
8	1978年泰国曼谷	/	/	/	/	未参赛
9	1982年印度新德里	/	/	/	/	未参赛
10	1986年韩国汉城	/	/	/	/	未参赛
11	1990年中国北京	0	10	21	31	
12	1994年日本广岛	7	13	23	43	
13	1998年泰国曼谷	19	17	41	77	
14	2002年韩国釜山	10	17	25	52	
15	2006年卡塔尔多哈	9	10	27	46	
16	2010年中国广州	13	16	38	67	
17	2014年韩国仁川	10	18	23	51	
18	2018年印度尼西亚雅加达	17	19	31	67	
总 计		109	144	285	518	

四十五、中国香港

地名：中华人民共和国香港特别行政区

面积：陆地面积1110.18平方公里

人口：747.42万（国家统计局《第七次全国人口普查公报》）

参加亚运会届数：17届（2—18）

承办亚运会届数：0届

鸦片战争之后，香港沦为英国的殖民地。英国是现代竞技体育主要发源地之一，因此香港体育运动深受英国影响，从管理机制的运转到竞技项目的设置，"香港竞技体育属于典型的西方体制"。得风气之先的香港在20世纪初期就开展足球运动，组建华人足球队，1914年成立香港足球总会。"当时香港虽被英国占领，却可通过参加中国代表团参加国际比赛。"[1]在亚运会的前身远东运动会上，中国足球队几乎包揽了全部冠军，出战的中国足球队主要以香港著名的南华足球队为班底，主力队员多为香港球员，其中包括享有"亚洲球王"之誉的李惠堂。李惠堂祖籍广东，生于香港（亦有幼年随父入香港定居的说法），自小爱好足球，成为南华队主力队员。成名之后李惠堂曾到上海居住数年，担任上海著名的乐华足球队董事兼队长，对上海足球事业产生过重要影响，导致上海出现一句流行的口头禅："看戏要看梅兰芳，看球要看李惠堂"。李惠堂率领中国足球队多次荣获远东运动会足球冠军，还出征过1936年柏林奥运会。20世纪50年代李惠堂的事业再创辉煌：他担任中国台湾足球队总教练，率队夺得1954年第2届和1958年第3届亚运会足球冠军；退役之后，李惠堂出任亚足联秘书长和国际足联副主席。因为他的经历和业绩，我国的香港、上海、广东、台湾等地都将其视为本地知名人士。

中华人民共和国成立之后，香港对于中国竞技体育事业的一大贡献，是乒乓球人才的输送，"香港三英"——姜永宁、傅其芳和容国团先后进入内地成为国家乒乓球队主力。

---

[1] 马宣建：《中国体育通史》（第八卷），人民体育出版社，2008年，第11页。

姜、傅、荣3人都是香港乒乓球界顶尖高手，他们不仅为中国夺得第一个世界冠军，又先后执掌教鞭，率领中国乒乓球队屡获冠军，开创出今日"国球"的一片天地。

香港对内地体育事业在经济方面也给予大力支持。香港许多爱国人士尤其是工商业巨子，在内地经济尚不富足的年代，对内地体育事业发展投入巨资以示支持，这其中首屈一指的是香港实业家、后来担任全国政协副主席的霍英东及其霍氏家族。霍英东以商业和实业起家，成为香港工商业巨子。霍英东在他的自传中说：20世纪70年代之后，"我逐渐淡出香港工商界。但与此同时，我却异乎寻常地活跃于体坛"[1]。霍英东不仅身体力行，出资创办东升足球队，他还下场竞技，以43岁的"高龄"成为香港甲级联赛球员。霍英东"几乎担任或兼任过香港每一个单项体育协会的会长或名誉首脑"[2]，并担任亚足联副主席。中国在1974年成功加入亚足联，重返亚洲和世界足坛，正是得益于霍英东的鼎力相助。"在进入20世纪70年代后相当长的一段时间内，他成为香港体育界公认的领袖。说到香港的体育事业，就不能不说霍英东。"[3]霍英东的长子霍震霆在香港回归之年，出任中国香港体育协会暨奥委会会长，人称其为香港体育"掌门人"，2001年又成为中国香港第一位国际奥委会委员。霍英东的长孙霍启刚亦是香港体育界活跃人士，他担任中国香港体育协会暨奥委会副会长、亚洲电竞协会主席等职务，霍启刚与奥运冠军跳水名将郭晶晶的婚姻一直为媒体津津乐道。

霍氏家族向内地捐资兴办的项目涉及方方面面，体育是其中的重点：20世纪80年代，霍英东捐资1亿港币建立霍英东体育基金，该基金连年为体育项目投资；北京获得1990年亚运会主办权后，霍英东捐资1亿港元兴建英东游泳馆和中国体育博物馆，英东游泳馆作为1990年北京亚运会主场馆之一，也是当时亚洲最大的游泳馆；为配合北京申办2000年奥运会，霍英东出资100万美元，以中国奥委会的名义捐给国际奥委会筹办奥林匹克博物馆。"从1992年的第25届奥运会之后，'霍英东体育基金'就开始拨款奖励在奥运会上夺得奖牌的内地奥运选手和香港选手。夺得金牌的选手获得一枚重1公斤的纯金金牌及8万美元奖金；亚军获得半公斤重的金牌和4万美元奖金，季军获得0.25公斤重的金牌和2万美元奖金。"[4]几十年来霍英东及其霍氏家族向内地体育事业捐赠的款项，在各类文献资料中数据不一，但保守的估计也在10多亿港元以上。

---

[1] 霍英东、冷夏：《时局的生意：霍英东自述》，凤凰出版社，2013年，第130页。
[2] 霍英东、冷夏：《时局的生意：霍英东自述》，凤凰出版社，2013年，第135页。
[3] 全国政协办公厅：《霍英东风范长存》，中国文史出版社，2007年，第245页。
[4] 梁建增：《感动中国2006年度人物》，中国青年出版社，2007年，第35页。

香港自1954年第2届亚运会开始参赛，当届亚运会在奖牌上就有所斩获：史蒂芬获得男子200米短跑铜牌。之后，香港虽出席历届亚运会，但在1997年回归之前，所获奖牌数量很有限，其中有两届还颗粒无收。这种状况与香港体育的体制有一定关系：香港的体育机构成立很早，体育组织数量众多，体育活动遍布全港，但基本上都是大众体育和业余体制。"香港通常把竞技体育称为精英体育"[1]，从事的人员数量和资金受到限制，能够在亚洲和世界冒尖的运动员很少，在亚运会上的成绩自然不理想。1982年第9届亚运会时，香港派出由3名选手组成的拳击队参赛。但是很不走运，一位选手在出发前遭遇车祸胳膊骨折，只能弃赛；第二位选手在训练过程中太阳穴中拳受伤，比赛都没打就退出比赛；第三位选手在首轮比赛时被对手击倒，出赛时间仅39秒。如此算来，这三人平均每人仅参赛13秒，是第9届亚运会参赛时间最短的一支运动队。[2]

"香港作为中国独特的市民社会，无论在体育体制还是在竞技体育和大众体育的发展方面，都深深打上了市民体育的烙印，呈现出社会办体育的基本模式。"[3]由于回归之前香港体育体制的特性，香港能在大型运动会上夺牌的，往往是偏小众的个人项目。香港第1枚亚运会金牌是在第10届亚运会时，由车菊红所获得的保龄球女子个人冠军。保龄球在香港群众基础较好，当时全港有22个保龄球场，500多条球道，参加打保龄球的人群中女性比例约为30%。车菊红是位会计师，有12年球龄，通过不懈的努力，终于在34岁时成为香港首枚亚运会金牌获得者。香港保龄球队领队兴奋地向记者表示："这是香港历史上第一次在奥运会、亚运会这样大型的综合运动会上得金牌，我们要大大庆祝一番。"[4]香港第1枚奥运会金牌则是在1996年亚特兰大奥运会上，由李丽珊获得的女子帆船米斯特拉尔级冠军。"香港第一金"令全港疯狂，李丽珊成为全港数百万人无人不识的"风帆之后"，她夺得奥运金牌回到香港后，当地举行盛大欢迎仪式，所到之处，人山人海。[5]

进入20世纪90年代之后，这一情况开始发生变化。1990年4月1日，香港康体发展局（简称"康体局"）正式成立，这是一个法定的、半官方的体育机构；1994年，作为香港地区最大的运动训练和科研中心的香港体育学院并入康体局，"政府的重视、政策的导向

---

[1] 马宣建：《中国体育通史》（第八卷），人民体育出版社，2008年，第33页。
[2] 第16届亚洲运动会组织委员会宣传部：《亚运知多少》，广东教育出版社，2009年，第51页。
[3] 李荣芝、杨华照：《市民社会特征下的香港体育研究》，《山东体育学院学报》，2010年第12期，第11页。
[4] 黄冈：《亚运会采访札记》（续），《新体育》，1986年第11期，第12页。
[5] 亚洲电视：《香港百人：触动人心的100个香港故事》（下册），安徽人民出版社，2013年，第372页。

有力地促进香港的竞技体育向更高的成绩目标接近"①。1997年香港回归之后,大陆专业体育人士得以更为方便地注入,亦使香港竞技体育实力快速增长,在亚运会等国际大赛上的成绩更是呈现爆发式增长。1998年第13届亚运会,是香港回归后参加的首届亚运会,中国香港队获得5枚金牌,之后每届亚运会都有数枚金牌入账,2010年和2018年这两届亚运会的金牌数分别达到8枚,在奖牌榜上的位次也稳居第二集团。

值得记叙的是,中国香港体育界在2020年第32届东京奥运会(因疫情推迟到2021年举办)上收获了硕果:中国香港队在本届奥运会夺得1金2银3铜共6枚奖牌,分别是:张家朗男子花剑金牌;何诗蓓女子200米自由泳和100米自由泳银牌;乒乓球女子团体赛铜牌;刘慕裳女子空手道个人形铜牌;李慧诗女子场地自行车争先赛铜牌。张家朗这枚金牌是香港回归后的第1枚奥运会金牌,与回归前李丽珊的那一枚已经时隔25年,而香港在奥运会奖牌榜上获得的第49名排位也是史无前例。香港民众为这一成就举城欢庆,香港邮政特地发行邮票小型张以表纪念。根据中新社报道,香港特首林郑月娥在祝贺讲话中表示,这是香港特区政府在过去十多年中积极发展精英体育的结果:"在2021至2022年度,特区政府通过精英运动员发展基金给体院的年度拨款为7.37亿港元,比2017至2018年度增加了约42%。"②足见经过香港特区政府与民间多年的大力经营,香港竞技体育之花终于绽放。

中国香港体育界对申办亚运会也表现出强烈意愿,曾经数次提出由香港来主办一届亚运会。香港第一次正式申办亚运会是1999年,目标是2006年第15届亚运会。这次申办活动得到广泛响应,香港打出"香港一定得"的口号:"特区政府和行政长官董建华明确表态支持申办,香港社会各界也纷纷举办各类活动支持申办。"③香港媒体归纳出香港主办亚运会的三大好处:第一,可以在原有基础上大幅提升知名度和国际地位;第二,可以激发港人的自豪感和责任心;第三,可以借机推广本地群众性体育健身活动,进而提升体育竞技水平。然而第15届亚运会主办权的竞争非常激烈,甚至被称为是申亚历史上最惨烈的一次。申办者除中国香港之外,还有卡塔尔多哈、马来西亚吉隆坡和印度新德里,竞争对手都在拼命发力。2001年11月11日亚奥理事会在韩国釜山举行会议,41位理事到场投票,决定2006年亚运会的承办者。首轮投票结果:多哈20票,吉隆坡13票,香港6票,新德里2

---

① 马宣建:《香港体育的过去、现在与未来》,《体育科学》,1997年第3期,第14页。
② 中国新闻网:《中国香港运动员东京奥运创历史佳绩 特首称全港市民引以为傲》https://baijiahao.baidu.com/s?id=1707528684480612887&wfr=spider&for=pc.
③ 新华社记者梁金雄:《新华社述评:香港申办亚运会收获大》,http://sports.sina.com.cn/o/28104817.shtml.

票。因没有一家获得过半票数，新德里被淘汰，再进行第二轮投票。第二轮投票时，新德里的2票转投多哈，多哈以22票超过半数的优势获胜。虽然此次申亚中国香港做了充分动员和准备，最后还是没能成功，也只能说香港的运气和申亚时机有点不太好，因为下一届2010年亚运会，开始的申办者也是4家，但到投票表决之前，有3家退出，结果广州在无竞争对手的情况下顺利获得主办权。中国香港奥委会主席霍震霆后来谈到此次"香港申办亚运会受挫的酸甜苦辣，说到伤感处，仍十分动情……中国再大，表决时也只能投一票。亚洲体育界意想不到的事情时有发生，万万不可书生气太足"[①]。

这次申亚失败对中国香港打击有点大，之后香港体育界又几番提出申亚提议，先是在2009年酝酿申办2019年第18届亚运会（后改在2018年举行），结果无疾而终。2010年广州成功举办第16届亚运会，激发出香港体育界的斗志，马上提出申办2023年第19届亚运会（后改在2022年举办，但因为疫情又延期到2023年举办），此举得到香港特区政府的支持，表示"支持香港体育协会暨奥林匹克委员会申请举办2023年的亚运会，并将会向立法会财委会申请60亿元的拨款申办亚运"[②]。不过这次申亚一开始就普遍不看好，申办专职官员走遍全港18个区议会，不停地游说各个议员，民众支持率还是偏低，民意测验结果显示支持与反对之比为1：9。2011年1月14日，香港特别行政区立法会财务委员会以14票支持、40票反对的大比数，毫不留情地否决了港府申办2023年亚运会的拨款申请。[③]

目前，连2034年第22届亚运会的主办地都已确定，香港体育界主办一届亚运会愿景的实现，尚需时日。

[①] 安莉：《光荣与梦想》，长春出版社，2008年，第15页。
[②] 《香港特区政府宣布支持申办2023年亚运会》，http://www.rf.hk/hkzn/hknews/11910.html.
[③] 曹钦白：《税：给你制衡权力的权利》，陕西人民出版社，2012年，第189页。

历届亚运会中国香港所获奖牌

届 数	举办时间与举办地	金 牌	银 牌	铜 牌	总 计	备 注
1	1951年印度新德里	/	/	/	/	未参赛
2	1954年菲律宾马尼拉	0	0	1	1	
3	1958年日本东京	0	1	1	2	
4	1962年印度尼西亚雅加达	0	2	0	2	
5	1966年泰国曼谷	0	0	1	1	
6	1970年泰国曼谷	0	0	0	0	
7	1974年伊朗德黑兰	0	0	0	0	
8	1978年泰国曼谷	0	2	3	5	
9	1982年印度新德里	0	0	1	1	
10	1986年韩国汉城	1	1	3	5	
11	1990年中国北京	0	2	5	7	
12	1994年日本广岛	0	5	7	12	
13	1998年泰国曼谷	5	6	6	17	
14	2002年韩国釜山	4	6	11	21	
15	2006年卡塔尔多哈	6	12	10	28	
16	2010年中国广州	8	15	17	40	
17	2014年韩国仁川	6	12	24	42	
18	2018年印度尼西亚雅加达	8	18	20	46	
	总 计	38	82	110	230	

外传·以色列

国名：以色列国

首都：耶路撒冷（尚未获得国际社会普遍承认）

面积：约2.5万平方公里（按目前实际控制面积计算）

人口：926万（2020年数据，其中犹太人约占74.4%，阿拉伯人约占21%）

参加亚运会届数：5届（2—3、5—7）

承办亚运会届数：0届

以色列是一个在亚洲地缘政治和地区国际关系演变中占有重要位置的国家。虽然以色列早就不参与亚洲的任何体育赛事，但回溯亚洲体育和亚运会发展史，以色列是个绕不开的国家。以色列与土耳其、塞浦路斯等坚持不认为自己属于亚洲的那些国家不同，以色列打根上起就坚持认为自己是亚洲国家，铁了心要参加亚洲的体育活动。以色列实际上是从亚洲体坛被驱离出去，造成这一历史憾事的原因很多很复杂，其中最核心的，是以色列和巴勒斯坦之间的关系。

以色列与巴勒斯坦之间的关系，更广义地说是犹太人与阿拉伯人的历史纠葛，实在是说来话非常非常长，在这里我们只能尽可能地长话短说。

巴勒斯坦地区位于亚洲西部的地中海沿岸，远古时期巴勒斯坦范围比今天要大得多，有若干民族在这里繁衍生息。公元前1025年，犹太人祖先希伯来人在这里建立以色列国，这是该地区出现的第一个古代国家；之后分裂为以色列国和犹太国两个国家。公元前722年，以色列国被来自西亚的亚述王国所灭；公元前586年，犹太国又被来自两河流域的新巴比伦王国所灭。至此，犹太人建立的国家在远古时期就走完兴盛衰亡的历史行程。之后，这一地区先后被马其顿王国、罗马帝国、阿拉伯帝国……五花八门各式帝国入侵和统治。公元7世纪之后，随着阿拉伯帝国的强盛与扩张，这块地区逐渐地阿拉伯化，阿拉伯人成为这里最主要的民族居住群体。1517年，奥斯曼土耳其帝国统治这一地区，它的统治一直持续到第一次世界大战结束，历时400年。

犹太人自亡国之后，在漫长历史岁月中，生活在这块土地上的犹太民族主体渐渐地远走他乡，漂流四海，留下来的犹太人只是凤毛麟角，有资料统计说巴勒斯坦地区犹太人口最少的时候只有上千人。流落他乡的犹太民族，虽然在世界各地漂泊数千年，多灾多难，命运坎坷，但一代又一代的犹太人始终抱着复归故土的念头和重建国家的希望顽强地生存着。1897年，来自世界各地的犹太复国主义者在瑞士巴塞尔城举行第一次世界犹太人代表大会，大会通过《世界犹太复国主义纲领》，犹太人正式开始重建现代国家的历程。建国的地点在几经争论之后，犹太人最后选定《圣经》中所说的上帝应选之地和历史上犹太祖先的建国之地——巴勒斯坦地区，重建民族之家。自那时开始，犹太民族作为没有土地的民族，加快了向巴勒斯坦地区移民的步伐。

第一次世界大战结束后，巴勒斯坦地区管辖权从战败国奥斯曼土耳其转到战胜国英国手中；名义上，英国是受当时国际联盟的委托对巴勒斯坦进行管理，它的正式名称叫作"英属巴勒斯坦委任统治地"，地域范围包括今天以色列与巴勒斯坦这两个国家以及约旦的部分地区。英国人管理巴勒斯坦地区与大英帝国传统殖民地有所区别，英国人依托当地土著人士主要是阿拉伯人进行间接管理。

在英国人委任统治期间，犹太移民数量不断增多。犹太移民大多来自欧洲尤其是东欧和中欧，在世界犹太财团资金支持下，他们主要以土地购买的方式，在移民过程中建立起一座座城镇（包括后来以色列国临时首都特拉维夫）。犹太移民的到来为这一地区带来了现代文化和在西方世界流行的竞技体育运动。

以足球运动为例。以犹太移民为核心的巴勒斯坦足协成立于1922年，1929年加入国际足联，国际足联也清楚犹太和阿拉伯两个民族的矛盾，所以在巴勒斯坦足协加入国际足联时设置的"前提条件是犹太人要与阿拉伯人和平相处"[①]。1934年3月和4月，由犹太移民组成的巴勒斯坦队与埃及队进行了第2届世界杯亚非区两场预选赛，亚洲第一支出现在世界杯赛场（预选赛）上的足球队，就是这支犹太移民球队，他们在两回合的比赛中两战皆负，未能出线。

第二次世界大战结束之后，英国准备放弃对巴勒斯坦地区的委任统治，让这一地区获得独立。巴勒斯坦地区的阿拉伯人以及整个阿拉伯世界坚决主张建立一个单一国家——阿拉伯人主导的国家；这一地区的犹太人则主张实行分治，建立两个国家——犹太人和阿拉伯人分别建立自己的国家。围绕着巴勒斯坦地区独立之后到底是建立单一国家还是建立两

---

① ［英］大卫·戈德布拉特：《足球百科》，中国地图出版社，2016年，第225页。

个国家，犹太与阿拉伯这两个民族的分歧根本无法调和，英国人发现自己实在玩不转，就将这一问题提交联合国处理。1947年11月29日，联合国大会以投票表决方式，通过著名的"分治决议"——将巴勒斯坦地区划分为阿拉伯人的阿拉伯国和犹太人的犹太国；同时，鉴于犹太人和阿拉伯人对圣城耶路撒冷究竟归谁争得不可开交，联合国决定谁都不给，单独划出来由联合国管理。

"分治决议"通过半年之后，1948年5月14日，犹太人的国家正式建立，定名以色列，首都暂定特拉维夫。阿拉伯世界群情沸腾，坚决反对分治，宣布举行圣战，消灭以色列，第一次中东战争（又名巴勒斯坦战争）迅即爆发。作战的主要双方，一方是以色列，另一方是阿拉伯世界的埃及、约旦、叙利亚、黎巴嫩和伊拉克5国。

血雨腥风之后，以色列最终赢得战争胜利，成为西亚地区的新兴独立国家。阿拉伯人的巴勒斯坦国没有能够建立，第一次中东战争结束时，根据分治决议应该属于巴勒斯坦国的国土被"三家分晋"，由三个国家分别控制：一部分被以色列占领；一部分被约旦占领，就是约旦河西岸地区；还有一部分被埃及占领，就是加沙地带。本来打算由联合国管理的耶路撒冷，以色列和约旦各攻占一半，以色列占领新城，约旦占领老城（参见：列传·巴勒斯坦；列传·约旦）。

与土耳其、塞浦路斯死活不承认自己是亚洲国家不愿意参加亚洲体育赛事形成鲜明对照的是，建国之后的以色列忠心耿耿地要参加亚洲地区的体育活动。以色列国土面积虽小，人口也不多，但主要由欧美移民组成的以色列国民体育素养深厚，在足球、篮球、田径、射击、网球等项目上实力不俗，篮球与足球绝对是亚洲一流水平。以色列男篮仅参加过3届亚运会，就获得2次冠军和1次亚军；以色列足球曾获得1964年亚洲杯冠军，并在1970年作为世界杯亚洲区预选赛唯一一支出线队进军决赛圈。以色列从1954年第2届亚运会起开始参赛，摘金夺银是常事。以色列在所参加过的5届亚运会奖牌榜上排名分别是：第2届第6名，第3届第14名，第5届第9名，第6届第6名，第7届第6名，基本属于中偏上位置，尤其是第7届亚运会，从这一届起中国、朝鲜等国开始参赛，参赛国家和地区达到前所未有的25个，以色列能排名第6，含金量相当高。

以色列建国之后，阿拉伯世界把以色列看作眼中钉肉中刺，双方几十年间在战场上打了一仗又一仗，这样就很难在赛场上作为比赛对手交手。凡是有以色列参加的体育赛会，阿拉伯国家基本上都是坚决抵制，不仅如此，一些非阿拉伯国家因为在中东问题上支持阿拉伯国家，也加入抵制行列，拒绝在比赛中与以色列运动员同场竞赛。鉴于这种情况，在各种体育赛会上，赛事主办者都尽量避免让以色列与阿拉伯国家（包括那些支持阿拉伯的国家）的运动队在赛场上相遇。但是，在所有的比赛尤其是亚洲地区的体育赛事中完全做到这一点实在不可能，因此很多赛会就被这些抵制和对抗行为搅得七荤八素，赛事主办者左支右绌，亚洲体坛乃至国际体坛为此也是一个头两个大。1962年第4届雅加达亚运会，印度尼西亚作为世界上穆斯林人口最多的国家，采取拒绝以色列代表团入境参赛的做法，由此还导致印度尼西亚与国际体育界发生严重对抗，甚至引发亚洲体坛的分裂（详见：纪事本末·度尽劫波亚运在）。这种抵制和对抗行动在20世纪70年代达到高峰，并导致以色列最终从亚洲体坛被驱离。

以色列自建国之后，从1952年起开始参加奥运会。1972年在联邦德国慕尼黑举行的第20届夏季奥运会，发生了举世震惊针对以色列的恐怖袭击事件。在这之前，无论是奥运会、世界杯或是其他大型体育赛事，安保措施都比较松懈，因为世界人民都觉得这种大型体育赛会就是各国运动员和体育爱好者的聚会，大家开开心心乐乐呵呵，把赛会活动整得像个大"派对"。按照惯例，奥运会举行期间，世界上那些打仗的地方还应该进行"奥运休战"，因为奥运会是和平欢乐的盛会。不料想慕尼黑奥运会进行途中，来自巴勒斯坦的武装人员突袭几乎没怎么设防的奥运村，绑架了以色列代表团部分成员。联邦德国警方随之发起营救行动，行动以失败告终，巴勒斯坦武装人员杀掉全部人质，共有11名以色列运动员、教练员遇难。在如此惨案的冲击下，这届慕尼黑奥运会差点夭折。从这以后，但凡重大体育赛事，举办方无不如临大敌，百倍警惕。亚洲地区民族仇恨的火焰，就这么烧到欧洲，并且把世界体育运动统统殃及。慕尼黑惨案两年之后举办的1974年第7届德黑兰亚运会，尽管以波斯族为人口主体的伊朗与阿拉伯国家同属伊斯兰世界，不过此时伊朗正值巴列维国王执政时期，对于中东地区阿拉伯与犹太两大民族的冲突，伊朗国王政府态度比较超脱，顶着来自阿拉伯国家的压力，同意以色列代表团入境参赛。出于安全因素并顾及阿拉伯国家的态度，以色列代表团并未出席德黑兰亚运会的开幕式。

1974年德黑兰亚运会是以色列参加的最后一届亚运会。比赛开始后，阿拉伯国家和信奉伊斯兰教的国家基本上都拒绝与以色列交手，中国、朝鲜等在中东问题上支持阿拉伯世界的社会主义国家也参与抵制，从而导致弃赛事件接连发生。男篮比赛，信奉伊斯兰教的巴基斯坦队遇到以色列队时弃权；男足比赛，实力强劲的科威特队和朝鲜队遇到以色列队时弃权。中国运动员在比赛中遇到以色列运动员时，也是毫无例外地弃赛，甚至放弃争金夺银的机会，这些赛事主要出现在网球场。在女子单打第二轮比赛中，中国选手姜丽华遇到以色列运动员佩萨霍芙，姜丽华拒赛；在男子单打争夺第三名的比赛中，中国选手吕正义遇到以色列运动员沙伦，吕正义拒赛，沙伦不战而胜获得铜牌。混合双打比赛更为夸张；以色列运动员弗赛默/佩萨霍芙第一轮轮空；第二轮战胜一对日本选手进入半决赛，遇到中国选手王福章/严大翠，中国选手拒赛；以色列选手进入决赛后，对手是中国运动员许梅林/张荣华，中国选手依然拒赛。这样，这对以色列选手仅仅比赛一轮，就获得本届亚运会网球混双冠军。

这种抵制或拒绝与以色列选手比赛的情形，除亚运会之外，在其他国际体育组织的比赛中也时有发生。我们再看一个典型案例：1958年足球世界杯预选赛，亚洲和非洲合成一个赛区叫亚非区，争夺一个出线进军世界杯决赛圈的名额。以色列与土耳其分在亚非区第2组，土耳其宣布弃权。土耳其之所以弃权一是因为土耳其一直认为自己是欧洲国家，从不参加亚洲的体育赛事，对于国际足联居然把他们视为亚洲国家分到亚非区参赛极为不满；二是因为土耳其是信奉伊斯兰教的国家。两因相加，土耳其果断地宣布弃权，以色列不战而胜小组出线，出线之后半决赛的对手是印度尼西亚。印度尼西亚当时没有与以色列建交，而且国内百分之八十多的人口信奉伊斯兰教，所以，印度尼西亚向国际足联提出与以色列的比赛安排在第三国中立场地进行。国际足联没有同意印度尼西亚的要求，印度尼西亚宣布弃权，以色列再次不战而胜进入亚非区决赛。以色列决赛的对手是非洲的苏丹队，苏丹又是一个阿拉伯民族占人口多数和信奉伊斯兰教的国家，苏丹拒赛弃权，以色列第三次不战而胜。由于以色列队的对手全部弃权，以色列队一场预选赛未踢就成为亚非区的冠军，成为亚非区唯一出线队。但国际足联对此不满，国际足联认为由于对手弃权而一场球未踢就进入决赛圈，对于那些苦苦鏖战通过预选赛打出来的球队太不公平，所以，除东道主和卫冕冠军可直接参赛外，其余球队必须真正确实踢过预选赛的比赛，才能进入决赛圈。国际足联马上召开紧急会议，会议做出决定，由欧洲区和美洲区预选赛落选的球队抽签，随机抽出一支球队，与以色列队进行附加赛，获胜的球队才能进军世界杯决赛圈。威尔士队中签，通过附加赛淘汰以色列队。结果这届世界杯的决赛圈，亚洲和非洲没有一支球队参加。

在1967年6月爆发的第三次中东战争中，以色列用6天时间打败埃及、叙利亚和约旦，不仅夺取了埃及控制的加沙地带和约旦控制的约旦河西岸及耶路撒冷旧城，还攻占埃及的西奈半岛与叙利亚的戈兰高地，以色列与阿拉伯国家之间的仇恨越拉越深。随着阿拉伯国家陆续加入亚洲体坛，势力日益壮大，这时他们已不局限于比赛中与以色列相遇时弃权罢赛，而是坚决要求将以色列从亚洲体坛驱逐出去。首先实现这一目标的是亚洲足球联合会。1974年德黑兰亚运会期间，亚足联召开会议，一番唇枪舌剑激烈辩论之后，通过决议开除以色列的亚足联会籍。以色列足球队在德黑兰亚运会上夺得亚军，刚从领奖台下来，就被永远地从亚洲足球赛场开除。以色列足协被除名之后，先是在大洋洲与澳大利亚、新西兰等国家为伍，眼看回归亚洲足坛无望，最终选择加入欧足联。

第7届亚运会发生的对以色列大面积抵制情形，使以色列的亚运会之路无法再延续下去。亚运会联合会虽然没有做出开除以色列的决定，但1978年第8届曼谷亚运会开幕前夕，亚运会联合会以安全为理由，禁止以色列参加这届亚运会。泰国官员私下承认，不让以色列参加亚运会的决定是政治性的，因为泰国经济的发展也依靠中东供应石油，所以不能无视阿拉伯国家的压力；而且第8届亚运会是在原承办国巴基斯坦弃办之后，泰国曼谷临时救场接办，中东国家为此捐助近200万美元，没有这笔钱，曼谷亚运会很难运作。所以，亚运会联合会与泰国方面只能拒绝以色列参赛。几年之后，亚运会联合会改组为亚奥理事会，在人多势众的阿拉伯国家坚决抵制下，这次改组过程根本就把以色列排除在外。几经折腾之后，以色列心灰意冷。自此，历经20年参加5届亚运会的以色列终于彻底退出亚洲体育舞台，逐渐融入欧洲体坛。

以色列国土狭小，人口不多，但是特点非常鲜明：以色列是遍布全世界犹太民族的集中代表，犹太民族的非凡创造力以及对世界文明的贡献举世公认；犹太文化是世界最古老的文化之一，底蕴深厚，影响深远；以色列体育运动也具有不俗实力。以色列心心念念于亚洲，可惜由于历史与现实的恩恩怨怨，我们在亚洲所有体育赛场上再也无缘看到以色列人的身影，这实在是亚洲体育运动的损失，体育被政治所累。

从20世纪70年代末期开始，中东和平进程启动，以色列通过"以土地换和平"的方式，陆续与一些阿拉伯国家签订和约并建立外交关系；巴勒斯坦也在加沙地带和约旦河西岸部分地区获得部分自治权。在以色列国内，也不乏犹太民族与阿拉伯民族和平相处的事例。拥有以色列国籍的约21%是阿拉伯人，他们是以色列的国民，依然信奉伊斯兰教，与犹太人和平相处。在以色列最受欢迎也最成功的萨赫宁俱乐部，就是一家阿拉伯人的足球俱乐部，它拥有许多犹太球迷，2004年还获得欧洲联盟杯参赛资格，成为第一支参加欧洲足球比赛的阿拉伯俱乐部。[①]

到目前为止，以色列与中东阿拉伯国家的宿怨世仇仍未完全化解。因此，作为民族、文化、体育都独具色彩的属于亚洲国家的以色列，地缘政治因素成为其重返亚运会大家庭的最大障碍，亚洲国际政治的现实使以色列亚洲体坛回归之路需要与中东和平进程绑定，这需要时间。当然，从主观意愿来看，以色列方面亦没有发出希望重返亚运会和亚洲体坛的要求。

---

① ［英］大卫·戈德布拉特：《足球百科》，中国地图出版社，2016年，第225页。

历届亚运会以色列所获奖牌

届　数	举办时间与举办地	金　牌	银　牌	铜　牌	总　计	备　注
1	1951年印度新德里	/	/	/	/	未参赛
2	1954年菲律宾马尼拉	2	1	1	4	
3	1958年日本东京	0	0	2	2	
4	1962年印度尼西亚雅加达	/	/	/	/	未参赛
5	1966年泰国曼谷	3	5	3	11	
6	1970年泰国曼谷	6	6	5	17	
7	1974年伊朗德黑兰	7	4	8	19	
8	1978年泰国曼谷	/	/	/	/	未参赛
9	1982年印度新德里	/	/	/	/	未参赛
10	1986年韩国汉城	/	/	/	/	未参赛
11	1990年中国北京	/	/	/	/	未参赛
12	1994年日本广岛	/	/	/	/	未参赛
13	1998年泰国曼谷	/	/	/	/	未参赛
14	2002年韩国釜山	/	/	/	/	未参赛
15	2006年卡塔尔多哈	/	/	/	/	未参赛
16	2010年中国广州	/	/	/	/	未参赛
17	2014年韩国仁川	/	/	/	/	未参赛
18	2018年印度尼西亚雅加达	/	/	/	/	未参赛
总　计		18	16	19	53	

卷三·表

一、历届亚运会参加成员名录

1.关于"历届亚运会参加成员名录"的考订

从1951年第1届亚运会到2018年第18届亚运会,参加每一届亚运会的成员数量究竟是多少?分别是哪些国家和地区?这本是亚运会的最基本数据,但在各种版本的纸质书刊与各类网站网页上,历届亚运会参加成员的名称与数量并不统一,甚至应该是具有权威性的亚奥理事会官方网站,其中亚运会参赛成员名称和相关数据也存在着多处自相矛盾以及错谬之处。这些问题主要出现在20世纪50—90年代期间举办的亚运会。作者为此展开相关考订,并在此基础上形成历届亚运会参加成员之名称与数量的确认。

以下将相关著述和资料中常见的错谬与不统一之处做一汇总性归纳,具体考订内容详见书中相关章节。

(1)关于马来西亚独立之前该地区的参赛名称

这个问题涉及到马来西亚在独立之前作为英属马来亚殖民地时期的行政区域划分,以及各行政区域时间不等的独立进程。英属马来亚的历史演变过程错综复杂,时常发生分化组合,因而反映在亚运会相关统计资料中,出现了马来亚、马来西亚、北婆罗洲、沙捞越、新加坡等成员的名称,这些成员的参赛届次既有重迭又有不同,这些状况是造成早期亚运会成员名称和数量统计混乱的重要原因之一。具体考订详见"列传·马来西亚"。

(2)关于第2届至第7届亚运会越南的参赛名称

在第2届至第7届亚运会相关资料中,越南的参赛名称出现混乱。这个问题的产生涉及当代越南曾分裂为两个国家后又实现统一的历史。根据1954年7月21日签订的"日内瓦协议",以北纬17度线为界,越南分裂为两个国家:越南北部地区国名为越南民主共和国,首都河内;原法国控制的越南南部地区国名为越南国,首都西贡。在两个越南存续时期,位于北部的越南民主共和国没有参加过亚运会,出现在亚运会赛场上的是位于南部的越南国,它参加了从1954年到1974年间举行的第2届至第7届亚运会,在相关资料中,有的称其为"南越伪政权",有的称其为"西贡政权",有的称其为"南越(西贡政权)"。还有的资料则含混地称其为"越南",但这种称呼显然不准确,因为究竟是两个越南中的哪个越南指向不清晰;而亚奥理事会官网在使用"越南"国名的同时又加上越南(河内政权)的国旗,这就属于"南冠北戴"了。

鉴于越南的分裂与统一是历史客观事实,因此,本书在第2届至第7届参赛成员中使用了"越南(西贡政权)"这一表述,以规范名称和避免混淆。

1975年越南统一,自1978年第8届亚运会始这一名称问题自然消亡(参见:列传:越南)。

(3)关于第6届和第7届亚运会柬埔寨的参赛名称

1970年5月20日,柬埔寨发生军事政变,组建了所谓的朗诺政权。朗诺政权的统治于1975年结束,朗诺政权控制下的柬埔寨参加了第6届(1970年)和第7届(1974年)两届亚运会。柬埔寨这一段历史演变反映到国内出版的亚运会资料中,柬埔寨的参赛名称出现不统一,有的称其为"朗诺集团",有的仍然称其为"柬埔寨"。鉴于"朗诺集团"这样的名称没有标明国家或地区归属,只是某政治集团的称谓,并不规范;而仍称其为"柬埔寨"又不符合当时该国的政治分野状况。时过境迁,今天的柬埔寨对当年朗诺政权那一段历史也并不采取回避态度,所以对于柬埔寨参加第6届和第7届亚运会时的名称,以称"柬埔寨(朗诺政权)"为宜,能够比较客观地反映出柬埔寨的历史变迁(参见:列传·柬埔寨)。

(4)关于"中国台湾"与"中国台北"

以1979年10月25日国际奥林匹克委员会执委会通过《名古屋决议》为时间节点,之前使用"中国台湾"名称,之后使用"中国台北"名称(详见:纪事本末·亚运家族成长记;列传·中国台北)。

亚奥理事会官网上将中国台湾参加第2、3、5、6届亚运会时的名称写成中华人民共和国,当属该官网出现的技术性错误。

(5)关于"香港"与"中国香港"

1997年7月1日中华人民共和国对香港恢复行使主权后,香港奥委会更名为中华人民共和国香港特别行政区奥委会,以此为时间节点,之前使用"香港"名称,之后使用"中国香港"名称。

(6)关于"澳门"与"中国澳门"

1999年12月20日中华人民共和国对澳门恢复行使主权后,澳门奥委会更名为中华人民共和国澳门特别行政区奥委会,以此为时间节点,之前使用"澳门"名称,之后使用"中国澳门"名称。

（7）关于1990年第11届北京亚运会的参赛成员与数量

参加北京亚运会的成员数量，在相关资料中出现37个和36个两种说法，造成这种统计数据不统一的原因主要在于：其一，约旦没有派运动员参加北京亚运会比赛，仅象征性地出席北京亚运会；其二，在北京亚运会之前，阿拉伯也门共和国与也门民主人民共和国实现合并，参加北京亚运会的是合并统一后的也门共和国（详见：列传·约旦；列传·也门）。

需要说明的是，某些国家或地区因为历史的或国际关系的因素，其名称在国内不同年代出版的资料中有所不同，例如韩国，在中韩建交之前国内出版的文献资料中，均称其为"南朝鲜"，对于此类名称指向很明确不会产生歧义和误解的国家和地区，不在本书考订范围之内。

2.历届亚运会参加成员名录（按参加成员名称的汉语拼音首字母排序）

1951年第1届新德里亚运会　成员数11

阿富汗　菲律宾　缅甸　尼泊尔　日本　斯里兰卡（锡兰）[①]　泰国　新加坡　伊朗　印度　印度尼西亚

1954年第2届马尼拉亚运会　成员数18

阿富汗　巴基斯坦　北婆罗洲　菲律宾　韩国　柬埔寨　马来亚　缅甸　日本　斯里兰卡（锡兰）　泰国　香港　新加坡　以色列　印度　印度尼西亚　越南（西贡政权）　中国台湾

1958年第3届东京亚运会　成员数20

阿富汗　巴基斯坦　北婆罗洲　菲律宾　韩国　柬埔寨　马来亚　缅甸　尼泊尔　日本　斯里兰卡（锡兰）　泰国　香港　新加坡　伊朗　以色列　印度　印度尼西亚　越南（西贡政权）　中国台湾

1962年第4届雅加达亚运会　成员数17

阿富汗　巴基斯坦　北婆罗洲　菲律宾　韩国　柬埔寨　马来亚　缅甸　日本　沙捞越　泰国　斯里兰卡（锡兰）　香港　新加坡　印度　印度尼西亚　越南（西贡政权）

[①] 斯里兰卡在1948年独立时国名为锡兰，1978年8月16日更名为斯里兰卡，该国以"锡兰"之国名参加了第1届至第7届亚运会，以"斯里兰卡"之国名参加了第8届之后的历届亚运会。

1966年第5届曼谷亚运会　成员数18

阿富汗　巴基斯坦　菲律宾　韩国　马来西亚　缅甸　尼泊尔　日本　斯里兰卡（锡兰）　泰国　香港　新加坡　伊朗　以色列　印度　印度尼西亚　越南（西贡政权）　中国台湾

1970年第6届曼谷亚运会　成员数18

巴基斯坦　菲律宾　韩国　柬埔寨（朗诺政权）　马来西亚　缅甸　尼泊尔　日本　斯里兰卡（锡兰）　泰国　香港　新加坡　伊朗　以色列　印度　印度尼西亚　越南（西贡政权）　中国台湾

1974年第7届德黑兰亚运会　成员数25

阿富汗　巴基斯坦　巴林　朝鲜　菲律宾　韩国　柬埔寨（朗诺政权）　科威特　老挝　马来西亚　蒙古　缅甸　尼泊尔　日本　斯里兰卡　泰国　香港　新加坡　伊拉克　伊朗　以色列　印度　印度尼西亚　越南（西贡政权）　中国

1978年第8届曼谷亚运会　成员数25

阿拉伯联合酋长国　巴基斯坦　巴林　朝鲜　菲律宾　韩国　卡塔尔　科威特　黎巴嫩　马来西亚　蒙古　孟加拉国　缅甸　尼泊尔　日本　沙特阿拉伯　斯里兰卡　泰国　香港　新加坡　叙利亚　伊拉克　印度　印度尼西亚　中国

1982年第9届新德里亚运会　成员数33

阿富汗　阿拉伯联合酋长国　阿拉伯也门共和国　阿曼　巴基斯坦　巴林　朝鲜　菲律宾　韩国　卡塔尔　科威特　老挝　黎巴嫩　马尔代夫　马来西亚　蒙古　孟加拉国　缅甸　日本　尼泊尔　沙特阿拉伯　斯里兰卡　泰国　香港　新加坡　叙利亚　也门民主人民共和国　伊拉克　伊朗　印度　印度尼西亚　越南　中国

1986年第10届汉城亚运会　成员数27

阿拉伯联合酋长国　阿拉伯也门共和国　阿曼　巴基斯坦　巴林　不丹　菲律宾　韩国　卡塔尔　科威特　黎巴嫩　马尔代夫　马来西亚　孟加拉国　尼泊尔　日本　沙特阿拉伯　斯里兰卡　泰国　香港　新加坡　伊拉克　伊朗　印度　印度尼西亚　约旦　中国

1990年第11届北京亚运会　成员数37

阿富汗　阿拉伯联合酋长国　阿曼　澳门　巴基斯坦　巴勒斯坦　巴林　不丹　朝鲜　菲律宾　韩国　卡塔尔　科威特　老挝　黎巴嫩　马尔代夫　马来西亚　蒙古　孟加拉国　缅甸　尼泊尔　日本　沙特阿拉伯　斯里兰卡　泰国　文莱　香港　新加坡　叙利亚　也门　伊朗　印度　印度尼西亚　约旦　越南　中国　中国台北

1994年第12届广岛亚运会　成员数42

阿富汗　阿拉伯联合酋长国　阿曼　澳门　巴基斯坦　巴勒斯坦　巴林　不丹　菲律宾　哈萨克斯坦　韩国　吉尔吉斯斯坦　柬埔寨　卡塔尔　科威特　老挝　黎巴嫩　马尔代夫　马来西亚　蒙古　孟加拉国　缅甸　尼泊尔　日本　沙特阿拉伯　斯里兰卡　塔吉克斯坦　泰国　土库曼斯坦　文莱　乌兹别克斯坦　香港　新加坡　叙利亚　也门　伊朗　印度　印度尼西亚　约旦　越南　中国　中国台北

1998年第13届曼谷亚运会　成员数41

阿拉伯联合酋长国　阿曼　澳门　巴基斯坦　巴勒斯坦　巴林　不丹　朝鲜　菲律宾　哈萨克斯坦　韩国　吉尔吉斯斯坦　柬埔寨　卡塔尔　科威特　老挝　黎巴嫩　马尔代夫　马来西亚　蒙古　孟加拉国　缅甸　尼泊尔　日本　斯里兰卡　塔吉克斯坦　泰国　土库曼斯坦　文莱　乌兹别克斯坦　新加坡　叙利亚　也门　伊朗　印度　印度尼西亚　约旦　越南　中国　中国台北　中国香港

2002年第14届釜山亚运会　成员数44

阿富汗　阿拉伯联合酋长国　阿曼　巴基斯坦　巴勒斯坦　巴林　不丹　朝鲜　东帝汶　菲律宾　哈萨克斯坦　韩国　吉尔吉斯斯坦　柬埔寨　卡塔尔　科威特　老挝　黎巴嫩　马尔代夫　马来西亚　蒙古　孟加拉国　缅甸　尼泊尔　日本　沙特阿拉伯　斯里兰卡　塔吉克斯坦　泰国　土库曼斯坦　文莱　乌兹别克斯坦　新加坡　叙利亚　也门　伊朗　印度　印度尼西亚　约旦　越南　中国　中国澳门　中国台北　中国香港

2006年第15届多哈亚运会　成员数45

阿富汗　阿拉伯联合酋长国　阿曼　巴基斯坦　巴勒斯坦　巴林　不丹　朝鲜　东帝汶　菲律宾　哈萨克斯坦　韩国　吉尔吉斯斯坦　柬埔寨　卡塔尔　科威特　老挝　黎巴嫩　马尔代夫　马来西亚　蒙古　孟加拉国　缅甸　尼泊尔　日本　沙特阿拉伯　斯里兰卡　塔吉克斯坦　泰国　土库曼斯坦　文莱　乌兹别克斯坦　新加坡　叙利亚　也门　伊拉克　伊朗　印度　印度尼西亚　约旦　越南　中国　中国澳门　中国台北　中国香港

2010年第16届广州亚运会　成员数45

阿富汗　阿拉伯联合酋长国　阿曼　巴基斯坦　巴勒斯坦　巴林　不丹　朝鲜　东帝汶　菲律宾　哈萨克斯坦　韩国　吉尔吉斯斯坦　柬埔寨　卡塔尔　科威特　老挝　黎巴嫩　马尔代夫　马来西亚　蒙古　孟加拉国　缅甸　尼泊尔　日本　沙特阿拉伯　斯里兰卡　塔吉克斯坦　泰国　土库曼斯坦　文莱　乌兹别克斯坦　新加坡　叙利亚　也门　伊拉克　伊朗　印度　印度尼西亚　约旦　越南　中国　中国澳门　中国台北　中国香港

2014年第17届仁川亚运会　成员数45

阿富汗　阿拉伯联合酋长国　阿曼　巴基斯坦　巴勒斯坦　巴林　不丹　朝鲜　东帝汶　菲律宾　哈萨克斯坦　韩国　吉尔吉斯斯坦　柬埔寨　卡塔尔　科威特　老挝　黎巴嫩　马尔代夫　马来西亚　蒙古　孟加拉国　缅甸　尼泊尔　日本　沙特阿拉伯　斯里兰卡　塔吉克斯坦　泰国　土库曼斯坦　文莱　乌兹别克斯坦　新加坡　叙利亚　也门　伊拉克　伊朗　印度　印度尼西亚　约旦　越南　中国　中国澳门　中国台北　中国香港

2018年第18届雅加达亚运会　成员数45

阿富汗　阿拉伯联合酋长国　阿曼　巴基斯坦　巴勒斯坦　巴林　不丹　朝鲜　东帝汶　菲律宾　哈萨克斯坦　韩国　吉尔吉斯斯坦　柬埔寨　卡塔尔　科威特　老挝　黎巴嫩　马尔代夫　马来西亚　蒙古　孟加拉国　缅甸　尼泊尔　日本　沙特阿拉伯　斯里兰卡　塔吉克斯坦　泰国　土库曼斯坦　文莱　乌兹别克斯坦　新加坡　叙利亚　也门　伊拉克　伊朗　印度　印度尼西亚　约旦　越南　中国　中国澳门　中国台北　中国香港

二、各国和地区获亚运会奖牌统计

各国和地区获得亚运会奖牌的数据，在各类著述和资料中并不一致，本书的数据主要源自人民体育出版社历年出版的《中国体育年鉴》与《亚洲运动会资料》《第七届亚洲运动会资料》《第八届亚洲运动会资料》《第九届亚洲运动会》《第十届亚洲运动会》等。[①]

国家和地区	参加届数	承办届数	获得奖牌数				名　次[②]
			金	银	铜	总计	
中国	12	2	1473	992	720	3185	1
日本	18	2	1031	1036	988	3055	2
韩国	17	3	745	667	830	2242	3
伊朗	15	1	179	180	198	557	4
哈萨克斯坦	7	0	155	157	245	557	5
印度	18	2	154	201	314	669	6
泰国	18	4	132	175	279	586	7
朝鲜	10	0	110	143	180	433	8
中国台北	12	0	109	144	285	518	9
印度尼西亚	18	2	91	118	247	456	10
乌兹别克斯坦	7	0	84	120	138	342	11
菲律宾	18	1	67	113	231	411	12
马来西亚	17	0	63	101	147	311	13
巴基斯坦	17	0	44	63	96	203	14

---

① 根据新华社报道，亚奥理事会1998年12月4日在曼谷重新公布了1994年第12届广岛亚运会的奖牌统计，本表采用的是这一数据。http://sports.sina.com.cn/yayun/9812/120604.html。
② 排名顺序按照获得金牌、银牌、铜牌、总奖牌的数量为序进行排名。

（续表）

国家和地区	参加届数	承办届数	获得奖牌数				名 次
			金	银	铜	总计	
卡塔尔	11	1	43	32	46	121	15
新加坡	18	0	41	60	125	226	16
中国香港	17	0	38	82	110	230	17
巴林	12	0	37	25	23	85	18
科威特	12	0	26	30	35	91	19
蒙古	10	0	25	46	91	162	20
沙特阿拉伯	10	0	25	13	23	61	21
越南[①]	15	0	17	71	90	178	22
缅甸	17	0	16	31	55	102	23
斯里兰卡	18	0	11	11	25	47	24
叙利亚	10	0	9	7	16	32	25
阿拉伯联合酋长国	11	0	7	18	17	42	26
伊拉克	8	0	7	17	23	47	27
约旦	9	0	5	16	24	45	28
黎巴嫩	11	0	5	5	8	18	29
吉尔吉斯斯坦	7	0	4	24	38	66	30
塔吉克斯坦	7	0	4	7	17	28	31
土库曼斯坦	7	0	3	8	12	23	32
柬埔寨[②]	12	0	3	2	5	10	33
中国澳门	8	0	2	11	20	33	34
孟加拉国	11	0	1	5	6	12	35
阿曼	10	0	1	0	3	4	36

① 越南曾分裂为两个国家，第2届至第7届亚运会的参加者为越南（西贡政权）。
② 1970年柬埔寨发生政变，第6届和第7届亚运会参赛者为政变后上台的柬埔寨（朗诺政权）（参见：列传·柬埔寨）。

（续表）

国家和地区	参加届数	承办届数	获得奖牌数				名　次
			金	银	铜	总计	
阿富汗	14	0	0	5	8	13	37
老挝	10	0	0	4	11	15	38
尼泊尔	16	0	0	2	22	24	39
文莱	8	0	0	0	4	4	40
也门①	8	0	0	0	2	2	41
巴勒斯坦	8	0	0	0	1	1	42
不丹②	9	0	0	0	0	0	43
东帝汶	5	0	0	0	0	0	43
马尔代夫	10	0	0	0	0	0	43
附：以色列③	5	0	18	16	19	53	未列入排名
奖牌数总计			4785	4758	5777	15300	

① 也门在1990年之前曾是两个国家，北也门参加了第9届和第10届亚运会，南也门参加了第9届亚运会（参见：列传·也门）。
② 不丹、东帝汶和马尔代夫均没有获得任何奖牌，排名并列第43。
③ 以色列在第7届亚运会之后，不再参加亚洲的任何体育赛事，故未列入排名。

三、历届亚运会部分比赛项目团体前三名

1.足球

（1）男子

时间、地点、届次	冠军	亚军	季军	备注
1951年新德里第1届	印度	伊朗	日本	
1954年马尼拉第2届	中国台湾	韩国	缅甸	
1958年东京第3届	中国台湾	韩国	印度尼西亚	
1962年雅加达第4届	印度	韩国	马来亚	
1966年曼谷第5届	缅甸	伊朗	日本	
1970年曼谷第6届	缅甸/韩国		印度	并列冠军，无亚军
1974年德黑兰第7届	伊朗	以色列	马来西亚	
1978年曼谷第8届	朝鲜/韩国		中国	并列冠军，无亚军
1982年新德里第9届	伊拉克	科威特	沙特阿拉伯	
1986年汉城第10届	韩国	沙特阿拉伯	科威特	
1990年北京第11届	伊朗	朝鲜	韩国	
1994年广岛第12届	乌兹别克斯坦	中国	科威特	
1998年曼谷第13届	伊朗	科威特	中国	
2002年釜山第14届	伊朗	日本	韩国	
2006年多哈第15届	卡塔尔	伊拉克	伊朗	
2010年广州第16届	日本	阿拉伯联合酋长国	韩国	
2014年仁川第17届	韩国	朝鲜	伊朗	
2018年雅加达第18届	韩国	日本	阿拉伯联合酋长国	

（2）女子（从第11届亚运会起设置）

时间、地点、届次	冠 军	亚 军	季 军	备 注
1990年北京第11届	中国	日本	朝鲜	
1994年广岛第12届	中国	日本	中国台北	
1998年曼谷第13届	中国	朝鲜	日本	
2002年釜山第14届	朝鲜	中国	日本	
2006年多哈第15届	朝鲜	日本	中国	
2010年广州第16届	日本	朝鲜	韩国	
2014年仁川第17届	朝鲜	日本	韩国	
2018年雅加达第18届	日本	中国	韩国	

2.篮球

（1）男子

时间、地点、届次	冠 军	亚 军	季 军	备 注
1951年新德里第1届	菲律宾	日本	伊朗	
1954年马尼拉第2届	菲律宾	中国台湾	日本	
1958年东京第3届	菲律宾	中国台湾	日本	
1962年雅加达第4届	菲律宾	日本	韩国	
1966年曼谷第5届	以色列	泰国	韩国	
1970年曼谷第6届	韩国	以色列	日本	
1974年德黑兰第7届	以色列	韩国	中国	
1978年曼谷第8届	中国	韩国	朝鲜	
1982年新德里第9届	韩国	中国	日本	
1986年汉城第10届	中国	韩国	菲律宾	
1990年北京第11届	中国	菲律宾	韩国	
1994年广岛第12届	中国	韩国	日本	
1998年曼谷第13届	中国	韩国	菲律宾	
2002年釜山第14届	韩国	中国	哈萨克斯坦	

（续表）

时间、地点、届次	冠 军	亚 军	季 军	备 注
2006年多哈第15届	中国	卡塔尔	伊朗	
2010年广州第16届	中国	韩国	伊朗	
2014年仁川第17届	韩国	伊朗	日本	
2018年雅加达第18届	中国	伊朗	韩国	

（2）女子（从第7届亚运会起设置）

时间、地点、届次	冠 军	亚 军	季 军	备 注
1974年德黑兰第7届	日本	韩国	中国	
1978年曼谷第8届	韩国	中国	日本	
1982年新德里第9届	中国	韩国	日本	
1986年汉城第10届	中国	韩国	日本	
1990年北京第11届	中国	韩国	中国台北	
1994年广岛第12届	韩国	日本	中国	
1998年曼谷第13届	日本	中国	韩国	
2002年釜山第14届	中国	韩国	中国台北	
2006年多哈第15届	中国	中国台北	日本	
2010年广州第16届	中国	韩国	日本	
2014年仁川第17届	韩国	中国	日本	
2018年雅加达第18届	中国	朝韩联队	日本	

3.排球

（1）男子（从第3届亚运会起设置）

时间、地点、届次	冠 军	亚 军	季 军	备 注
1958年东京第3届	日本	伊朗	印度	
1962年雅加达第4届	日本	印度	巴基斯坦	
1966年曼谷第5届	日本	韩国	伊朗	
1970年曼谷第6届	日本	韩国	中国台湾	

（续表）

时间、地点、届次	冠 军	亚 军	季 军	备 注
1974年德黑兰第7届	日本	韩国	中国	
1978年曼谷第8届	韩国	日本	中国	
1982年新德里第9届	日本	中国	韩国	
1986年汉城第10届	中国	韩国	印度	
1990年北京第11届	中国	韩国	日本	
1994年广岛第12届	日本	中国	韩国	
1998年曼谷第13届	中国	韩国	中国台北	
2002年釜山第14届	韩国	伊朗	日本	
2006年多哈第15届	韩国	中国	沙特阿拉伯	
2010年广州第16届	日本	伊朗	韩国	
2014年仁川第17届	伊朗	日本	韩国	
2018年雅加达第18届	伊朗	韩国	中国台北	

（2）女子（从第4届亚运会起设置）

时间、地点、届次	冠 军	亚 军	季 军	备 注
1962年雅加达第4届	日本	韩国	印度尼西亚	
1966年曼谷第5届	日本	韩国	伊朗	
1970年曼谷第6届	日本	韩国	柬埔寨（朗诺政权）	
1974年德黑兰第7届	日本	韩国	中国	
1978年曼谷第8届	日本	中国	韩国	
1982年新德里第9届	中国	日本	韩国	
1986年汉城第10届	中国	日本	韩国	
1990年北京第11届	中国	韩国	日本	
1994年广岛第12届	韩国	中国	日本	
1998年曼谷第13届	中国	韩国	日本	
2002年釜山第14届	中国	韩国	日本	
2006年多哈第15届	中国	日本	中国台北	

（续表）

时间、地点、届次	冠 军	亚 军	季 军	备 注
2010年广州第16届	中国	韩国	哈萨克斯坦	
2014年仁川第17届	韩国	中国	泰国	
2018年雅加达第18届	中国	泰国	韩国	

4.乒乓球

（1）男子团体（从第3届亚运会起设置）

时间、地点、届次	冠 军	亚 军	季 军	备 注
1958年东京第3届	越南（西贡政权）	日本	伊朗	
1962年雅加达第4届	日本	韩国	新加坡	
1966年曼谷第5届	日本	中国台湾	韩国	
1970年曼谷第6届				未设置
1974年德黑兰第7届	中国	日本	朝鲜	
1978年曼谷第8届	中国	日本	朝鲜	
1982年新德里第9届	中国	日本	韩国	
1986年汉城第10届	韩国	中国	日本	
1990年北京第11届	韩国	朝鲜	中国	
1994年广岛第12届	中国	韩国	日本	
1998年曼谷第13届	中国	韩国	日本/中国台北	
2002年釜山第14届	中国	韩国	中国香港/中国台北	
2006年多哈第15届	中国	韩国	中国香港/中国台北	
2010年广州第16届	中国	韩国	日本/朝鲜	
2014年仁川第17届	中国	韩国	日本/中国台北	
2018年雅加达第18届	中国	韩国	中国台北/印度	

（2）女子团体（从第3届亚运会起设置）

时间、地点、届次	冠 军	亚 军	季 军	备 注
1958年东京第3届	日本	中国台湾	韩国	

（续表）

时间、地点、届次	冠　军	亚　军	季　军	备　注
1962年雅加达第4届	日本	香港	韩国	
1966年曼谷第5届	日本	韩国	中国台湾	
1970年曼谷第6届				未设置
1974年德黑兰第7届	中国	韩国	日本	
1978年曼谷第8届	中国	韩国	日本	
1982年新德里第9届	中国	韩国	朝鲜	
1986年汉城第10届	韩国	中国	日本	
1990年北京第11届	中国	韩国	香港	
1994年广岛第12届	中国	香港	日本	
1998年曼谷第13届	中国	朝鲜	中国香港/韩国	
2002年釜山第14届	朝鲜	中国	新加坡/日本	
2006年多哈第15届	中国	新加坡	韩国/朝鲜	
2010年广州第16届	中国	新加坡	韩国/朝鲜	
2014年仁川第17届	中国	日本	朝鲜/新加坡	
2018年雅加达第18届	中国	朝鲜	韩国/中国香港	

5.羽毛球

（1）男子团体（从第4届亚运会起设置）

时间、地点、届次	冠　军	亚　军	季　军	备　注
1962年雅加达第4届	印度尼西亚	泰国	马来亚	
1966年曼谷第5届	泰国	马来西亚	日本/中国台湾	
1970年曼谷第6届	印度尼西亚	泰国	马来西亚/日本	
1974年德黑兰第7届	中国	印度尼西亚	印度	
1978年曼谷第8届	印度尼西亚	中国	巴基斯坦/泰国	
1982年新德里第9届	中国	印度尼西亚	印度/韩国	
1986年汉城第10届	韩国	中国	印度/印度尼西亚	

（续表）

时间、地点、届次	冠 军	亚 军	季 军	备 注
1990年北京第11届	中国	马来西亚	韩国/印度尼西亚	
1994年广岛第12届	印度尼西亚	韩国	中国/马来西亚	
1998年曼谷第13届	印度尼西亚	中国	韩国/马来西亚	
2002年釜山第14届	韩国	印度尼西亚	中国/马来西亚	
2006年多哈第15届	中国	韩国	印度尼西亚/马来西亚	
2010年广州第16届	中国	韩国	印度尼西亚/泰国	
2014年仁川第17届	韩国	中国	马来西亚	
2018年雅加达第18届	中国	印度尼西亚	中国台北/日本	

（2）女子团体（从第4届亚运会起设置）

时间、地点、届次	冠 军	亚 军	季 军	备 注
1962年雅加达第4届	印度尼西亚	马来亚	泰国	
1966年曼谷第5届	日本	泰国	韩国/印度尼西亚	
1970年曼谷第6届	日本	泰国	韩国/印度尼西亚	
1974年德黑兰第7届	中国	印度尼西亚	日本	
1978年曼谷第8届	中国	印度尼西亚	日本/泰国	
1982年新德里第9届	中国	日本	韩国/印度	
1986年汉城第10届	中国	日本	韩国/印度尼西亚	
1990年北京第11届	中国	印度尼西亚	韩国/日本	
1994年广岛第12届	韩国	印度尼西亚	中国/日本	
1998年曼谷第13届	中国	韩国	印度尼西亚/日本	
2002年釜山第14届	中国	韩国	泰国/中国香港	
2006年多哈第15届	中国	日本	韩国/新加坡	
2010年广州第16届	中国	泰国	印度尼西亚/韩国	
2014年仁川第17届	中国	韩国	印度	
2018年雅加达第18届	日本	中国	印度尼西亚/泰国	

6.网球

（1）男子团体（从第3届亚运会起设置）

时间、地点、届次	冠　军	亚　军	季　军	备　注
1958年东京第3届				未设团体项目
1962年雅加达第4届	日本	菲律宾	印度尼西亚	
1966年曼谷第5届	日本	泰国	菲律宾/伊朗	
1970年曼谷第6届				未设置
1974年德黑兰第7届	日本	中国	巴基斯坦	
1978年曼谷第8届	印度尼西亚	巴基斯坦	中国/日本	
1982年新德里第9届	印度尼西亚	印度	中国	
1986年汉城第10届	韩国	中国	泰国	
1990年北京第11届	中国	韩国	印度/印度尼西亚	
1994年广岛第12届	印度	印度尼西亚	日本/马来西亚	
1998年曼谷第13届	韩国	日本	印度/乌兹别克斯坦	
2002年釜山第14届	日本	韩国	印度尼西亚/乌兹别克斯坦	
2006年多哈第15届	韩国	日本	中国台北/泰国	
2010年广州第16届	中国台北	乌兹别克斯坦	印度/日本	
2014年仁川第17届	韩国	日本	中国/中国台北	软式网球
2018年雅加达第18届	韩国	日本	中国台北/印度尼西亚	软式网球

（2）女子团体（从第3届亚运会起设置）

时间、地点、届次	冠　军	亚　军	季　军	备　注
1958年东京第3届				未设团体项目
1962年雅加达第4届	日本	印度尼西亚	菲律宾	
1966年曼谷第5届	印度尼西亚	日本	菲律宾/锡兰	
1970年曼谷第6届				未设置
1974年德黑兰第7届	韩国	中国	日本	
1978年曼谷第8届	日本	韩国	印度尼西亚	

（续表）

时间、地点、届次	冠 军	亚 军	季 军	备 注
1982年新德里第9届	韩国	中国	日本	
1986年汉城第10届	中国	韩国	印度尼西亚	
1990年北京第11届	日本	印度尼西亚	中国/韩国	
1994年广岛第12届	日本	印度尼西亚	中国/中国台北	
1998年曼谷第13届	中国台北	中国	印度尼西亚/日本	
2002年釜山第14届	印度尼西亚	日本	韩国/中国台北	
2006年多哈第15届	中国台北	印度	日本/乌兹别克斯坦	
2010年广州第16届	中国	中国台北	日本/泰国	
2014年仁川第17届	韩国	日本	中国/中国台北	软式网球
2018年雅加达第18届	日本	韩国	中国/中国台北	软式网球

7.手球

（1）男子（从第9届亚运会起设置）

时间、地点、届次	冠 军	亚 军	季 军	备 注
1982年新德里第9届	中国	日本	韩国	
1986年汉城第10届	韩国	中国	日本	
1990年北京第11届	韩国	日本	沙特阿拉伯	
1994年广岛第12届	韩国	日本	中国	
1998年曼谷第13届	韩国	科威特	日本	
2002年釜山第14届	韩国	科威特	卡塔尔	
2006年多哈第15届	科威特	卡塔尔	伊朗	
2010年广州第16届	韩国	伊朗	日本	
2014年仁川第17届	卡塔尔	韩国	巴林	
2018年雅加达第18届	卡塔尔	巴林	韩国	

（2）女子（从第11届亚运会起设置）

时间、地点、届次	冠 军	亚 军	季 军	备 注
1990年北京第11届	韩国	中国	中国台北	
1994年广岛第12届	韩国	日本	中国	
1998年曼谷第13届	韩国	朝鲜	日本	
2002年釜山第14届	韩国	哈萨克斯坦	中国	
2006年多哈第15届	韩国	哈萨克斯坦	日本	
2010年广州第16届	中国	日本	韩国	
2014年仁川第17届	韩国	日本	哈萨克斯坦	
2018年雅加达第18届	韩国	中国	日本	

8.曲棍球

（1）男子（从第3届亚运会起设置）

时间、地点、届次	冠 军	亚 军	季 军	备 注
1958年东京第3届	巴基斯坦	印度	韩国	
1962年雅加达第4届	巴基斯坦	印度	马来亚	
1966年曼谷第5届	印度	巴基斯坦	日本	
1970年曼谷第6届	巴基斯坦	印度	日本	
1974年德黑兰第7届	巴基斯坦	印度	马来西亚	
1978年曼谷第8届	巴基斯坦	印度	马来西亚	
1982年新德里第9届	巴基斯坦	印度	马来西亚	
1986年汉城第10届	韩国	巴基斯坦	印度	
1990年北京第11届	巴基斯坦	印度	马来西亚	
1994年广岛第12届	韩国	印度	巴基斯坦	
1998年曼谷第13届	印度	韩国	巴基斯坦	
2002年釜山第14届	韩国	印度	马来西亚	
2006年多哈第15届	韩国	中国	巴基斯坦	
2010年广州第16届	巴基斯坦	马来西亚	印度	

（续表）

时间、地点、届次	冠军	亚军	季军	备注
2014年仁川第17届	印度	巴基斯坦	韩国	
2018年雅加达第18届	日本	马来西亚	印度	

（2）女子（从第9届亚运会起设置）

时间、地点、届次	冠军	亚军	季军	备注
1982年新德里第9届	印度	韩国	马来西亚	
1986年汉城第10届	韩国	日本	印度	
1990年北京第11届	韩国	中国	日本	
1994年广岛第12届	韩国	日本	中国	
1998年曼谷第13届	韩国	印度	中国	
2002年釜山第14届	中国	韩国	日本	
2006年多哈第15届	中国	日本	印度	
2010年广州第16届	中国	韩国	日本	
2014年仁川第17届	韩国	中国	印度	
2018年雅加达第18届	日本	印度	中国	

9.棒球、垒球

（1）男子棒球（从第12届亚运会起设置）

时间、地点、届次	冠军	亚军	季军	备注
1994年广岛第12届	日本	韩国	中国台北	
1998年曼谷第13届	韩国	日本	中国台北	
2002年釜山第14届	韩国	中国台北	日本	
2006年多哈第15届	中国台北	日本	韩国	
2010年广州第16届	韩国	中国台北	日本	
2014年仁川第17届	韩国	中国台北	日本	
2018年雅加达第18届	韩国	日本	中国台北	

（2）女子垒球（从第11届亚运会起设置）

时间、地点、届次	冠 军	亚 军	季 军	备 注
1990年北京第11届	中国	日本	中国台北	
1994年广岛第12届	中国	日本	中国台北	
1998年曼谷第13届	中国	日本	中国台北	
2002年釜山第14届	日本	中国台北	中国	
2006年多哈第15届	日本	中国台北	中国	
2010年广州第16届	日本	中国	中国台北	
2014年仁川第17届	日本	中国台北	中国	
2018年雅加达第18届	日本	中国台北	中国	

10.水球

（1）男子

时间、地点、届次	冠 军	亚 军	季 军	备 注
1951年新德里第1届	印度	新加坡		只有两支队伍参赛
1954年马尼拉第2届	新加坡	日本	印度尼西亚	
1958年东京第3届	日本	新加坡	印度尼西亚	
1962年雅加达第4届	日本	印度尼西亚	新加坡	
1966年曼谷第5届	日本	新加坡	印度尼西亚	
1970年曼谷第6届	日本	印度	印度尼西亚	
1974年德黑兰第7届	伊朗	中国	日本	
1978年曼谷第8届	中国	日本	新加坡	
1982年新德里第9届	中国	印度	科威特	
1986年汉城第10届	中国	韩国	新加坡	
1990年北京第11届	中国	日本	韩国	
1994年广岛第12届	哈萨克斯坦	中国	日本	
1998年曼谷第13届	哈萨克斯坦	乌兹别克斯坦	中国	
2002年釜山第14届	哈萨克斯坦	日本	中国	

（续表）

时间、地点、届次	冠 军	亚 军	季 军	备 注
2006年多哈第15届	中国	日本	哈萨克斯坦	
2010年广州第16届	哈萨克斯坦	中国	日本	
2014年仁川第17届	哈萨克斯坦	日本	中国	
2018年雅加达第18届	哈萨克斯坦	日本	伊朗	

（2）女子（从第16届亚运会起设置）

时间、地点、届次	冠 军	亚 军	季 军	备 注
2010年广州第16届	中国	哈萨克斯坦	乌兹别克斯坦	
2014年仁川第17届	中国	日本	哈萨克斯坦	
2018年雅加达第18届	中国	哈萨克斯坦	日本	

11.藤球

（1）男子团体（从第11届亚运会起设置）

时间、地点、届次	冠 军	亚 军	季 军	备 注
1990年北京第11届	马来西亚	泰国	新加坡	
1994年广岛第12届	马来西亚	泰国	新加坡	
1998年曼谷第13届	泰国	马来西亚	缅甸/新加坡	
2002年釜山第14届	泰国	马来西亚	韩国/缅甸	
2006年多哈第15届	泰国	马来西亚	印度尼西亚/缅甸	
2010年广州第16届	泰国	马来西亚	日本/韩国	
2014年仁川第17届	泰国	韩国	马来西亚/印度尼西亚	
2018年雅加达第18届	泰国	马来西亚	印度/印度尼西亚	

（2）女子团体（从第13届亚运会起设置）

时间、地点、届次	冠 军	亚 军	季 军	备 注
1998年曼谷第13届	泰国	缅甸	中国/越南	
2002年釜山第14届	泰国	越南	韩国/中国	

（续表）

时间、地点、届次	冠军	亚军	季军	备注
2006年多哈第15届	越南	泰国	韩国/中国	
2010年广州第16届	泰国	中国	印度尼西亚/越南	
2014年仁川第17届	缅甸	泰国	印度尼西亚/越南	
2018年雅加达第18届	泰国	韩国	老挝/越南	

12.卡巴迪

（1）男子（从第11届亚运会起设置）

时间、地点、届次	冠军	亚军	季军	备注
1990年北京第11届	印度	孟加拉国	巴基斯坦	
1994年广岛第12届	印度	孟加拉国	巴基斯坦	
1998年曼谷第13届	印度	巴基斯坦	孟加拉国	
2002年釜山第14届	印度	孟加拉国	巴基斯坦	
2006年多哈第15届	印度	巴基斯坦	孟加拉国	
2010年广州第16届	印度	伊朗	日本/巴基斯坦	
2014年仁川第17届	印度	伊朗	韩国/巴基斯坦	
2018年雅加达第18届	伊朗	韩国	印度/巴基斯坦	

（2）女子（从第16届亚运会起设置）

时间、地点、届次	冠军	亚军	季军	备注
2010年广州第16届	印度	泰国	伊朗/孟加拉国	
2014年仁川第17届	印度	伊朗	泰国/孟加拉国	
2018年雅加达第18届	伊朗	印度	泰国/中国台北	

13.壁球

（1）男子团体（从第16届亚运会起设置）

时间、地点、届次	冠军	亚军	季军	备注
2010年广州第16届	巴基斯坦	马来西亚	中国香港/印度	
2014年仁川第17届	印度	马来西亚	中国香港/科威特	
2018年雅加达第18届	马来西亚	中国香港	印度/巴基斯坦	

（2）女子团体（从第16届亚运会起设置）

时间、地点、届次	冠军	亚军	季军	备注
2010年广州第16届	马来西亚	中国香港	印度/韩国	
2014年仁川第17届	马来西亚	印度	中国香港/韩国	
2018年雅加达第18届	中国香港	印度	日本/马来西亚	

14.板球

（1）男子团体（从第16届亚运会起设置）

时间、地点、届次	冠军	亚军	季军	备注
2010年广州第16届	孟加拉国	阿富汗	巴基斯坦	
2014年仁川第17届	斯里兰卡	阿富汗	孟加拉国	
2018年雅加达第18届				未设置

（2）女子团体（从第16届亚运会起设置）

时间、地点、届次	冠军	亚军	季军	备注
2010年广州第16届	巴基斯坦	孟加拉国	日本	
2014年仁川第17届	巴基斯坦	孟加拉国	斯里兰卡	
2018年雅加达第18届				未设置

后　记

亚洲是世界第一大洲。亚洲历史源远流长，文化内涵绚烂丰富，民族构成错综复杂，政治关系盘根错节，矛盾冲突绵延不息。自1951到2023年，从新德里到杭州，七十二年的亚运会之路，充分展现了体育是如何跨越国际纷争，最大限度地将亚洲地区的民族文化多样性柔和地予以包容。每一届亚运会的举行，都成为全亚洲的体育盛会和文化盛典。

本书以亚运会为轴点，向读者铺展亚洲体育历史变迁的宏阔长卷，描绘亚洲体坛和亚洲地缘政治之间的经纬相织，讲述每一个亚运会成员参与者体育征程的荏苒时光。

衷心感谢西泠印社出版社为本书出版的倾情付出。作为一家植根于西子湖畔的杭州本土出版机构，西泠印社出版社在本书出版过程中，展现了饱满的奉献精神和极高的工作效率，让我们从中感受到本土出版人对杭州亚运会的深深情怀。

作者
2023年4月于杭州候潮门外贴沙河畔